자백과 묵비권, 그리고
미란다 판결

자백과 묵비권, 그리고

미란다 판결

권영법 지음

세창출판사

차 례

서 장

자백과 묵비권, 그리고 미란다 판결

자백은 '증거의 여왕'Queen of evidence이라고 일컬어집니다. 만약 자백이 있다면 다른 범인을 찾을 필요가 없으므로 수사는 한결 쉬워질 것입니다. 자백을 한 경우에는 나중에 재판에서 범행을 부인해도 소용이 없는 경우가 많습니다. 그러므로 대부분의 조사관은 손쉽게 유죄판결을 받기 위해, 자백을 얻어 내는 수사에 매진합니다. 그러나 우리 헌법은 묵비권을 보장하고 있습니다. 조사받는 사람은 조사관의 질문에 대답하지 않아도 되고, 조사관은 피의자에게 자백하라고 강요할 수도 없습니다. 더구나 우리 형사소송법은 강제가 있거나 임의성에 의심이 있는 자백은 증거로 허용하지 않는다고 선언하고 있습니다.

그렇다면 범인을 체포하여 기소해야 하는 수사 기관으로서는 어떻게 해야 할까요? 물론 자백 외에 다른 증거를 조사해야겠지요. 실제로 미국 등 여러 선진 국가에서는 자백에 치중한 수사보다는 과학적 증거를 수집하는 등, 객관적 수사 기법을 많이 발전시켰습니다. 특히 심슨 사건O. J. Simpson Case이 있은 후 미국 경찰은 현장 초동 수사를 새로이 점검하였고, 그 수준을 한 단계 끌어올렸습니다. 그러나 그렇더라도 범죄와 관련된 증거는 범인이 장악하고 있는 경우가 많습니다. 또한 은밀하게 이루어지는 범죄의 경우에는 증거를 확보하는 것이 매우 어렵습니다. 물론 이런 경우에도 수사 기관으로서는 직접 증거는 아니더라도 정황 증거를 수집하는 데 최선을 다해야겠지요. 그런데 우리 형사소송법은 검사에게 합리적 의심이 없는 입증을 하라고 요구하고 있습니다. 여기서 '합리적 의심'beyond reasonable doubt이라는 것은 매우 고도의 입증을 뜻합니다. 어느 정도가 합리적 의심인가에 대하여 수치로 환산하기는 어렵습니다. 그러나 학자에 따라선 90~95% 입증이라고 구체적 수치를 제시하기도 합니다만, 여하튼 범인이 자백하지 않으면 이 정도로 입증한다는 것은 결코 쉽지 않을 겁니다.

따라서 증거의 여왕이라는 자백과 피의자의 묵비권은 서로 이율배반 관계에 있다는 생각이 들 겁니다. 아무리 나쁜 짓을 하더라도 자신의 범행을 부인하고 숨기려고 하는 것이 인간의 본성인데, 수사 실무를 살펴보면 이런 인간 본성과 다르게 자백률이 의외로 높게 나옵니다. 이러한 현상을 어떻게 설명해야 할까요? 중세에서는 이러한 인간의 본성을 솔직하게 받아들여 고문이라는 방법을 고안해 냈습니다. 범인이라고 의심되는 사람이 있으면 고문이라는 방법으로 자백을 받아내는 겁니다. 범인이 순순히 자신의 범행을 털어 놓을 리 없다는 게지요. 물론 이 경우에도 정황 증거가 있어야 했습니다만, 정황 증거라는 요건을 너무 쉽게 허용해 주는 바람에 고문이 남용되고 자행되었습니다. 유럽의 여러 나라를 여행하다 보면 중세 때 쓰던 고문 기구를 볼 기회가 있을 텐데요. 이런 야만스러운 행동에 대해 볼테르 등 여러 계몽주의자들이 신랄하게 비판을 가했지요. 그리고 프랑스 혁명을 계기로 이런 사법 고문은 점차 역사의 뒤안길로 사라지게 되었습니다.

그렇다면 근대에 들어와서는 이러한 고문이 완전히 사라졌을까요? 그렇지 않습니다. 1930년대 미국의 위커샴 위원회는 미국 전역에서 이루어진 수사 기관의 야만스러운 실태를 조사했습니다. 이 조사 보고서를 읽어보면, 수사 기관이 저지른 고문과 협박 수법이 혀를 내두를 정도란 사실을 알게 될 겁니다. 그래서 미국 연방대법원은 이러한 방법을 써서 얻은 증거는 재판에서 허용하지 않는다는 단호한 입장을 취했지요. 그러자 수사 기관에서는 점차 폭행 등, 신체에 어떤 위해를 가하는 고문이나 협박을 사용하지 않게 됩니다.

그러나 미국 경찰은 고문과 협박 대신 '심리 조종'과 '행동 탐지'라는 더 진화된 수사 기법을 만들어 냅니다. 더구나 체포되고 구금되어 조사받는 경우에는 죄를 짓지 않은 사람이더라도 매우 불안해 하고 초조해 합니다. 그리고 이러한 궁지에서 벗어나기 위해 조사관의 태도에 민감하게 반응합니다. 경찰은 이러한 심리 상태를 역으로 이용하여 굳이 폭행이나 협박을 하지 않더라도 자백이라는 성과를 쉽게 얻어 냅니다. 물론 이러한 자백 중에는 허위 자백도 상당수 있었습니다. 이런 배경 속에서 워렌 대법원장이 이끄는 미국 연방대법원은 권리 혁명이라고 일컫는 미란다 판결을 선고하게 된 겁니다.

울림이 있는 판결: 이 사람을 보라Ecce Homo

민사 판결은 다툼이 있는 양쪽 당사자의 민사 문제를 종국적으로 해결합니다. 형사 판결은 이와 다릅니다. 형사 사건에서는 개인 사이의 다툼을 해소한다기보다는 국가와 개인 사이에 풀어야 할 문제가 있는 것으로 봅니다. 그렇더라도 대부분의 형사 판결은 재판을 받는 사람과 그 주위 사람들에게 주로 영향을 끼칩니다. 그러나 미란다 판결은 국가와 미란다라는 개인이 풀어야 할 문제를 넘어선 것입니다. 이 판결은 미국의 전역을 강타했을 뿐만 아니라 그 파도는 태평양과 대서양을 가로질러 전 세계로 퍼져 갔습니다. 미란다 원칙은 대부분의 나라가 받아들였고, 오늘날에는 이 원칙을 수용했는지가 문명국가인지를 가름하는 기준이 되고 있습니다.

이 판결을 두고 '권리 혁명' 혹은 '사법 혁명'이라고 부르고 있습니다. 여기서 말하는 '혁명'revolution은 토마스 쿤Thomas kuhn, 1922-1996이 말한 '과학 혁명'scientfic revolution과 무관하지 않습니다. 쿤은 과학 지식이 객관적 지식의 축적에 따라 발전하는 것이 아니라, 사회나 문화적 측면과 같은 비합리적 요소가 과학의 내용이나 방향에 개입할 수 있다고 주장합니다. 나아가 과학 이론 체계는 패러다임paradigm의 변화를 통해 서로 '공약 불가능'incommensurability한 형태로 혁명적으로 변화한다고 주장했습니다.[1] '공약 불가능'이란 말이 조금 어려운 말로 들릴 수도 있겠는데, 풀어보면 '공약 불가능'이란 한 이론 체계의 용어를 이와 다른 이론 체계의 용어로 완전하게 번역할 수 없음을 뜻합니다. 미란다 판결이 '사법 혁명'을 가지고 왔다면 미란다 판결은 형사소송에서 새로운 패러다임을 제시한 것이라고 할 수 있습니다. 다시 말해, 미란다 판결 이전에는 자백을 허용할지 여부를 자백에 '임의성'이 있느냐를 기준으로 판단했습니다. 그러나 미란다 판결에서는 이러한 '임의성 기준'이 아니라 묵비권을 고지하지 않는 절차상 문제점이 있다면 '임의성'과 관계없이 증거로 허용하지 않는다고 봅니다. 따라서 미란다 판결은 자백의 허용성에 대한 새로운 패러다임을 제시한 것이라고 할 수 있지요. 그런데 쿤은 패러다임이란 어느 주어진 과학과 사회의 구성원들이 공유하는 신념이나 가치, 기술 등을 망라한 총체적 집합으로 봅니다. 또한 이러한 패러다임마다 공유하는 가치에는 서열이 있습니다. 나아가 패러다임끼리 충돌하는 상황에서 과학자는 이러한 가치를 어떻게 적용할지에 대하여 다른 생각을 갖게 됩니다. 이러한 적용의 차이가 '패러다임의 전환'paradingm shift을 가져오며, 이를 가르켜 '과학 혁명'scientific revolution이라고 일컫습니다.[2]

형사소송에서도 가치가 충돌합니다. 패커Herbert L. Packer 교수가 제시한 적정절차 모델과 범죄통제 모델은 형사소송에서 충돌하는 두 가지 가치관이 있음을 보여줍니다. 미란다 판결은 이와 같은 가치의 충돌에서 '적정절차'에 우선권을 주었습니다. 1960년대 이후 쿤의 패러다임과 과학 혁명 개념은 과학사, 과학 철학 분야를 뛰어넘어 문화 일반에까지 큰 영향을 미쳤습니다. 쿤에게 패러다임이란, 이론뿐 아니라 세계관과 가치관도 포함됩니다. 따라서 똑같은 관측도 전혀 다르게 해석할 수 있고, 똑같은 업적도 아주 다르게 평가할 수 있게 됩니다.[3] 이러한 쿤의 정의에 따르면, 과거 형사소송에서는 자백에 '임의성'이 있으면 허용된다는 패러다임이 지배하고 있었습니다. 그러나 이러한 패러다임은 미란다 판결을 통해 '혁명적'으로 전환된 것이지요. 쿤은 기존의 패러다임이 자연 현상을 탐구함에 있어 더 이상 적절한 구실을 하지 못하게 되면, 이는 과학 혁명의 선행 조건이 된다고 주장하였고, 정치적 발전과 과학 발전 사이에도 이러한 유사점이 있다고 봅니다. 쿤은 '과학'science이라는 용어는 확실한 방식으로 진보가 일어나는 분야에 쓰인다고 봅니다. 따라서 사회 과학이 과연 '과학'인가에 대한 논의를 떠나서 진보라는 속성이 사회 과학에도 적용될 수 있다는 것입니다.[4]

미란다 판결이 이와 같이 패러다임의 전환이나 권리 혁명을 일구었기에 울림이 큰 것일까요? 물론 그런 측면도 있을 것입니다. 그러나 무엇보다도 이 판결에는 인간애가 담겨 있기 때문일 것입니다. 이와 관련하여 나는 프리드리히 니체Friedrich Wilhelm Nietzsche, 1844-1900의 표현을 빌려 '이 사람을 보라'Ecce Homo고 말하고 싶습니다. 미란다는 사실 강도와 강간을 범한 죄인이었습니다. 그는 가난하고 배우지 못했으며, 멕시코계 이민으로 미국 사회에서 볼 때에는 이방인이나 다름 없었습니다. 그런 그가 비록 죄를 지었지만 자신의 헌법상의 권리를 향해 걸어나올 때, 미국 연방대법원은 미란다라는 '사람'을 바라본 것입니다.

미란다 판결의 너울은 전 세계로 퍼져 갔지만, 나라마다 받아들이는 시기나 태도는 달랐습니다. 우리나라도 미란나 판결을 그리 빠르게 받아들이지 않았습니다. 아니, 느리게 받아들였다고 보는 것이 솔직한 표현일 것입니다. 미란다 판결에서 밝히고 있는, 수사 기관에서 조사받을 때 변호인이 입회하는 제도는 근래에 들어서 채택되었습니다. 그러나 아직도 피의자가 수사 기관에서 조사받을 때 국선 변호인을 선임해 주지 않고 있습니다. 더구나 피의자가 묵비권을 행사할 경우 수사를 중단시킬 권리도 받아들여지지 않고 있습니다. 나아가 미란다 권리를 고지해 주더라도 실제로는 대부분의 피의자들이 묵비권을 포기하고 있는데, 이러한 권리 포기waiver와 관련된 학문적 논의도 그리 활발하지 않은 편입니다. 『총, 균, 쇠』로 풀리처 상을 수상한 재러드 다이아몬드 교수는 뉴기니인이 호주인이나 유럽인, 미국인에 비해 낙후된 원인을 분석하였습니다. 뉴기니인은 어째서 금속기를 만들지 못하고 계속 석기를 사용했으며, 문자도 모르고 추장 사회나 국가로 조직되지도 못했을까요? 여기에 대한 답으로 다이아몬드 교수는 뉴기니가 인구가 적고 분열되어 있었다는 사실을 듭니다. 나아가 지리적 고립으로 인해 다른 지역으로부터 기술과 아이디어가 들어오지도 못하게 되었다고 지적하고 있습니다.[5] 미란다 판결이 한국에 뒤늦게 수용된 것은 우선 지리적 영향을 들 수 있습니다. 그리고 우리나라는 1960년대부터 1980년대까지 억압적 정치 상황에 놓여 있었으므로 미란다 판결과 같은 진보적인 판결을 수용하기 어려운 상황이었습니다. 현재 미란다 고지와 변호인 입회권만 일부 수용되었을 뿐 권리 집합체인 미란다 법리가 온전히 수용되고 있지 않는데, 이러한 현상이 있게 된 것은 한편으로는 언어라는 장벽이 가로놓여 있고, 다른 한편으로는 미란다 판결에 대한 깊이 있는 연구가 부족한 데도 기인한다고 봅니다.

왜 미란다 재판을 알아야 하나?

알랭 쉬피오는 『법률적 인간의 출현』에서 인권의 보편성을 둘러싸고 이를 지지하는 사람과 그렇지 않은 이들로 나누어진다고 주장합니다. 쉬피오에 따르면 인권의 보편성을 지지하는 사람에게 있어 인권은 하나로 통합된 세계에서 이 세계가 필요로 하는 보편타당한 가치를 보여줍니다. 반면 인권의 보편성을 부정하는 이들은 인권이란 특수한 세계, 예컨대 서구 사회에서만 적용되는 가치라고 생각한다는 겁니다. 쉬피오가 지적한 대로 우리는 인권을 제대로 소화해내고 그 의미와 영향력을 확대해가야 합니다. 그렇게 해야만 비로소 인권은 인류 전체에 강요되는 하나의 신조로서, 모두의 해석에 대해 열려 있는 공통된 가치의 근원이 될 것이기 때문입니다.[6] 우리는 스스로의 행위에 의미를 부여하는 확실한 기준 없이는 자유롭게 행동할 수 없습니다. 토크빌이 지적하듯이 "그럴 듯한 신념 없이 발전할 수 있는 사회란 존재하지 않습니다. 설령 존재한다 하더라도 그 상태로 사회가 존속할 수 없습니다."[7] 우리가 미란다 재판을 알아야 하는 첫 번째 이유는 미란다 원칙이 보편타당한 가치의 기준이요, 인권이기 때문입니다.

미시간 대학교 심리학 교수 리처드 니스벳은 동양에서는 논쟁을 회피하는 경향이 있다고 지적합니다. 이러한 경향의 여파로 연구 논문의 수에서 서양에 비해 현저히 적다는 차이가 발생한다고 봅니다. 나아가 수사학이나 의사 소통에도 영향을 미치고 있습니다. 니스벳에 의하면, 서양에서는 논증 구조를 갖추지 않은 주장은 설득력 있게 다가오지 않습니다. 그러나 동양에서는 이러한 직선적 논리 구조를 선호하지 않습니다.[8] 이런 영향인지 몰라도 동양에서의 형사 재판은 서양에 비해 역동적이지 못합니다. 그러나 동서양의 문화적 차이를 떠나서, 형사 재판은 재판에 참여한 사람 모두가 알 수 있도록 구두로 재구성되고, 공개 변론에 의해 진행되어야 합니다. 사실 미란다 재판은 우리의 헌법재판소나 대법원의 역할을 하는 미국 연방대법원에서 진행되었습니다만, 철저히 구두 변론에 의해 진행되었습니다. 물론 애리조나 주에서 이루어진 재판 역시 구두 변론에 의해 진행되었지요. 우리의 경우 최근에 와서야 재판 내용을 속기하기 시작하고 있지만 반 세기 전에 한 미란다 재판에서는 구두로 진행한 재판을 모두 속기하였기에 오늘날에도 그때의 생생한 모습을 재현해 볼 수 있습니다. 이와 같이 재판은 공개되어야 하고, 구두 변론에 의해 진행되어야 한다는 원칙이 철저하게 관철된 미란다 재판을 살펴봄으로써, 여기에 미치지 못하는 우리의 재판도 원칙에 좀 더 충실해야 한다는 사실을 깨닫게 될 것입니다.

미란다 재판은 절차의 정당성이 중요하다는 사실을 일깨워 줍니다. 이와 관련하여 조금 극단적인 예를 들고자 합니다. 양태자 교수는 『중세의 잔혹사, 마녀 사냥』에서 마녀 재판에 대해 자세히 기록하고 있습니다. 마녀 재판에서 심문관은 정형화된 질문지를 만들어 두고 여기에 맞추어 혐의자를 심문했습니다. 물론 고문 기구는 옆에서 기다리고 있었습니다. 만약 혐의자가 질문에 대하여 "아니오"라고 대답하면 무시무시한 고문을 가했습니다. 고문을 견디지 못한 혐의자는 어쩔 수 없이 "예"라고 대답하면 자백을 했다면서 마녀로 낙인찍어 화형시켰습니다. 인간이 저질렀던 가장 잔인하고 무자비한 행위가 고문이고, 이것은 인류의 역사만큼 오래되었습니다. 그리스에 이어 로마 시대에 접어들자 고문 기술도 더 정교해졌습니다. 중세에 이르러 마녀 사냥이라는 이름으로 그리스도교인과 다른 행동을 보인 사람을 마녀로 몰아 처형하였던 것입니다. 이러한 마녀 재판에서 증거로 쓰인 것은 고문으로 인한 '자백'이었습니다. 혐의자는 심한 고통을 견디다 못해 허위 자백을 합니다. 나아가 이러한 자백은 항상 당시 그리스도인이 보기에 그럴듯한 줄거리의 이야기도 담고 있었습니다.[9] 현대인에게는 도저히 믿기지 않는 얘기지만 마녀 재판은 엄연한 역사적 사실이고, 이러한 얘기는 대부분 사실에 바탕을 두고 있으며, 많은 학자들이 연구서로도 출간하였습니다. 이러한 사실은 인간의 이성이나 지성이라는 것이 얼마나 취약하고 모순 덩어리인지 여실히 보여줍니다. 사실 인간이 하는 재판이라는 것 자체가 허점 투성이일 수도 있습니다. 그러므로 형사 재판에서는 올바른 절차에 따라 판결이라는 결론에 이르도록 하는 것이 매우 중요한데, 미란다 재판은 이러한 형사 재판에서 절차의 정당성이 왜 중요한지 일깨워 주고 있습니다.

마지막으로 우리 법문화 내지 법률 제도와 미란다 재판과의 관계에 대해 얘기하고자 합니다. 일본에서 태어나 일본 와세다 대학, 미국 어번 대학을 이수한 심용운과 대만인이면서 일본으로 귀화한 진순신은 『韓·中·日의 역사와 미래를 말한다』에서 한국과 중국, 그리고 일본의 문화를 분석하고 있습니다. 한국은 서양의 근대 문명을 받아들이면서 의학이나 군사학 등 구체적이고 실용적인 분야를 먼저 받아들이지 않고 천문학과 천주교부터 받아들였습니다. 결국 한국인은 비현실적이거나 추상적인 부분에 많은 관심을 보인다는 것입니다. 이런 경향으로 인해 법학이라는 근대 학문이나 법률 제도를 수용함에 있어서도 구체적 분쟁의 해결을 중시하는 영미법이 아닌 추상적이고, 관념적인 규율과 해석에 치중하는 대륙법을 주로 받아들이게 됩니다. 또한 종교 내지 문화를 수용하는 방식이나 모습에 있어 중국은 '공존', 일본은 '습합', 한국은 '정통성'이라는 차이를 드러낸다는 것입니다. 특히 일본은 다른 나라의 종교나 문화를 받아들임에 있어 '습합'習合적으로 받아들이고, 절충합니다.[10] 일본은 법률 제도를 받아들임에 있어서도 일단은 다른 나라의 제도를 배우고 이를 수용하는 듯하나 결국에는 자기 나라의 상황에 맞게 절충하거나 변용시킵니다. 그런데 우리는 해빙이 되고 빠른 시일 내에 근대 법률 제도를 수용하다 보니 일본의 법률 제도를 거의 그대로 받아들였습니다. 그런데 이렇게 적당히 절충되고 변용이 된 일본식 제도나 이론을 마치 '정통성'이 있는 것으로 생각하고 이를 계속해서 그대로 이어가는 경향이 보입니다. 예를 들면, 영국 보통법common law에서는 허위 자백을 배제하기 위한 기준을, 자백의 신뢰성 여부에 두고 있었습니다. 그런데 일본은 이러한 영국 보통법의 자백에 관한 법리를 수용하였고, 우리나라도 형사소송법 제309조에서 고문, 폭행, 협박 등에 의한 자백은 허용하지 않는다는 규정을 두고 있습니다. 그런데 그 후 미국 연방대법원이 자백의 배제를 '신뢰성'뿐만 아니라 적정절차를 위배하는 경우까지 확대하여 왔고, 미란다 판결도 이러한 판결 중의 하나입니다. 일본 학자들은 이러한 미국 판례를 그대로 수용하는 방식이 아닌, 나름대로 습화하는 방식으로 수용합니다. 그래서 자백을 배제하는 근거에는 허위 배제, 위법 배제, 인권 옹호가 있다고 주장하기 시작한 겁니다. 그런데 우리나라에서는 이렇게 일본의 학자들이 나름대로 습화하여 변용한 이론을 그대로 수용하여 이것을 오늘날까지 자백 배제의 근거나 자백을 배제하는 잣대로 삼고 있습니다. 우리가 미란다 재판을 알아야 하는 이유 중 하나는, 이제는 이렇게 적당히 변형되고 절충된 논의의 틀에서 벗어나야 하는 시점에 이르렀다고 보기 때문입니다.

미란다 재판을 어떻게 이해해야 하나: 미란다 재판과 역사관

위에서 나는 우리가 왜 미란다 재판을 알아야 하느냐에 대해 설명했습니다. 그리고 미란다 원칙이 보편타당한 가치의 기준이고 인권이며, 미란다 재판이 공개된 장소에서 구두 변론에 의해 재판이 이루어져야 한다는 원칙에 충실해야 한다는 사실을 일깨워주며, 형사 재판에서 절차의 정당성이 매우 중요하다는 사실을 알게 한다는 점을 강조했습니다. 또한 이제는 적당히 변용되고 절충된 논의에서 벗이닐 시점이 되었나는 사실도 언급하였습니다. 그러면 이렇게 중요하고 반드시 알아야 할 미란다 재판을 어떻게 이해해야 할까요?

이러한 검토에 들어가기 전에 나는 미란다 재판이 '역사적' 사실이고, 미란다 원칙이 '문화'와도 관련된다는 사실을 말하고자 합니다.

우리는 어떤 사태가 발생한 후에 거기에 의미를 부여하고 이야기를 지어 내기도 합니다. 그리고 이것을 '역사'라고 부릅니다.[11] 이렇게 되면 역사라는 이름하에 과거의 사실을 사후에 왜곡하게 될 수도 있습니다. 또한 과거의 역사적 사실을 다룰 때 역사의 경계를 구분하는 것은 어렵습니다. 예를 들어, 미국 연방대법원은 시민의 자유에 대한 영역에 있어 '사법 적극주의'judicial activism로 나아갔습니다. 학자들은 그 시점을 1940년대라고 하지만 정작 그것이 구체적으로 어느 때인지에 대해서는 의견이 분분합니다.[12] 또한 과거의 사건인 미란다 재판을 살펴보고자 할 때 어렵게 느끼는 점은, 미란다 원칙이 이제는 미국 문화의 일부분으로 자리잡고 있다는 사실입니다. 역사학계에서는 1970년대부터 문화에 대한 관심이 일어 지금까지 지속되고 있으며, 이것이 현대 역사학의 주도적 흐름으로 자리잡고 있습니다. 여기서 '문화'란 인간이 사회 현실을 인식하고 해석하며, 나아가 대응 방식을 결정하는 데 바탕이 되는 준거틀을 제공하는 것으로서, 한 공동체 내의 전체 혹은 일부 구성원이 공유한 가치나 규범, 믿음, 성향 등을 뜻합니다.[13]

디커슨 판결Dickeson Case에서 미국 연방대법원은 미란다 고지가 이제는 미국 문화의 일부분으로 자리잡고 있다고 언급하고 있습니다. 그렇다면 미란다 재판에 대한 서술은 단순히 판례를 검토하는 작업이 아니라 문화사라는 역사 서술의 형태를 띠게 됩니다. 문화사를 추구하는 역사가는 그동안 사회화라는 이름 아래 진행된 역사 연구에서 구조나 구조의 변화 과정에만 관심을 기울였을 뿐, 정작 역사의 주체인 인간은 소홀히 하였다고 지적합니다. 그래서 구조 자체보다는 구조에 대한 인간의 경험 측면에 주목합니다. 사회 현실이 어떠하였는가보다는 사람들이 그 현실을 어떻게 인식하고 이해하였으며, 그것에 어떤 의미를 부여하였는가에 관심을 갖는다는 것입니다. 반면 판례를 연구하는 법학자들은 주로 판결의 의미에만 관심을 기울였을 뿐, 판례가 이루어지게 된 '구조'에는 거의 관심을 두지 않았습니다. 그러므로 역사를 살펴보고자 할 때에는 통일적으로 관찰하려고 노력해야 합니다. 이러한 시도는 역사의 본질과 의미를 해명하기 위한 노력이기도 합니다. 역사의 의미는 미래에 채워질 것이지만 아무런 노력 없이 언젠가 한순간에 해명되지는 않습니다. 역사 철학도 추상적인 것을 지양하고 보다 현실적이고 구체적인 것에 관심을 두어야 합니다.[14] 따라서 역사를 고찰함에 있어 실증주의적이고 분석적인 방법론과 비판적인 방법론은 통합되어야 합니다. 이와 같이 통합적 관점에서 역사가 쓰여져야 한다고 했지만 그리 간단한 문제가 아닙니다. 그러므로 이하에서는 미란다 재판이라는 역사적 사건을 어떻게 서술할 것인가와 관련하여 역사 분석에 대한 여러 방법론을 살펴보고, 이 책의 서술 방향에 대해서 적고자 합니다.

역사의 주체는 누구인가?: 행위자 v. 구조

역사적 사건이 왜 발생하였는가에 대한 물음에 대한 답과 관련된 여러 방법 중에서 분석적인 방법론에 의하면, 우선 인과 관계를 따지게 됩니다. 그런데 인과적 힘, 다시 말해 사건에 대한 '원인'에는 행위자의 의도 외에 사람들이 구축한 사회 관계나 구조도 있습니다. 그런데 사회의 모양, 즉 사회 현상이 무엇에 의해 구축되었는지에 대하여 행위 주체인 사람과 사회 구조라는 견해로 나누어집니다. 행위 주체인 사람의 '의도'에 의해 사회 현상이 이루어진다는 견해에서는 목표를 설정하고 그러한 목표에 도달하기 위해 노력하는 사람의 속성에 주목합니다. 반면 사회 구조에 의해 사회 현상이 이루어지는 것을 강조하는 견해(구조주의자)에서는 사회 구조가 사회 현상을 구축하는 것에 주목합니다. 결국 사회적 영향력은 사회 구조에서 출발하여 행위 주체까지 미친다고 보게 되는 것입니다.[15] 그러나 사람의 의도적 행위를 강조하는 진영에서는 사람의 행위가 모여 사회 구조를 형성하지만 사회 구조는 사람이 생각하거나 행동하는 것이 아무런 영향을 미치지 않는다고 봅니다.

그런데 브로델Fernand Braudel, 1902-1985은 역사를 행위자의 사건사로 국한하는 데 반대합니다. 브로델이 가장 중요하게 생각하는 것은 역사적 현상과 함께 흐르면서 그 이면에 있는 장기 구조입니다. 브로델은 역사와 구조주의 인식 방법을 결합하여, 여기에서 '장기 지속'longue durée이라는 개념을 만들어 냅니다. 브로델이 말하는 '장기 지속'이란, 예를 들면 지리의 변화 과정이 역사에서 훨씬 중요하고 필연적인 역할을 수행한다는 것을 뜻합니다. 브로델은 역사적 시간의 지속에 '다층적 차원'이란 개념을 도입합니다. 브로델에 의하면 역사는 평면이 아니라 피라미드처럼 아래로 갈수록 넓어지는 3차원의 입체인 셈입니다. 역사의 맨 아래 가장 넓은 층에는 인간을 둘러싼 환경과 관련된 역사가 있습니다. 이 층은 대단히 완만한 리듬을 가진 역사층이

됩니다. 브로델에 의하면 역사라는 바다의 맨 밑바닥에는 지리적 시간이 흐르고, 가운데에는 사회적 시간이 흐르며, 수면에는 파도치듯 급변하는 정치적 시간이 흐릅니다.[16] 브로델이 확립한 역사 방법론을 통해 역사는 이제 '이야기'가 아니라 '과학'으로 발돋음할 수 있게 되었습니다.

브로델이 말하는 여러 요소가 서로에게 영향을 주고받는 것이 사실이지만, 이런 요소들이 선명하게 '층'으로 나뉘어진다고 보는 주장에는 찬성할 수 없습니다. 미란다 판결은 미국 역사에서 수면 위로 올라온 사건입니다. 그러나 그 이면에는 민권 운동, 구금된 상태에서 조사받은 피의자의 열악한 처지에 대한 사회적 반향 등의 흐름이 있었습니다. 브로델이 스스로 규정한 역사학의 특징적 모습이란 브로델의 표현을 빌리자면 "인간은 장기 지속적인 구조에 감춰 있는 수인囚人"인 셈입니다. 구조는 감옥이고, 이러한 구조에 갇혀 있는 인간에게는 자유가 없습니다. 인간은 스스로 움직이는 것 같지만 사실은 거역할 수 없는 힘에 이끌려 움직일 뿐입니다. 브로델은 『지중해』에서 '구조'의 장기 지속적인 힘을 강조하였고, 『물질문명과 자본주의』에서는 '가능성의 한계'를 강조했으며, 이러한 주장은 구조주의 역사학의 전형을 보여줍니다.

사실 브로델 이후의 세대는 브로델의 구조주의 역사학을 따르지 않습니다. 아날학파의 새로운 세대는 인류학적 역사 내지 신문화사로 새로운 역사학의 방향을 잡게 됩니다. 오늘날에는 행위 주체와 구조를 융합하는 이론이 설득력을 얻고 있습니다. 다만 행위 주체와 구조를 분석함에 있어 기든스Giddens과 같이 서로의 영향을 무시하든가

(이를 "방법론적 괄호치기"라 합니다), 아처Archer처럼 구조와 행위 주체가 서로 힘입어 존재하는 것을 강조하고 둘을 분리하지 않는 방법론이 있습니다.[17]

사람들의 행위 전체는 구조를 유지시키거나 변화시킵니다. 사회 구조는 개인으로 환원될 수 없지만 사회 구조는 인간 행위의 전제 조건이 됩니다. 사회 구조는 인간이 행위를 할 수 있게 하면서도 어떤 행위가 가능한지에 대한 한계를 설정하게 됩니다. 미란다 판결은 미란다, 코코란 변호사, 워렌 대법원장과 같은 행위 주체가 노력한 산물입니다. 그러나 이러한 판결이 있게 한 것은 사회 구조인 민권 운동, 여론, 3급 수사에 대한 반성 등이 있었기 때문입니다. 과거 3급 수사가 가능하게 한 것도 이것을 용인하는 사회 구조가 있었기 때문입니다. 오늘날 3급 수사를 용납하지 않는 것은 행위 주체가 이룬 사회 구조, 다시 말해 미란다 판결이 가지고 온 사회 구조의 변화가 수사관의 행동 한계를 설정해 주기 때문입니다. 그러므로 이 책에서는 역사적 사건인 미란다 재판을 이루게 한 행위 주체와 사회 구조를 모두 살필 것입니다.

무엇을 살펴볼 것이며, 어떻게 쓸 것인가?: 미시 v. 문화

역사학은 역사의 흐름을 파악하는 것을 목적으로 합니다. 그러나 역사 연구의 출발점은 개별 사실을 탐구하는 데 있습니다. 거시사가 일

반화하고 통합된 세계사를 다룬다면, 미시사는 미세한 개별 사건을 연구합니다. 1970년대 말부터 이탈리아에서는 '미시사'라는 이름으로 작은 시공간 단위를 치밀하게 밝히려는 노력을 하게 됩니다. 이들은 근대화라는 세계사의 흐름에서 '인간의 희생'이라는 댓가가 치루어 졌고, '작은 사람들'의 등뒤에서 이루어졌다는 사실에 주목합니다. 따라서 미시사가 자료를 찾기 위해 민담, 설화, 재판 기록, 사건 기록에 관심을 기울입니다. 미시사는 궁극적으로 역사에 파묻힌 인간의 구체적 이야기를 다룸으로써 역사를 흥미롭게 하고 있습니다. 미시사를 한 축으로 삼을 때 이야기체 역사가 부활하게 됩니다.[18] 그런데 1970년대부터 서구 역사학계에서 가장 두드러진 현상을 들라면 앞서 언급한 문화사 연구라고 할 수 있습니다. 문화사를 연구하는 역사가는 그동안의 역사 연구가 구조에만 관심을 집중하였을 뿐, 인간을 소홀히 하였다고 비판합니다. 이들은 구조에 대한 인간의 경험 측면을 강조합니다. 다시 말해 사람들이 현실을 어떻게 인식하고 이해하였고, 그것에 어떤 의미를 부여하였는지에 관심을 둡니다. 이들은 인간과 구조라는 주관적 요소와 객관적 요소를 구분하는 방법론을 극복하고자 노력합니다.[19] 이들은 '문화'를 정치, 사회와 구분되는 개념으로 보는 것이 아니라, 정치적 지배관계, 경제적 소유관계, 사회적 계급관계를 반영하고 규정하는 것으로서, 이러한 관계에 영향을 미치고 변화를 가져오는 것을 뜻한다고 해석합니다.

이 책에서는 미란다, 워렌 대법원장, 코코란 변호사 등 개인의 구체적 이야기를 다룰 것입니다. 그들의 이야기를 통하여 이들의 등뒤에서 이루어진 역사를 탐구할 것입니다. 그리고 이들이 현실을 어떻게 인식하고 이해하였는지, 또 그것에 어떤 의미를 부여하였는지도 탐색할 것입니다.

그리고 마지막으로, 미셸 푸코Michel Paul Foucault, 1926-1984가 말한 '지식의 고고학'에 대해 살펴보고자 합니다. 푸코는 『일상의학의 탄생』, 『말과 사물』, 『지식의 고고학』에서 '고고학'이란 말을 사용했습니다. 푸코는 지식의 형성 과정과 단절된 역사 구조를 분석하는 작업을 '고고학'이라고 보았습니다. 푸코에 의하면 '고고학'이란 지식 형성에 관여하는 다양하고 이질적인 물질적, 정신적 '지층'에 대한 탐색 작업을 뜻합니다.[20] 미란다 원칙을 우리가 모두 수용하고 있는 것은 아니지만 이를 상당 부분 받아들이고 있으므로 미란다 판결에 대한 탐색 작업을 '고고학' 작업이라고 할 수는 없습니다. 그러나 태평양 건너편에서, 그리고 빈세기 전에 있었던 사건이고, 또 우리와 이질적인 나라에 대한 탐색 작업이라는 점에서, 이 책의 서술은 푸코가 말한 '고고학' 작업의 성격도 띠게 될 것입니다.

제1장

대법원의 문은 열리고

미란다 사건의 호명

▬

1966년 추운 겨울 2월 아침, 미란다 변호인 프랭크와 플린, 그리고 애리조나 주를 대리한 개리 넬슨 검사는 연방대법원 청사의 대리석 계단을 걸어가고 있었다. 한 달에 걸친 엄격한 재판 준비 절차로 인해 그들은 생애에 가장 긴장된 순간을 경험했다. 플린은 자신의 생애에 가장 큰 사건을 맡고 재판을 준비하느라 며칠 전에 워싱턴에 와 있었다.[1]

10시 개정 시각이 되면 연미복을 입은 법정 경위marshal가 일어나서 "존경하는 미국 연방대법원장과 대법관이 입장하십니다. 들으시오!, 들으시오!, 들으시오!Oycz!, Oyez!, Oyez! 재판이 곧 열리는 이 명예로운 법정에서 재판을 받을 분은 앞으로 나와 주시기 바랍니다. 하나님! 부디 이 나라와 이 법원을 지켜주소서!"라고 외친다.[2] 이 말과 동시에 대리석 기둥 사이로 드려진 붉은 벨벳 장막이 열리면서 아홉 명의 대법관이 세 명씩 나누어 입장해서 자리에 앉았다. 워렌 대법원장이 중앙에 앉았고, 대법원장을 중심으로 좌우에 서열순으로 앉았다. 각 대리인에게 30분씩 변론 시간이 주어진다. 대리인은 중앙에 있는 변론대podium에 나와서 구술 변론을 한다.

프랭크와 플린은 방청석에 자리잡고 앞선 사건의 변론을 경청했다. 그 사건에서 피고인의 변호인 베일리Francis Lee Bailey는 사무엘 세퍼드Samuel Sheppard를 변호했다. 세퍼드는 의사였고, 프로 레슬러로 전향한 인물이다. 1954년 임신한 처를 잔인하게 살해한 혐의로 유죄 판결을 받았다. 오하이오에 있는 교도소에서 십여 년간 수감생활을 했다. 1966년 재심이 받아들여졌고, 세퍼드는 무죄를 주장했다. 이 사건은 언론을 통해 전국적인 관심을 끌었다. 연방대법원에서 세퍼드는 적정절차에 따른 권리를 주장했다. 이 사건은 TV시리즈로 방송되었고, 영화에서는 「도망자」Fugitive(후일 1993년 해리슨 포드가 주연한 '도망자'로도 유명하다)로 인기리에 방영되고 있었다. 후일 패티 허스트Patty Hearst[3]와 심슨O. J. Simpson(1994년 6월 12일 밤 12시 30분 로스앤젤레스의 한 호화주택 정문 근처에서 두 구의 사체가 발견되었다. 이것이 '니콜 브라운 심슨 살인 사건'이다. 경찰은 니콜의 전 남편이자 전 축구 선수였던 오 제이 심슨을 범인으로 지목하였다. 검사 크리스토퍼 다든은 마지막으로 심슨에게 피 묻은 장갑을 껴 보라고 요구했다. 심슨은 뻣뻣한 가죽장갑을 낀 다음 배심을 향해 들어 보였다. 장갑은 몇 치수나 적어 보였다. 9개월 동안 전국적으로 재판 장면이 TV에 보도되었고, 이윽고 열두 명의 배심은 심슨에 대해 무죄로 평결하였다)을 변호하게 되는 베일리는 열렬하게, 그리고 성공적으로 변론하고 있는 것으로 보였다. 대법원 판사들은 당시 많은 언론에서 다루고 있던, 공정한 재판을 받을 권리가 침해되었다는 세퍼드의 주장을 경청하고 있는 듯 보였다. 이윽고 위렌 대법원장이 미란다 사건을 호명했다.[4]

연방대법원 청사

미국은 오십 개 주와 한 개의 특별 행정구로 나뉘어 있다. 미국의 수도인 워싱턴이 그 행정구로, 정식 명칭은 워싱턴 특별 행정구Washington, District of Columbia이다. 여기서 워싱턴은 미국의 초대 대통령 워싱턴George Washington, 1732. 2. 22.-1799. 12. 14.(미국의 초대 대통령이다. 미국 독립 전쟁을 주도했고, 미국 헌법의 초석을 닦았다)을 따른 것이고, 콜롬비아는 아메리카 대륙을 발견한 콜럼버스Christopher Columbus, 1451-1506. 5. 20.(이탈리아 제노바 출신의 탐험가이자 항해자이다)를 가르킨다.

워싱턴은 처음부터 미국의 수도가 아니었다. 독립 전쟁 때에는 뉴욕이 수도의 역할을 했고, 이후에는 필라델피아였다. 1783년에 새로운 연방 도시를 건설하려는 계획에 따라 장소를 물색했고, 남북의 중간쯤 되는 곳으로 제안된 곳이 워싱턴이다. 그런데 그 장소가 바로 워싱턴 대통령의 저택이 있던 버논산Mt. Vernon 건너편이었다.

워싱턴은 프랑스인 피에르 샤를 랑팡이 완전히 새롭게 계획해서 건설한 도시다. 가로는 방사선과 직선으로 놓여 있고, 1800년에 정식으로 수도가 되었다. 랑팡의 도시 계획에 따라 국회의사당보다 높은 건물은 지을 수 없어 워싱턴에는 고층 건물이 없다. 대신 그리스-로마식으로 지어진 중후한 석조 건축물이 고전적인 수도 분위기를 자아내고 있다.

미국 연방대법원은 이러한 의회와 의회 도서관 사이에 있는 협소한 부지에 놓여 있다. 공식 지번은 '콜롬비아 특별행정구 워싱턴시 Washington, DC 북서 1번가First Street Northeast'다. 미국 연방대법원 부지는 미국 의회 정문이 자리잡은 부지와 거의 같은 크기의 한 블록을 차지하고 있는데, 북동쪽 삼각형 모서리 부지는 감리교 건물이 쓰고 있다.

"공화국은 유구하게 이어질 것이고, 이 초석은 그러한 믿음에 대한 상징입니다."

"The Republic endures and this is the symbol of its faith."

1932년 10월 13일 연방대법원장 찰스 에반스 휴즈Charles Evans Hughes 가 연방대법원 신축 건물에 초석을 놓으면서 한 말이다. 연방대법원 건물은 연방대법원이 출범한 지 146번째 해가 되는 1935년에 이르러 완공되었다.

연방대법원 청사의 정문은 서쪽을 향하고 있다. 서쪽에는 연방의 사당 건물이 있다. 계단 양쪽에는 두 개의 대리석상이 지키고 있다. 왼편에 있는 정의의 여신상은 검과 저울을 들고 있다. 오른편 법의 권위상은 법의 권위를 지키는 수호자로, 남성상이다. 열여섯 개의 대리석 기둥이 청사의 페디먼트를 받치고 있다. 박공벽에는 '법 앞에 평등'Equal Justice Under Law이라는 문구가 새겨져 있다. 기둥 뒤의 부조에는 법률가, 연방대법원 판사와 모세, 솔로몬과 같은 위대한 심판자의 형상을 새겨 놓았다. 고전 양식의 코린트식 건물은 인근에 있는 건물과 조화를 이루고 있다. 청사는 법원과 사법부의 권위를 지키고, 행정부와 독립되고 동등하다는 것을 드러내기 위해 지어졌다. 4층 건물의 외벽은 버몬트 대리석으로 치장되어 있다.

61톤에 이르는 청동문을 열고 들어가면 '위대한 홀'the Great Hall로 불리는 회랑에 이른다. 회랑 동쪽 끝에 있는 참나무 문을 열고 들어가면 법정이 나온다. 건물안 홀은 조지아 대리석으로, 바닥은 크림색 앨바마 대리석으로 단장했다. 미국산 백색 참나무로 문과 몰딩 그리고 바

──────── 미국 연방대법원의 법정. 1966년 2월 미란다 변호인 프랭크와 플린, 애리조나 주를 대리한 개리 넬슨 검사, 워렌 대법원장이 참여한 가운데 미란다 사건의 상고심 구두 변론이 열렸다. 가운데 변론대에서 플린이 유명한 구두 변론을 하게 된다.

닥을 짰다. 대회랑은 법정으로 연결되는데, 대회랑은 넓이가 7500평방피트(약 697㎡)이고, 높이는 44피트(약 13.4m)다. 24개의 대리석 기둥은 미국 역사에 길이 남을 기념비적인 재판을 상징한다.

기본적으로 법정은 여느 법정과 다르게 배심원석이 없다. 2중으로 된 참나무 문을 열고 들어가면 연방대법원의 상징을 보게 되며, 그 아래에 타원형으로 된 아홉 개의 등받이 의자가 대법원 판사석을 이루고 있다. 이 법정은 가로, 세로가 각각 82피트(약 24.99m), 91피트(약 27.73m)이고, 천정 높이는 44피트(약 13.4m)에 이른다. 시에나산 대리석 기둥이 천정을 받치고 있고, 스페인산 크림색 대리석이 벽체를 감싸고 있다. 판사석 앞 왼쪽에는 법원 참여관 자리가 있고, 오른쪽에는 법정 경위 자리가 있다. 변호인석은 판사석 앞에 있다. 정면을 바라볼 때 왼쪽이 상고 허가 신청인 자리고, 오른쪽이 반대 당사자의 자리다. 그 사이에 검은색 마호가니로 된, 마이크가 설치되어 있는 변론대가 있다. 변론대 위에는 두 개의 작은 등이 있는데, 흰색등은 변호인에게 변론 시간이 5분 남았을 때 켜지고, 붉은색등은 변론 시각이 종료될 때 켜진다.[5]

변론석에 서면, 만석의 방청객을 뒤로 하게 되고, 정면에는 아홉 명의 근엄한 얼굴이 발언자의 시야 위에서 내려다보므로 심리적으로 열세에 빠지게 된다. 더 기진맥진하게 만드는 것은, 이 변론대에 선다는 것 자체로 전국적인 여론의 조명을 받는다는 것이 되고, 말 한마디한마디가 법조인의 평가를 받는다는 사실이다. 어떤 이는 이를 즐기고, 어떤 이는 기가 죽는다. 일부만 침착하게 발언하며, 사소한 극장식 연기나 수사학적 표현도 의심스런 행동으로 비춰진다. 또한 조그만 빈틈이라도 보이면 대법원 판사들이 반격한다. 대법원에서 변론을 잘하는 법률가는 배심 재판을 잘 못한다. 구두 변론하기로 결정한 사건은 헌법이나 연방법의 해석과 관련하여 논쟁이 많은 사건이다.

연방대법원은 일주일에 사흘 개정한다. 구두 변론이 열리는 재판은, 매우 중요하여 선국적으로 영향을 미치는 사건이고, 이러한 판결은 모든 주에 적용된다. 아홉 명의 대법원 판사는 행정부에 의해 지명되고, 변호사협회에서 검증하며, 상원이 인준한다. 임기는 종신까지고, 스스로 사퇴할 때도 종료된다. 대법원 판사는 변호사나 법관 중에

──────── 미국 연방대법원 청사 전경. 연방대법원 왼편에는 정의의 여신상이, 오른편에는 법의 권위상이 있다. 열여섯 개의 대리석 기둥이 청사의 페디먼트를 받치고 있고, 박공벽에는 법 앞에 평등이라는 문구가 새겨져 있다.

서 가장 훌륭한 사람이 지명되나, 원칙적으로 정치적으로 무관하지 않다. 사실 아홉 명의 대법원 판사는 정치권으로부터 막대한 영향을 받아 왔다. 결국 양당을 대표하는 수장에 의해 지명되고, 임명받기까지는 많은 검증을 통과해야 한다. 대법원 판사는 현자wise men로 불리우며, 이는 법과 국민에 대한 현자임을 의미한다.

연방대법원과 상고

연방대법원은 상고심으로 역할하며, 그 외에도 사법 심사권을 가진 최고 정책 수립 기관이자 최고의 헌법 해석 기관으로 역할한다. 연방대법원은 대법원장을 포함해서 아홉 명의 대법관으로 구성된다. 연방대법원은 모든 사건을 전원합의체en banc로만 심판한다. 이에 따라 법정은 하나뿐이다.

연방대법원은 상고 허가제를 두고 있다. 보통 해마다 8천여 건 내지 1만여 건이 상고 허가 신청petition for writ certiorari을 하며, 이 중 80건 내지 100건 정도가 허가받는다. 상고 허가는 중요한 헌법상의 쟁점이 있는 경우, 연방법의 해석에 다툼이 있는 경우, 항소심 판결 사이에 의견이 다른 경우 등을 기준으로 삼는다. 이때 연방대법원이 내리는 허가서를 '상고 허가 영장'writ of certiorari이라고 한다. 상고를 허가하려면 적어도 네 명의 연방대법원 판사가 찬성해야 한다.[6] 해마다 많은 상고 사건이 연방대법원에 접수된다. 그러나 연방대법원은 법원이 다룰 가치가 있다고 판단하는 소수의 사건만 선별한다. 이러한 선별에 있어서는 여러 요소가 작용한다. 예를 들면 연방 순회법원 사이에 의견이 갈리거나, 검찰총장이 재판에 참석하거나, 동료의 편지amicus briefs가 있는 경우 등이다.[7]

사법 정책의 결정과 논제를 정함에 있어 중요한 함의가 있는지가 사안을 선별하는 기준이 된다. 이와 관련하여 시드니 울머Sidney Ulmer 교수는, 연방대법원이 사안을 선별함에 있어 '논쟁의 유동성'issue fludity을 기준으로 삼는다고 주장한다. 다시 말해 연방대법원이 사건을 다룸으로써 새로운 논의를 전개하거나 개발할 수 있는지가 관건이 된다. 상고 허가시 네 명의 연방대법원 판사의 동의로 연방대법원이 처리할 정도로 중요성이 있는지 판단한다. 양 당사자의 법률 대리인은 변론할 시간과 답변할 기회가 주어진다. 구두 변론을 하기 전에 대법원 판사들은 양 당사자가 쟁점을 정리한 변론 요지서를 읽고, 사건에 대한 사실과 법률에 대한 주장을 파악하게 된다.

연방대법원의 구술 변론은 대개 1년 단위로 미리 정해진다. 오전 10시, 11시 각 사건당 1시간의 구술 변론 시간이 주어지고 필요에 따라 오후 기일이 열리기도 한다. 연방대법원에서의 변론은 일정한 요건을 갖추어 변론 자격을 허가받은 변호사만 할 수 있다.

주대법원에 상고함

미란다는 피닉스 경찰서에서 강간죄와 강도죄로 조사받고 검찰에 의해 기소되었다. 국선 변호인 앨빈 무어의 헌신적인 노력에도 불구하고 마리코파 법원에서 미란다는 유죄 판결을 받았다. 미란다를 변호한 앨빈 무어는 애리조나 주대법원에 상고를 제기했다. 미국 수정헌법은 유죄 판결을 받은 피고인에게 상소권을 보장해 주고 있지 않다. 그러나 대부분의 주는 한 단계 이상의 상소권을 인정해 준다. 1963년에 애리조나 주에서는 주대법원에 상고하는 한 단계의 불복 수단을 허용하고 있었다. 무어는 미란다 사건의 피해자가 강력한 저항을 했다고 보기에는 합리적 의심이 있다고 주장했다. 그러나 무어는 이후 여러 해 동안 학자들이 논쟁으로 삼게 되는 두 가지 중요한 쟁점을 빠뜨렸다. "미란다의 진술이 임의적인가?", "헌법과 법률에 따른 권리 고지가 이루어졌는가?"[8]

애리조나 주대법원이 미란다 사건에 대한 심리를 개시하기 전에 연방대법원은 에스코베도Escobedo 판결을 선고했다. 그러나 다른 주대법원과 마찬가지로 애리조나 주대법원 역시 연방대법원의 논지에 동조하기 어려웠다. 판사 어네스트 맥팔랜드Ernest W. Mcfarland는 과거 애리조나 주지사였고, 연방 상원의원이었다. 맥팔랜드는 사실 관계를 분석하면서 미란다는 조사받을 때 변호인의 도움을 받으라는 고지를 받지 못했다고 보았다. 헌법상의 쟁점과 관련하여 애리조나 주대법원은 연방대법원의 에스코베도 판결을 검토하였다. 그러나 법원은 에스코베도 판결은 이 사건에 적용되지 않는다고 본다. "미란다는 변호인을 요청하지 않았고, 변호인의 도움을 받을 권리도 거부당한 사실이 없다. 피고인 미란다가 법정에 대한 경험이 없지 않다는 그의 전과 사실에 주목할 필요가 있다"고 판시하였다. 판결 요지에서 법원은 "변호인이 없을지라도 임의로 자백하면 허용할 수 있고, 이러한 허용은 피고인의 헌법상의 권리를 침해하지 않는다."고 밝혔다.

1965년 4월의 애리조나 주대법원의 판결로 사건은 일단락되었다. 패소한 당사자는 대부분 더 이상 불복하지 않으며, 여기에 불복하더라도 대부분 기각당한다.[9]

로버트 코코란

미란다는 애리조나 주교도소에서 오랫동안 수감했다. 그러나 미란다는 포기하지 않았다. 1965년 여름, 미란다는 스스로 연방대법원에 상고를 제기하였다. 1965년 6월 18일 미란다가 상고 허가 신청서를 제출한 지 2주 후 미란다는 연방대법원으로부터 서면을 받았다. 그 서면에는 미란다가 쓴 상고 허가 신청서도 동봉되어 있었다. 왜냐하면 신청서 자체가 요건에 맞지 않았고, 그래서 연방대법원에서는 상고를 허락할지 검토하는 심리도 열지 않았다. 결국 미란다가 한 상고 허가 신청은 각하된 것이다.[10]

그러나 그즈음 미란다 사건은 피닉스 변호사 로버트 코코란Robert J. Corcoran의 관심을 끌었다. 코코란은 퍼시픽 리포터Pacific Reporter란 법률 요람지를 읽고 애리조나 주대법원이 내린 최근 판례를 알게 되었다. 그중에 교육받지 못한 멕시코계 미국인의 자백 사건이 있었다.[11] 코코란은 포드햄 대학교Fordham University와 버지니아 대학교University of Virginia를 졸업하였고, 1962년부터 1964년까지 마리코파 구의 검사보로 근무하였다. 그 후 1964년부터 1973년까지 더쇼프 로펌Dushoff, Sacks & Corcoran에서 근무하였고, 이후에는 마리코바 항소심 판사, 주대법원 판사를 역임하게 된다.

실제로 코코란은 에스코베도 판결과 미란다 판결 사이에 우뚝 서 있는 것으로 보인다. 코코란은 1920년에 설립된 미국 시민자유연맹ACLU: American Civil Liberties Union에 소속된 애리조나 주변호사이며, 미란다 사건을 이끈 장본인이다. 애리조나 주대법원의 판결을 읽어보면, 미란다에 대한 유죄 판결은 경찰서에서 한 자백에 근거하고 있음을 보게 된다. 코코란은 유무죄를 떠나서 모두를 위한 정의로 나아가기 위해서는 애리조나 주에서는 가망이 없다고 보았다.[12]

과거 애리조나 주검사인 코코란은 1965년 사직하고 시민자유연맹 피닉스 지부에서 매우 활발하게 활동하고 있었다. 시민 자유에 대한 코코란의 관심은 포드햄 대학교 시절로 거슬러 올라간다. 그곳에서 코코란은 법학을 전공했고, 피닉스로 와서 루이스 앤드 로카Lewis & Roca란 로펌에 들어가면서 꽃을 피운다. 루이스Lewis, 로카Roca, 코코란은 존 프랭크John P. Frank, 존 플린John J. Flynn, 제임스 몰러James Moeller와 같이 일한다. ― 이 변호사들은 후일 '미란다 변호인단'을 구성한다. 코코란은 1965년 여름 미란다 사건에 관심을 갖게 되었고, 이때는 애리조나 주대법원이 상고 기각을 한 지 얼마 안 된 시점이었다. 코코란의 동기는 다음과 같다.[13]

코코란은 다른 이들과 마찬가지로 에스코베도 판결이 일련의 변화 과정상에 놓여 있다고 보았다. 따라서 미란다 사건은 변호인의 도움을 받을 권리를 선언한 에스코베도 판결에 이어, 이러한 권리의 확장 추세에 있어 그 다음 단계가 될 수 있다고 내다보았다.

워렌 법원Warren Court이 피고인의 권리에 대해 진보적인 입장을 취하고 있는 것은 분명했으므로, 코코란은 연방대법원이 미란다의 상고를 검토할 수 있으리라고 기대했다. 캘리포니아 법원은 에스코베도 판결을 확장하여 피고인이 변호인을 요청하지 않았음에도 피고인에게 변호인의 도움을 받을 권리와 진술한 내용이 불리하게 사용될 수 있음을 고지하여야 한다고 판시하였다.[14] 코코란이 보기에, 연방대법원은 많은 상고 사건 가운데 이와 같이 서로 어긋나는 주법원의 판결을 선택할 것 같았다.

몇 개의 미란다 사건이 있었다. 맥페이트 판사가 선고한 두 건이 있었고, 애리조나 주대법원에 상고한 한 건이 있었다. 그러나 법학자와 법사학자가 말하는 미란다 사건이란, 상고 허가 신청writ of certiorari에 의해 연방대법원이 다룬 사건을 말한다. 이 상고 사건은 미란다와 유명한 상고 변호사의 합작품이라고 할 수 있다.

코코란은, 연방대법원이 미란다 사건을 다시 심리하리라고 믿는다. 애리조나 주대법원이 에스코베도 판결의 논지에 지나치게 의존하였으므로, 에스코베도 판결에서 수정헌법 제6조에 근거하여 구금 중에도 변호인의 도움을 받을 권리가 있다고 보았다. 특히 애리조나 주대법원은 미란다가 조사받기 전에 경찰관에게 변호인의 도움을 받겠다고 요구한 사실이 없다고 판시하였다. 더라도 사건(스물여섯 살의 피고인은 마리화나를 판매한 죄로 종신형을 선고받고 수감중이었다. 수감중에 치명적 무기로 동료 수감자를 폭행하여 사망에 이르게 하였고, 사형을 선고받았다. 이 사건의 핵심은 피고인이 한 자백의 허용성이었다)[15]에서는 캘리포니아 주대법원은 에스코베도 판결을 확장하여 변호인의 도움을 받을 권리는 피의자가 요청하지 않더라도 피의자가 경찰서에 있을 때에도 인정된다고 판시하였다. 그래서 애리조나 주대법원은 더라도 사건을 언급하면서 "우리 법원은 더라도 판결을 따를 필요가 없다."고 판시하였다.

코코란은 다른 이들과 마찬가지로 에스코베도 판결은 점점 증가하고 있는 변화 중 하나라고 보았다. 에스코베도 판결은 과거 판결의 논지 연장선상에 있었고, 미란다 판결은 에스코베도 법리를 확장하여 다음 단계로 나아갈 수 있을 것이라고 기대했다. 연방대법원이 자백에 대해 내린 판결 역시 코코란의 관심을 부추겼다. 워렌 법원은 최근 인종 분리를 금하였고, 형사 피고인의 권리에 적극 관여하였다.

또한 워렌 법원은 에스코베도에서 밝힌 변호인의 도움 받을 권리를 확립하고, 경찰에 대한 단호한 기준을 세울 것이라는 예감도 들었다. 마리코파 변호사 사무소의 옛 동료들은 에스코베도 판결이 경찰에 대한 중대한 위협이 될 것이라고 생각했다. 그러나 코코란은 조사관의 행동을 합법적으로 제한할 필요가 있다고 보았다. 또한 수정헌법 제6조에 위험이 되는 경찰 조사에 대처하기 위해서는 변호인의 역할이 매우 중요하다고 믿었다.

코코란은 미란다 사건에서 애리조나 주대법원이 자백에 대한 쟁점을 어떻게 다루었는지 검토하였다. 그래서 애리조나 주대법원이 변호인의 도움을 받을 권리에 대한 헌법상의 논쟁을 다룸에 있어 캘리포니아 주대법원과 정면으로 충돌하고 있음을 파악했다. 캘리포니아 주대법원은 "피고인은 변호인의 도움을 받을 권리를 고지받아야 하고, 진술한 사항은 모두 불리하게 쓰일 수 있음을 고지해야 한다."고 판시하였다.[16]

1965년 7월 15일, 코코란은 역사적 기회가 될 것 같다는 예감이 들어 앨빈 무어에게 편지를 써서 도움을 구했다. 코코란은 어느 법학자와 같이, 애리조나 주대법원이 사법 적극주의의 입장에 선 워렌 법원의 판결을 너무 좁게 해석하고 있다고 보았다. 무어가 상고 허가 신청서를 작성하기에는 너무 연로하다고 생각한 코코란은, "도움이 필요하시면 … 연락을 주십시오. 변호사님을 도울 유능한 동료 변호사가 함께 하겠습니다."라고 제의했다. 무어는 경제적으로나 나이로 볼 때 더 이상 변론하기 힘들다고 밝히면서 사임하였다. 무어가 기꺼이 제의를 받아들이자, 코코란은 모임을 주선한 뒤, 애리조나 주대법원이 자의적으로 해석해서 피고인이 과거 범죄를 저질러 수감되었으므로 법률을 잘 아는 것으로 잘못 판단하였다고 설명하였다. 이러한 관점이 타당하다면, 죄를 지어 재판받는 모든 사람은 법학박사 학위를 받아야 할 것이라고 주장했다. 무어는 더 이상 소송에 관여할 수 없어 모든 서류를 코코란에게 넘겨주었다.

코코란이 상고를 맡을 적임자로 생각한 사람은 피닉스 로펌의 렉스 리Rex E. Lee였다. 리는 1964년 화이트 대법관의 재판 연구관으로 일한 적이 있고, 그해에 에스코베도 판결이 선고되었다. 그러나 코코란이 리와 상의하자, 리는 대법원에서 근무한 경력으로 수임이 금지되어 있다고 밝혔다. 연방대법원에서 재판 연구관으로 근무한 사람은 2년간 관련 사건을 수임할 수 없다. 리는 또한, 이렇게 법률적인 판결을 만들어 가는 것이 올바른 헌법 정신이라고 생각하지 않아 그리 적극적이지 않았다. 그래서 코코란은 루이스Lewis와 저명한 헌법 학자인 존 프랭크John P. Frank를 섭외한다. 코코란은 루이스와 유명한 법정 투사인 존 플린John Flynn의 도움을 받으면 프랭크를 변호인의 이름에 올릴 수 있다고 보았다. 플린은 헌법 학자도 아니고, 대법원 사건에 대한 경험도 없지만 사건을 잘 처리하리라고 생각했다.[17]

코코란은 플린에게 도움을 요청했다. 플린은 주저 없이 승낙하였고, 플린은 프랭크를 합류시켰다. 플린 자신은 소송과 민법에 대한 전문 변호사이므로 헌법에 대한 전문가가 필요했다. 프랭크는 헌법 학자이고 상고 허가 신청서 작성 때 도움을 주었다. 프랭크는 후일 미란다 사건을 하는 데 시간당 보수로 환산하면 모두 5만 달러가 소요되었을 것이라고 밝혔다.

플린과 프랭크는 우호적 동반자였다. 마흔 살인 플린은 3년 6개월 만에 애리조나 대학 로스쿨과 대학원 과정을 모두 이수했다. 프랭크는 위스콘신 대학에서 학사, 석사, 로스쿨 과정을 이수했고, 예일 대학에서 법학 박사 학위를 취득했으며, 인디애나 대학, 코네티컷 대학에서 강의했다. 프랭크는 연방대법원의 판결에 정통했고, 헌법에 관한 판례집과 휴고 블랙Hugo L. Black 판사의 전기도 썼다. 프랭크는 학문적인 신뢰성을 높이도록 상고 허가 신청서를 작성했으며, 플린은 대법원에서 위엄 있게 변론한다.

플린과 프랭크는 먼저 선례를 조사하고 검토하였다. 그리고 소송 전략을 짰다. 미란다가 자백을 강요받았으므로 "변호인의 도움을 받을 권리"에 호소하기로 하였다. 다시 말해 변호인의 도움을 받을 권리를 핵심 쟁점으로 삼기로 한 것이다.

플린의 법정 기술과 프랭크의 헌법에 대한 학식이 더해지자 코코란은 1965년 7월 24일 미란다에게 편지를 썼다. 코코란은 제안서에서 무어가 국선 변호인으로서 경비나 시간 측면에서 볼 때 연방대법원까지 소송을 수행하기에는 역부족이고, 자신들이 이 사건을 맡는 것 자체가 그러한 경비를 상쇄하고도 남음이 있다고 밝혔다. 코코란은 미란다에게 루이스나 로카 중에 선택할 수 있도록 선임계를 보내 주었다. 그날 코코란은 루이스와 로카에게 미란다 기록을 보내면서 미란다가 기꺼이 수락할 거라고 말했다. 또한 미국 시민자유연맹에 자문 진술amicus curiae[18]을 써달라고 편지를 썼다. 1965년 6월 27일 무어

───────── 로버트 코코란 변호사는 미란다 사건을 이끈 장본인이다. 코코란은 존 프랭크, 존 플린이 미란다 변호인단을 구성하도록 주선하였다. 코코란은 미국 시민자유연맹 피닉스 지부에서 활동하고 있어 시민자유연맹으로부터 '법정 친구의 서면'을 받을 수 있었다.

는 미란다에게 루이스와 로카를 변호사로 선임하라고 말했고, 미란다는 1965년 7월 초 루이스와 로카를 선임한다. 그리고 미란다는 코코란에게 감사하다는 편지를 보냈다.[19]

"저의 사건에 누군가가 관심을 갖고 있다는 사실을 알게 되어 무척 고무됩니다 … 귀하와 플린께 감사드리며, 무엇이든 말씀드리고 모든 것을 맡기겠습니다. 그리고 귀하와 플린께서 저의 사건을 변론해 주심에 감사드립니다."

상고 허가 신청서

상고 허가 신청서는 50쪽으로 제한되어 있으므로 효율적으로 쓰는 요령이 필요했다. 프랭크가 상고 허가 신청서의 골격을 잡기로 했다. 프랭크는 사건의 핵심을 헌법상의 쟁점 문제로 보았다. 프랭크는 어떤 조항이 가장 적합한지 고민했다. 수정헌법 제5조의 자기부죄거부특권privilege against self-incrimation의 경우, 최근 몇몇 판례는 수정헌법 제14조의 적정절차에 근거하고 있었다. 그러나 프랭크는 재판 청구권에 대한 근거 규정인 수정헌법 제6조를 택했다. 핵심 요지는 다음과 같다. "딜 배우자나 정신 이상이 있거나 가난한 피고인에게 변호인의 도움을 받을 권리를 고지하지 않은 경우, 변호인 없이 이루어진 자백은 허용되어서는 안 된다."

신청서가 대법원에 제출되면 반대 당사자인 애리조나 주에 같은 분량의 답변서를 제출할 기회를 주며, 답변서에서 반대 당사자는 이러한 신청이 받아들여서는 안 된다는 취지로 주장한다. 미란다의 상고 허가 신청이 있자 애리조나 주검찰청은 점차 신경을 쓰게 되었다. 만약 미란다 판결이 연방대법원에서 파기되면 앞으로 경찰이 어떻게 조사를 해야 할지 걱정이 앞섰다. 애리조나 주검찰차장 개리 넬슨은 수정헌법 제6조의 변호인 선임권에 대해서는 인정하지만 제대로 교육을 못 받고, 정신적으로 이상이 있다는 표현의 정확성에 대하여는 의문을 표시했다. 연방대법원이 상고 허가를 해 주는 것은 불가피해 보였다. 2년 전 에스코베도 판결이 있었지만 경찰이 피의자를 신문하는 절차와 자백의 유효성의 관계에 대해서 불분명한 점이 많았다. 에스코베도 판결은 경찰에 대해 분명한 지침을 주지 못하고 있는 것이 사실이었다. 이를 두고 로스쿨 교수이자 자백에 대해선 전문가인 예일 카미자르Yale Kamisar, 1929. 9. 29.-현재(뉴욕 대학교를 졸업하였고, 1951년부터 1953년까지 한국전에도 참여하였다. 헌법과 형사소송법 분야에서 널리 권위를 인정받아 오고 있고, 미시간 대학교에서 강의해 왔다) 교수는 '아코디언' 소리와 같이 애매하게 들린다고 평가했다.[20]

변호인의 도움을 받을 권리에 대하여, 중요한 피의자이거나, 수사의 초점이 수사 단계에서 기소 단계로 옮겨갈 때라거나, 피의자에 대하여 초점을 맞출 때에 인정된다는 등 의견이 분분하다. 에스코베도 판결의 적용 범위를 제한적으로 해석하려는 견해도 있다.

제2장

권리 혁명의 주역:
미란다와 워렌

어네스토 미란다Ernesto Miranda

멕시코 이민자의 아들로 태어난 어네스토 아르투로 미란다Ernesto Arturo
Miranda는 1941년 5월 9일 애리조나 주 메사시에서 태어나서 서른네 살
되던 해인 1976년 1월 31일 애리조나 주 피닉스시에서 사망하였다.
미란다의 시신은 메사시 공원묘역에 안장되었다. 어머니는 미란다가
다섯 살 때 사망했고, 그로부터 일 년 후 아버지는 재혼하여 미란다는
불우한 어린 시절을 보냈다. 미란다는 아버지와 사이가 좋지 않았다.
미란다는 계모는 물론이고, 형제들과도 소원하게 지냈다.[1]

　미란다는 메사시에 있는 평화여왕 초중등학교Queen of Peace Grammar
School에 다닐 때부터 말썽을 피웠다. 수업에는 거의 참석하지 않았고,
8학년 때 학교를 중퇴했다. 1954년 미란다는 강도죄로 처음 구속되어
보호관찰을 선고받았다. 그로부터 1년이 채 안 되어 다른 강도죄로
재판을 받았다. 이 건으로 인해 미란다는 애리조나 주 소년공업학교
에 다녀야 했다. 그곳에서 나온 지 1주일도 안 되어 강간과 폭행 미수
죄를 저질렀다.[2]

　공업학교에서 2년여 간 보내자 미란다는 이제 열일곱 살이 되었고,
로스앤젤레스에서 새롭게 출발하였다. 그곳에서 미란다는 보호관찰
위반, 통금 위반, 성관계 염탐 혐의로 체포되었고, 무장 강도죄도 범
하였다. 미란다는 45일간 유치장에 수감되었다가 애리조나 주로 이
송되었다. 교육을 제대로 못 받았고, 고아나 다름없는 처지인 미란다

───────── 어네스토 미란다는 멕시코 이민자의 아들로 태어났다. 미란다는 초중등학교에 다닐 때부터 말썽을 피워 학교를 중퇴하였고, 여러 범죄에 연루되어 구속되고 석방되기를 반복하였다.

는 1958년에 군인이 되기로 결심한다. 그래서 6개월의 군사훈련 기간 중 4개월은 버텼지만 1959년 결국 탈영했고, 다른 사람의 성관계를 엿보다가 또 체포되었다. 그래서 미란다는 텍사스로 보내졌고, 몇 달간 남부를 배회하다가 무전 투숙으로 텍사스 주 구치소에 수감되었다가 다시 출소하였다. 그곳에서 미란다는 내쉬빌에서 훔친 차를 운전하여 주 경계를 넘다가 다시 체포되어 징역 1년 1일을 선고받고 연방교도소에 1년간 수감되었다. 그 후 오하이오 주 칠린코더와 캘리포니아 주 롬폭으로 이송되었디.

미란다는 캘리포니아에서 석방되자 사회에 적응하려고 노력한다. 미란다는 2년간 여러 가지 일을 했다. 한동안 잘되어 가는 듯 싶었다. 스물한 살이 되자, 스물아홉 살로 1남 1녀를 둔 투일라 호프만Twila

Hoffman이란 여자를 만났다. 호프만은 미란다보다 여덟 살 연상이었고, 미란다와 만나기 전에 남편과 헤어진 몸이었다. 두 달 후 미란다는 호프만의 집으로 이사했고, 호프만의 두 아이와 같이 살게 된다. 이듬해, 둘 사이에 딸을 낳았다. 미란다는 메사로 이사했고, 그곳에서 일자리를 얻었다. 투일라는 간호 학교에 다녔고, 미란다는 피닉스 제조회사에 취업하여 야간에 부두 인부로 일해서 가족들을 먹여 살렸다.

이때까지 미란다는 한곳에서 2주 이상 일한 적이 없었다. 이제 미란다는 직장 상사와 좋은 관계를 갖게 되었고, 상사는 미란다를 가리켜 "지금까지 본 인부 중 가장 훌륭한 사람"이라고 치켜세웠다.[3]

워렌의 어린 시절과 성장

얼 워렌Earl Warren, 1891. 3. 19.-1974. 7. 9.은 법조인이자 정치인이다. 서른 번째 캘리포니아 주지사1943-1953와 열네 번째 대법원장직1953-1969을 역임했다.

워렌은 워렌 법원의 대법원장으로 널리 알려져 있다. 워렌은 임기 동안 피고인의 권리, 공립학교에서의 흑백 분리, 1인 1표제 등에 관한 선도적 판결을 이끌어냈다.

워렌은 주지사를 세 번 연임한 인물이고, 앨러미다 구 지방검사, 캘리포니아 검찰총장도 역임했다. 워렌은 1948년 공화당 부통령 후보였고, 토마스 듀이Thomas Edmund Dewey, 1902. 3. 24.-1971. 3. 16.(정치인으로 공화당에 소속되어 1944년, 1948년 두 차례 대통령 선거에 출마했으나, 프랭클린 루스벨트, 해리 투르먼 대통령에게 패했다)가 러닝 메이트였다. 워렌은 워렌 위원회Warren Commission 의장이었고, 1963년 저격당한 존 케네디John F. Kenndey 암살 사건을 조사했다.[4]

워렌은 1891년 3월 19일 로스앤젤레스에서 태어났다. 부친 미테이스Mithais는 노르웨이에서 이민왔고, 원래 성은 배런Varren이다. 모친 크리스탈 워렌Chrystal Warren은 스웨덴에서 이민왔다. 미테이스는 남태평양 철도회사의 직원으로 오랜 기간 근무했다. 미테이스가 파업에 참여해서 블랙 리스트에 오르자 가족은 1894년 베이커스필드Bakersfield로 이사갔고, 미테이스는 그곳에서 선로 수리공으로 일한다.[5]

워렌은 캘리포니아에서 자랐다. 이 지역은 문화적으로나 지정학적으로 극단적이다. 산업도시인 로스앤젤레스와 샌프란시스코가 있고, 광활한 농장 지대가 펼쳐져 있다. 이러한 지역 특색은 워렌의 성격과 닮아 있다. 워렌의 부모인 미테이스와 크리스탈 워렌은 캘리포니아로 이주했는데, 가난했기에 일자리가 있을 거라는 희망을 걸었다. 미테이스는 어깨가 넓고 마른 체격의 소유자다. 노르웨이 헤우게순Haugesund이라는 조그만 마을에서 어릴 적에 미국으로 이민왔고, 일리노이Illinois에 정착했다. 그 다음 아이오와Iowa로 옮겼고, 여러 도시를 전전했다.

미테이스 부부 사이에는 첫째인 에델Ethel이 태어났고, 그 후에 캘리포니아로 이주했고, 1891년 3월 19일 거기서 일 워렌을 낳았다. 너무 가난해서 워렌의 세례명baptismal name(기독교에서 세례성사를 집전하면서 주어지는 이름이다. 성인을 본받고 수호성인으로 삼으려는 데 목적이 있다. 주로 성직자나 대부모가 정해준다)을 얻지 못했다고 후일 미테이스가 농담

조로 털어 놓았다.[6] 어릴 적 워렌은 침착하고 예의가 발랐다. 워렌은 다섯 살 때 지역 워싱턴 초등학교에 입학하였다. 원래 여섯 살이 되어야 초등학교에 입학할 수 있었으나 학교 교장은 워렌이 읽기와 쓰기에 능숙하다면서 입학을 허락했다. 학교에서는 엄격하게 훈육했다. 워렌이 왼손으로 쓰려고 하면 왼손을 몸에 묶고 오른손으로 쓰게 했다. 그래서 워렌은 오른손으로 쓰고 식사하고, 왼손으로는 운동을 했다.

미테이스는 다른 건 몰라도 워렌이 읽기 원하는 책을 사주는 데는 돈을 아끼지 않았다. 워렌은 동기들에 비해 어렸지만 공부를 잘해서 두 학년을 뛰어넘었다. 미테이스는 비번일 때 집을 지었는데, 워렌은 그 일도 도왔다.

워렌 가족은 부유하지 않았지만 미테이스는 근검절약했고, 꾸준한 수입이 있어 점차 형편이 나아졌다. 처음에는 임대 주택에 살았으나 몇 년 후에는 집을 장만했고, 작은 집을 사서 세를 주었다.

워렌의 고등학교 시절은 평범했다. 케른 구립 고등학교를 다닐 때 라틴어를 어려워했다. 프랑스어도 잘하지 못했다. 학교에서는 75등이었다. 워렌은 법정에 가보고 법학에 끌렸지만, 법학의 원리나 체계에 마음이 간 것은 아니었다. 미테이스는 캘리포니아에서 강도에게 살해당했다.[7]

워렌의 대학 시절과 그 후

워렌이 캘리포니아 대학에 입학할 때 대학은 초창기여서 성장 중에 있었다. 워렌은 대학에서 법학을 전공했다. 워렌은 농구팀에 가입하려 했으나 실패했고, 수업은 들었지만 학업에는 열중하지 않았다. 워렌은 영국과 미국의 시를 좋아했다. 워렌은 문학과 시에 대한 관심으로 대학 내의 문학 동아리에 가입한다.

워렌은 가까스로 캘리포니아 로스쿨에 입학하였지만 열심히 공부해서 로스쿨을 졸업했다. 워렌은 1914년 캘리포니아 주변호사 자격을 취득했다. 워렌이 막상 변호사 자격을 얻어서 맨 먼저 한 일은 구직이었다. 처음에는 샌프란시스코에 있는 정유회사와 관련된 직장을 잡았다. 그러나 적성이 맞지 않아 워렌은 새 직장을 찾기 위해 애썼다.

워렌은 1년 가량 석유회사에서 근무하였고, 주대법원장의 소개로 로빈슨 앤드 로빈슨Robinson and Robinson 법률회사에 취직했다. 그곳에서 워렌은 젊은 변호사로서 활발한 활동을 시작한다. 1917년 워렌과 친구는 자신들의 법률회사를 설립하려고 했으나 제1차 세계대전의 발발로 중단했다.

전쟁이 발발하자 워렌은 자원해서 군에 입대하였다. 워렌은 1917년 9월 7일 군에 입대하고 워싱턴에 있는 루이스 캠프에 있는 91분대에서 근무하였고, 두 달 후 중위로 승진했다. 워렌은 좋은 군인이자 지휘관이었고, 공정하고 인내심이 많았다.

1918년 진쟁이 끝나자 워렌은 제대하게 된다. 1918년 10월 4일 부대가 해체되었고, 워렌은 1918년 10월 9일 제대하였다.[8]

검사로서 워렌

전쟁이 끝난 후인 1919년 워렌은 캘리포니아 주의회 사법위원회의 연구관으로 일했다. 워렌은 1920년 검사로 전직하였다. 워렌의 정치 동료는 지방검사 에즈라 데코도Ezra Decodo에게 영향력을 행사해서 워렌이 검사로 임명되도록 힘썼다. 그러나 공직으로 일하는 검사라는 직업에 대해 워렌은 탐탁치 않게 생각했다. 워렌은 공판 검사로 근무하기를 원했다. 워렌은 1920년 5월 20일 앨러미다Alameda 구검사보로 근무하기 시작한다.

당시 캘리포니아 주검사로 근무한다는 것은 이상에 가득 찬 젊은 이로서는 순탄한 길이 아니였다. 주는 양 진영으로 나뉘어 있었고, 해마다 요동쳤다. 한쪽은 공화당파로 젊은 사업가가 주도했으며, 경제 발전 등을 중요시했다. 다른 쪽은 노조 계층이었다.[9]

워렌은 검사가 되고 한 달 가량 지나자 첫 사건을 배당받는다. 워렌은 선임 검사 로저스A. A. Rogers와 함께, 공화당 후보로 오클랜드Oakland 시장에 출마하기도 하고 노동조합 지도자이기도 한 존 테일러John Taylor에 대한 공소를 담당한다. 테일러는 범죄를 시인하였으나 경찰과 경찰 정보원이 뇌물로 증거를 조작하고 증인을 매수하였다는 주장을 편다. 워렌은 소송을 진행함에 따라, 경찰 정보원이 부당한 방법으로 증거를 얻는다는 사실을 알게 되었다. 그러나 이러한 사실을 법원에 알릴 수는 없었다. 이러한 경험으로 워렌이 지방검사가 되었을 때 노동조합과 관련된 사건의 기소를 자제하게 된다.[10]

워렌은 1920년부터 1925년까지 캘리포니아 주검사, 오클랜드 구검사로 근무했다. 그때 워렌은 공화당의 유력 인사인 노우랜드Joseph R. Knowland, 1873. 8. 5.-1966. 1. 1.(미국의 정치인이자 신문 발행인이다. 캘리포니아 주 하원의원도 거쳤고, 오클랜드 트리뷴지의 소유자이자, 편집인이고 발행인이다)와 트리뷴지Oakland Tribune 발행인을 알게 된다. 1925년 워렌은 앨러미다 구검사로 임명되었다. 워렌은 4년간의 임기인 검사직을 세 번 연임한다(1925-1939).

워렌은 범죄를 소탕하는 데 솜씨가 좋은 것으로 명성이 자자했다. 또한 기소한 사건이 무죄로 선고된 예가 거의 없었다. 따라서 워렌이 법원으로 가는 것은 헌법에 반한다는 지적이 있었다. 왜냐하면 1920년대에 워렌이 기소한 사건의 상당수에서 경찰이 증거를 수집하기 위해 자백을 강요하거나 요구했기 때문이다.

워렌은 전국적으로 명성을 얻기 시작했고, 검사로 근무하는 동안 범죄에 대해 단호하게 대처하는 투사로서 명성을 쌓았다. 1931년 여론조사 때 워렌은 가장 훌륭한 검찰총장감으로 지목되었다. 그러나 워렌은 내심, 경찰과 검사가 공정하게 직무를 수행해야 한다고 생각했고, 이러한 생각은 나중에 재판에 반영된다. 워렌의 지방검사로서 한 활동은 워렌으로 하여금 정치적 감각을 갖게 하였으며, 주지사로 가는 경력을 쌓게 했다.

워렌은 니나Nina와 결혼하였다. 워렌은 감리교인이고 니나는 침례

교인이었다. 그러나 니나의 신앙심이 더 깊어 오클랜드 제일침례교회에서 결혼식을 올렸다.

위렌은 검사로서의 역량이 인정되어 앨러미다 구검사가 된 후 드디어, 1938년 캘리포니아 주 검찰총장이 되었다.

정치인으로 성공

위렌은 캘리포니아 주에서 세 번째로 큰 앨러미다 구의 검찰총장이 되었다. 검사라는 직업은 범죄와 투쟁하는 것이 일이지만 정부에 의해 임명되는 것이라 정치적 이해 관계를 대변하기도 하였다.

맨 처음 위렌은 공화당 사람들과 친교를 가졌으며, 그래서 위렌은 공화당원으로 성시에 입문하였다. 당시 공화당은 공산주의를 적대시하고 있었다. 캘리포니아 주의 경우, 우익 단체인 농민 단체의 후원도 받고 있었다. 그러나 위렌은 열성적인 공화당원이 아니라 미지근한 당원이었다.[11]

당시 공화당은 공산주의와 싸우면서도, 캘리포니아에서 악명 높은 지주들의 이익도 대변하고 있었다. 위렌은 겉으로는 공화당 노선을 따르는 듯했다. 위렌은 검사로서 진심으로 범죄를 증오했다. 그래서 열심히 기소했고, 보수 공화당으로부터 많은 지지를 받았다. 소송에서의 승리는 공화당을 더욱 단결시켰다. 나아가 위렌은 전 정치 여정 동안 지역 관리와 정부의 대변자를 구분하였다.

트리뷴지의 지지를 업고 위렌은 1926년, 1930년, 1934년 재선에 성공했다. 1938년 워렌은 별 어려움 없이 캘리포니아 검찰총장으로 선출된다. 임기가 시작되자 워렌은 범죄 대책 조직을 강화했고, 도박 범죄를 소탕해 갔다. 1942년이 되자 워렌은 쉰한 살이 되었고, 당시 워렌의 부모는 모두 작고하였다. 워렌은 부패정치 사건을 기소하며 명성을 쌓아갔다. 저녁에 사람들을 만나길 즐겼고, 그들의 얘기를 경청했으나 자신의 지조를 견지했다.

워렌은 스칸디나비아 출신답게 체격이 장대하고 미남이었다. 자신과 남에 대해 엄격했고, 뿔테 안경과 더불어 강인한 인상을 풍겼다. 그러나 심지가 곧고 사려 깊고, 온화한 성품의 소유자였다. 워렌은 공식 석상에서는 좀처럼 웃는 법이 없었다.

1942년 3월 9일 워렌은 캘리포니아 주지사에 출마한다고 선언한다. 워렌은 검사로서의 경력을 십분 활용하여 주지사 선거에 출마하였다. 워렌은 선거에서, 경쟁 후보자 쿨버트 올슨Culbert Olson, 1876. 11. 7.-1962. 4. 13.은 유타 출신의 철새이지만 자신은 캘리포니아 주에서 태어나서 줄곧 살아온 토박이임을 부각시켰다.[12]

쿨버트 올슨은 1876년 유타에서 태어난 인물이다. 올슨은 변호사이자 정치인이었다. 민주당에 소속되어 있었고, 1939년에 29번째 캘리포니아 주지사에 당선되어 1943년까지 재임하였다.[13]

캘리포니아 주지사

공화당원으로 워렌은 1942년 11월 3일 캘리포니아 주지사에 당선되었다. 1946년에는 공화당과 민주당 양쪽에서 주지사로 지명되었다. 1950년 세 번째로 주지사에 당선되었다.

주지사로서 워렌은 주청사를 일신하였다. 그리고 효율성과 계획성을 강조하였다. 뉴딜 정책과 비슷한 공공 정책을 펼쳤고, 교육 체제를 개선했다.

워렌은 1948년 이런 정치 역량을 바탕으로 하여 대통령 후보인 토마스 듀이Thomas Dewey의 선거 파트너로 대선에 출마하였다. 그러나 해리 투르먼Harry Trumann, 1884. 5. 8.-1972. 12. 26.(33번째 미국 대통령으로 당선되어 1945년부터 1953년까지 재임하였다. 1944년 대통령직 러닝 메이트는 프랭클린 루스벨트였다)과 그의 선거 파트너인 앨번 바클리Alben Barkley에게 패배한다.

워렌은 1952년 1월 샌프란시스코 전국 공화당 위원회에서 대선에 참여한나고 선언한다. 이어 워렌은 대선에서 부통령 후보로 나선다. 그러나 닉슨이 아이젠하워를 지지하였고, 아이젠하워와 닉슨이 당선되었다. 결국 워렌은 대통령 후보 지명전에서 패배하였다. 닉슨이 대통령 후보로 지명되자 워렌은 닉슨에게 축하한다는 말을 전했다. 이어 드와이트 아이젠하워Dwight D. Eisenhower, 1890. 10. 14.-1969. 5. 28.(34번째 미국 대통령으로 당선되어 1953년부터 1961년까지 재임하였다. 제2차 세계대전 때 오성 장군이자 총사령관으로 연합군을 진두진휘하였다)가 대통령으로 당선되어 1953년 1월부터 대통령 임기를 시작하였다.

아이젠하워 대통령은, 대통령이 되겠다는 꿈도 포기하고 자신을 열렬히 지지해 준 워렌을 대법관으로 가는 요직인 법무부 송무차관에 임명하려고 하였다. 워렌은 그 제의를 수락했다.

그런데 1953년 9월 8일 대법원장 프레드 빈슨Fred Vinson, 1890. 1. 22.-1953. 9. 8.이 갑자기 심장마비로 작고하자, 아이젠하워는 계획을 바꾸어 워렌을 대법원장으로 내정하였다. 사실 당시 연방대법원장 후보로 거명되었던 후보로는 여럿 있었다. 그중에는 뉴욕 주지사를 지내고 대선에 출마하였지만 대통령이 되지 못한 토마스 듀이Thomas Edmund Dewey, 1902. 5. 24.-1971. 3. 16.(뉴욕 주의 47번째 주지사이다. 1944년 공화당 후보로 대선에 출마했지만 프랭클린 루스벨트에게 패배했다. 1948년 다시 대선에 출마했지만 해리 투르먼에게 패했다)도 있었다. 듀이 외에도 뉴저지 주대법원장 아더 벤더빌트Arthur Vanderbilt도 있었고, 국무장관 존 포스터 듈러스John Foster Dules도 있었으며, 민주당 대통령 후보로 출마한 존 데이비스John Dabis도 있었다. 워렌은 이런 여러 경쟁자 가운데 아이젠하워 대통령의 지명을 받게 된다. 1953년 9월 8일 워렌은 바틀리 캐버너Bartley Cavanaugh로부터 전화를 받는다. 캐버너는 워렌에게, 대법원장 빈슨의 사망 소식과 함께 대법원장직을 제의했다.

프레드 빈슨은 정치 명망가인 빈슨가에서 태어난 인물이다. 빈슨은 미국의 삼부인 입법부와 행정부, 그리고 사법부에서 봉직하였다. 빈슨은 2년간 루이지애나, 켄터키 주하원으로 당선되어 일했다. 해리 투르만 대통령 정부하에서는 재무장관을 역임하였으며, 1946년부터 1953년까지 미국 연방대법원의 수장으로 있었다.[14] 사망한 빈슨은 대법원 내에서 구심점 역할을 하지 못하고 있었다. 대법관 프랭크 펀터 같은 이는 노골적으로 빈슨을 무시하기도 하였다. 대법원은 중심 역할을 할 인물을 고대하고 있었다. 1953년 9월 27일 허버트 브라우넬 Herbert Brownell 법무장관은 얼 워렌에게 후보자 지명 소식을 전하였고,

KENNEDY

―――――― 얼 워렌은 캘리포니아 주지사를 세 번 연임하였고, 1948년에는 공화당 부통령 후보
로도 출마하였다. 이후 워렌 위원회의 의장직을 수행하였고, 존 에프 케네디 대통령 암살 사건의 조
사를 맡는 등 정치인으로서 큰 성공을 이루었다.

워렌은 대법원장 제의를 수락하였다.[15] 1953년 10월 2일 워렌은 고향
인 캘리포니아 주를 떠나게 된다.

그러나 워렌은 아이젠하워 대통령의 기대를 저버리고 16년 재임하
는 동안 사법 적극주의의 길을 걸었다. 이러한 행보에 아이젠하워 대
통령은 후일 이 임명이 "내가 한 가장 어리석은 실수"the biggest damned-
fool mistake I ever made라고 말했다.[16] 그러나 여기에 대해 아이젠하워의
자서전을 쓴 에드워드 스미스Edward Smith는 "아이젠하워가 이런 말을
한 적이 없고, 또 그런 말을 했다는 증거도 없다."라고 밝혔다.[17]

얼 워렌은 판결을 통해 흑백 통합을 실현시켰고, 국민의 인권을 획

기적으로 신장시켰다.

대법원장 워렌

━━━

부정의가 있다면 바로잡아야 할 것이고, 가난이 있다면 없애야 할 것이다. 부패가 있다면 몰아내야 할 것이고, 폭력이 있다면 벌주어야 할 것이다. 소홀함이 있다면 돌봐야 할 것이고, 전쟁이 있다면 평화를 회복해야 할 것이다. 이 모두를 다 이루었다면 보고를 열어 나누어 주어라.

- 얼 워렌

Where there is injustice, we should correct it; where there is poverty, we should eliminate it; where there is corruption, we should stamp it out; where there is violence, we should punish it; where there is neglect, we should provide care; where there is war, we should restore peace; and wherever corrections are achieved we should add them to our storehouse of treasures.

- Earl Warren [18]

워렌이 대법원장이 되었지만 사실 나머지 여덟 명의 대법원 판사와 동료 관계에 있다. 대법원 판사는 종신토록 근무하고, 유권자에게 책임지지 않는다. 그들의 성격은 차가운 법적 논리에 묻히고 섞인다. 1981년 오코너Sandra Day O'Connor(1981년 로널드 리건 대통령에 의해 대법원 판사로 임명되었고, 2006년 은퇴하였다. 오코너는 최초의 여성 대법원 판사다. 그녀가 은퇴하자 사무엘 알리토Samuel Alito가 그 자리를 물려받았다)가 대법원 판사가 되기까지 모두 남자 일색이었다. 대법원 판사가 사망하더라도 미망인은 정례 모임에 참석하고 은퇴식이나 장례식에도 참석한다. 자녀가 결혼하면 돈을 갹출하여 은쟁반을 사서 결혼을 축하한다. 그야말로 '형제'인 셈이다.[19]

워렌은 1953년 10월 대법원에 부임하였다. 워렌은 1953년부터 1969년까지 대법원의 개혁을 이룬 강력한 대법원장으로 평가받고 있다. 워렌 법원이 선고한 사건 중 대표적 사건은 브라운 사건, 레이놀스 사건, 미란다 사건이다. 브라운 사건1954에서는 공립학교의 인종 차별적 분리교육을 철폐하였다. 레이놀스 사건1964에서는 주의원 선거에 '1인 1표제'를 적용했다. 미란다 사건1966에서는 피의자를 신문하기 전에 권리를 고지하도록 명했다.

아이젠하워 대통령이 대법원장으로 임명할 때 워렌은 법과 질서를 강조하고, 강한 신념을 가진 보수주의자로 알려져 있었다. 그러나 대법원장에 재임하면서 시민의 자유, 시민권의 대변인으로 알려지게 된다. 얼 워렌이 남긴 유산을 '적정절차 혁명'The Due Process Revolution이라고 한다. 얼 워렌은 헌법 논쟁, 즉 '체화 논쟁'incorporation debate을 잘 종식시키고, 형사소송에 적정절차 원칙이 적용되게끔 하였다. 대표적 사건으로는 다음 사건을 들 수 있다.[20]

- 맵 사건[21]: 위법하게 수집된 증거는 허용되지 않는다는 증거 배제 법칙은 주에도 적용된다.
- 웡순 사건[22]: 위법하게 수집한 증거로부터 얻는 증거는 '독나무의

과실'Fruit of poisonous tree이므로 허용되지 않는다.

- 에스코베도 사건[23]: 중죄로 기소된 자는 재판에서 변호인의 도움을 받을 권리가 있다.
- 미란다 사건[24]: 구금된 상태에 있는 피의자로부터 얻은 자백은, 권리 고지를 하지 않은 경우 허용되지 않는다.
- 웨이드 사건[25]: '범인 식별 절차'line-up 시 피의자는 변호인의 도움을 받을 권리가 있다.
- 켄트 사건[26]: 프라이버시를 침해한 전화 도청은 수색에 해당하고, 위법한 수색을 금지하는 원칙이 적용된다.

얼 워렌이 미란다 판결을 이끈 데는 검사로서의 경력이 영향을 끼친 것이 분명했다. 미란다 판결이 선고된 지 몇 년이 지나자 연방법원은 디커슨Dickerson이라는 은행 강도범에 대한 유죄 판결을 재확인하였다. 법원은 미란다 고지를 하지 않더라도 디커슨의 자백은, 연방법 제3501조US Code Section 3501에서 정하고 있는 임의성 기준을 충족했으므로 증거능력이 있다고 보았다. 디커슨은 미란다 원칙이 헌법상 요구이므로 법령으로 변경할 수 없다는 사유로 상고 허가 신청을 하였다. 2000년까지 대법원은 디커슨 사건의 구두 변론을 열면서 미란다 원칙을 계속 적용했다.[27] 윌리엄 렌퀴스트William Hubbs Rehnquist, 1924-2005는 미란다 원칙의 반대론자이지만 디커슨 사건에서는 직접 판결문을 작성하면서 미란다 원칙을 재확인했다.

워렌은 대법원장 재직 동안 많은 이들이 알고 있었던 것보다 훨씬 더 진보적 성향을 드러낸다. 위에서 언급한 판결 외에도 투표에서 평

───────── 얼 워렌은 1959년 미국 연방대법원장으로 부임한 이래 1969년까지 연방대법원의 개혁을 일구었다. 재임 기간 중 대표적인 사건은 브라운 사건, 레이놀스 사건, 미란다 사건이다.

등권을 선언한 베이커 판결, 배심원의 평등을 밝힌 헤르난베스 판결 등을 이끌어냈다.

워렌이 권리 혁명을 진두지휘하는 동안, 일부 미국인들은 워렌이 자신들이 소중히 여기는 가치를 무너뜨린다는 위기감을 갖고 있었다. 1961년 '존 버치 소사이어티'라는 단체는 대법원장 탄핵 운동을 시작한다. 그리하여 미국 각지에서 대법원장을 탄핵하자는 벽보가 붙기 시작한다. 그러나 제이 리 랭킨James Lee Rankin 법무부 송무차관과 함께 갔던 출장지에서 워렌은 '에이브러험 링컨 이후 서반구에서 가장 위대한 인도주의자'란 평가를 받았다.

린든 존슨Lyndon B. Johnson 대통령은 케네디 대통령 암살 사건의 조사 위원회 위원장으로 워렌을 지명하였다. 그러나 처음에 워렌은 위원장직 수락을 거절하였다. 그러나 린든 존슨 대통령은 워렌의 애국심을 자극하여 조사위원회 위원장을 맡도록 설득했고, 결국 워렌은 수락하였다. 워렌은 댈러스로 가서 리 하비 오스월드Lee Harvey Oswald, 1939. 10. 18.-1963. 11. 24.(1963년 11월 24일 케네디 대통령을 암살하였다. 오스월드는 케네디 대통령을 댈러스의 딜리 광장에서 살해했다)가 케네디 대통령을 저격하고 존 코넬리John Connally에게 부상을 입혔던 텍사스교과서 보관소를 직접 조사했다.[28]

워렌 법원이 미국 역사에 미친 영향은 매우 크다. 워렌의 행보는 법률가로서 예리함 대신 형평 관념이나 정치적 정책을 사법권을 통해 실행하려는 것으로 비쳤다. 워렌은 시대 정신을 판결에 반영한 혁명가로 기억될 것이다.[29]

제3장

연방대법원과
워렌 법원

민권 운동의 등장

미국은 오랫동안 스스로를, 시민에게 평등한 기회를 주는 자유로운 사회로 이해해 왔다. 그러나 1950년대부터 1960년대에 걸쳐 그러한 자기 이해 기반이 흔들리기 시작한다. 그 계기가 된 것이, 흑인에 대한 인종 차별에 반대하여 시민으로서 법 아래 평등한 처우를 요구하는 민권 운동이다.[1] 1950년대 미국은 경제적으로는 풍요로왔고, 사회적으로는 안정되어 있었다. 제34대 대통령인 드와이트 아이젠하워 Dwight David Eisenhower, 1890. 10. 14.-1969. 3. 28.는 자유주의를 기반으로 하면서도 복지국가를 추구하였고, 인권 신장에도 관심을 기울였다.

1954년 5월 17일, 연방대법원은 브라운 판결[2]을 선고했다. 연방대법원은 브라운 사건과 관련하여 세 차례 구두 변론을 열었다. 첫 번째 구두 변론은 프레드 빈슨Fred Moore Vinson, 1890. 1. 22.-1953. 9. 8. 대법원장 시절인 1952년 12월에 있었다. 연방대법원에서 논의하였으나 대법원 판사들 사이에 의견이 갈렸다. 그래서 연방대법원은 내부 의견을 조율해서 판결을 선고하기보다는 재판을 속행하기로 결정했다. 연방대법원은 양 당사자에게 수정헌법 제14조와 관련된 쟁점에 대하여 다음 재판 기일에서 밝힐 것을 명했다. 그런데 두 번째 변론 기일이 열리기 전에 빈슨 대법원장이 심장마비로 사망하였고, 워렌이 연방대법원의 수장으로 취임하였다. 취임 후 1년 동안 워렌은 대법원 판사들을 설득하여 타협안을 마련했고, 그래서 1954년 5월 만장일치에 이

르게 되었다.[3]

남북 전쟁이 끝나고 재건 기간 동안 연방정부는 이제 막 노예에서 해방된 시민에 대하여 몇 가지 보호조치를 제공하였다. 그러나 복구가 끝나면서 연방 군대가 철수하였고, 남부 주정부는 흑인이 백인과 같이 공공시설을 이용할 수 없도록 하는 법률을 통과시켰다. 연방대법원은 이러한 인종 분리 정책에 대해 '분리하되 평등하다'는 원칙을 선언했다. 이것이 유명한 1896년 플레시 판결[4]이다. 이 판결에서 연방대법원은 지역 사회가 백인의 시설과 같은 것을 제공한다면 흑인이 사용하는 시설은 분리할 수 있다고 판시하였다. 그러나 브라운 판결에서 연방대법원은 공립학교에서 인종 분리를 하는 것은 명백히 헌법에 위배된다고 밝혔다. 대법원장인 얼 워렌Earl Warren은 만장일치로 결정된 판결 이유에서 "우리는 공립교육의 영역에서 '분리하지만 평등하다'separate but equal는 원칙이 설 자리가 없다고 결론내렸다. 분리된 교육 시설은 본질적으로 불평등하다."고 밝혔다.[5] 이로써 연방대법원은 '분리하되 평등'이란 원칙을 선언한 1896년의 플레시 판결을 파기한다.

판결문은 얼마 전 아이젠하워 대통령에 의해 임명된 워렌 대법원장에 의해 작성되었으나, 워렌은 법원 전체를 대표하여 판시했다. 브라운 사건은 인종 차별을 하고 있던 학교에 대해 다루고 있다. 남부의 오지와 변두리에 있는 주州에서 흑인과 백인은 다른 학교에 다니게 되어 있었다. 아프리카계 미국인 원고 올리버 브라운은 캔자스 주토피카에 살고 있었는데, 그의 딸 린다는 인종 차별을 하는 학교에 다니고 있었다. 법원은 학교에서의 인종 차별은 위법하다고 선언했다.

이것은 놀라운 일이었으며, 이후 연쇄적으로 공원, 수영장, 해수욕장, 시의 서비스 영역 등 모든 부분의 공적인 생활 영역에 있어서 인종 차별과 흑백 분리가 위법하다고 판결하였다. 남부에서의 격렬한 항의에도 아랑곳없이 법원은 결코 물러서지 않았다. 이러한 사건들은 법원이 소수자의 권리를 옹호하는 데 있어 결코 흔들리지 않을 것이라는 신호를 아프리카계 미국인 사회와 소수 집단에게 보낸 셈이다.

그러나 브라운 판결의 집행은 결코 쉽지 않았다. 남부는 저항했고, 집행을 질질 끌기만 하였다. 남북전쟁 당시 남부의 여러 주로 구성된 연맹인 주연합The Confederacy의 슬로건은 '강력한 저항'이었다. 민권 문제는 말 그대로 투쟁을 의미하였다. 때로는 피를 흘리기도 하였다. 민권 옹호자들은 괴로움을 당했고, 구타당하고 추방당하기도 하였다. 대다수는 아프리카계 미국인이었지만 순교자는 자신들의 주장을 위해 숙어갔다. 교회에는 포탄이 떨어졌으며, 아프리카계 미국인 어린아이가 죽기도 하였다. 연좌 시위와 행진, 진정과 폭동이 있었으며, 남부 전역에 걸쳐 비폭력 항의가 퍼졌다. 이러는 동안에도 법적 투쟁은 법원에서 계속되고 있었다. 이러한 양쪽의 투쟁은 어느 쪽이나 불가피한 것이었다.[6]

1957년 9월 주가 연방대법원에 직접적으로 저항하자 연방대법원은 아칸소 주의 리틀 록Little Rock에 있는 센트럴 고등학교에 인종 통합을 실행하라고 명령했다. 그러자 흥분한 백인 군중이 명령 집행을 방해하였고, 주지사도 수수방관하자, 아이젠하워 대통령은 연방군을 파견하여 법원 명령이 집행되도록 했다. 브라운 판결은 남부에서 여러 형태의 인종 분리에 대한 민중의 도전이 증가하는 데 도화선이 된다.

민권 운동이 일단 시작되자 다른 세력도 결집하여 이 운동을 지지하였다. 이러한 민권 운동은 광범위한 사회 변화와 특정 지역의 불만이 결합하여 이루어진 것이다. 브라운 판결로 인해 공립학교에서 흑백을 분리하는 교육은 법적으로 금지되었다. 그러나 실제로 실행되기까지는 몇 년이라는 세월이 걸렸다. 브라운 판결은, 법원이 기꺼이 인종 차별을 철폐하기 위해 적극적인 역할을 할 것이라는 메시지를 던진 것이다. 결정적인 행동은 흑인 단체와 동맹자가 주도했다.

평등을 위한 투쟁은 1960년대 중반에 정점에 이르렀다. 1950년대에 이룬 여러 성취로 인해 투쟁은 비폭력 노선으로 기울어졌다. 흑인 목사로 구성된 '남부 기독교 지도자 협의회'와 젊은 운동가로 구성된 '학생 비폭력 조정위원회' 등의 단체들은 평화적인 방법으로 개혁을 추구하였다. 1960년에 흑인 대학생들은 노스캐롤라이나의 한 간이식당에서 연좌농성을 벌였다. 이 식당에는 흑백 분리 시설이 설치되어 있었다. 이 연좌농성이 언론에 보도되었고, 남부 지역에 비슷한 유형의 시위가 확산되었다. 이듬해 시민의 권리를 주장하는 노동자들이 '자유의 여행단'을 조직했는데, 흑인과 백인이 함께 버스를 타고 흑백 분리 시설이 설치된 목표지로 달려가 대치 상황을 연출했다. 이들은 대규모 집회도 조직했는데, 그중 가장 규모가 큰 것은 1963년의 '워싱턴 행진'이었다. 25만여 명의 군중이 평등을 주장하며 수도 워싱턴에 모였다. 이날 마틴 루터 킹Martin Luther King, 1929. 1. 15. 1968. 4. 4. 목사는 다음과 같이 선언했다.

"나에게는 꿈이 있습니다. 언젠가는 조지아의 붉은 언덕 위에서, 예

―――――――――― 얼 워렌 연방대법원장은 브라운 사건에서 '분리하되 평등'이란 원칙을 선언한 플레시 판결을 파기하였다. 이 사건에서 연방대법원은 공립학교에서 인종 분리를 하는 것은 명백히 헌법에 위배된다고 밝혔다.

전 노예의 자녀와 노예 주인의 자녀들이 형제로 함께 식탁에 둘러앉는 날이 오리라는 꿈입니다."

킹 목사가 "나에게는 꿈이 있습니다." I have a dream.라고 외칠 때마다 청중들은 열광했다.

자유주의 사상

케네디-존슨 민주당 정권(1961-1969)은 자유주의 노선을 취하고 민권 운동 등의 요구를 상당 부분 받아들여 정책으로 실천한다. 여성이나

흑인 등, 소수자를 우대하는 '소수자 우대 정책'affirmative action도 장려하였다. 약자에게 우호적인 정책을 시행함으로써 평등을 실현해 나가자는 데 자유주의 정치의 특징이 있다.

　1950년대부터 1960년대에 걸쳐 공리주의적인 정의관의 틀에서 벗어나려 한 롤스John Bordley Rawls, 1921. 1. 21.-2002. 11. 24.(미국의 윤리, 정치 철학자이다. 하버드 대학교와 옥스퍼드 대학교에서 강의했다. 대표 저서로는 『정의론』A Theory of Justice, 1971이 있고, 여기서 롤스는 공동체주의 정의론을 펼친나)는 정의justice를 '공정'fairness으로 이해한다. 공정이란 규칙을 지키며 플레이하는 것을 말한다. 일정한 규칙의 체계를 지키는 것이 공리의 원칙에 맞는지를 검토해야 한다는 것이다. 롤스는 모두가 어떤 특정한 규칙을 공정한 것으로 보고 받아들일 수 있는 조건을 탐구한다.

롤스에 의하면, 헌법이나 법률이 '인민의 의사'에 따라 제정할 때처럼, 규칙은 공정하다는 모두의 '정의 감각'을 적절히 반영해야 한다. 사회 규칙은 모두의 정의 감각을 조정하는 형태로, 또 모두가 이해하고 받아들일 수 있는 '정의의 원칙'을 도출해야 한다.[7]

법률 구조 운동

1960년대에 피고인에게 법률 구조를 해 주자는 운동이 일어나서 여러 변호사 단체가 이를 위해 노력해 왔다. 민간 분야에서는 존슨Johson 대통령이 제창한 '위대한 사회'Great Society 프로그램 아래 법률 서비스 회사가 창설되었다. 에스코베도 판결은 미란다 판결의 전조가 되었는데, 경찰 조사 때 변호인 입회권을 인정하였다. 이러한 개념이 경찰 조사 전반에 대한 관심으로 번져갔고, 경찰조사 시 여러 야만적이고 부정의한 일이 자행되고 있음을 인식하게 되었다. 강제수사 기법을 '3급 수사'Third degree라고 불렀다.[8]

권리 혁명

미란다 판결[9]은 워렌 법원이 내린 수많은 민권 신장 판결 중 하나이다. 이러한 일련의 판결은 막대한 영향을 미치게 된다. 이런 판결의 결과로 오늘날 미국의 경찰과 검찰은 지난날과는 비교할 수 없을 정도로 적정절차를 존중한다. 미국은 적정절차를 확대하여 권리 혁명의 길을 걸어 왔다. 가난한 사람, 아프리카계 미국 사람, 소수 인종의 권익을 대변하는 사람들은 차별적인 대우를 비난해 왔다. 다른 한편으로 범죄 문제에 대처하는 형사 제도가 지나치게 관대하다는 비판도 제기되고 있다.[10] '권리 혁명'이란 말 대신 '법적 혁명'이라는 표현을 쓰기도 한다. 법적 혁명이란 피를 흘리지 않는 혁명으로, 법적이고 사회적인, 시민의 권리를 위한 혁명을 말한다.

사법 적극주의

하버드 대학 교수 로버트 맥클로스키Robert G. McCloskey는 워렌 법원 Warren Court을 다음과 같이 평가한다. 1950년대 이후 미국에서는 '사법 적극주의'judicial activism가 부상한다. 사법 적극주의란 법률을 해석하고 판결을 함에 있어 법률의 문언에만 그치지 않고 사회정의 실현을 염두에 두고, 적극적인 법의 형성 내지 법의 창조를 강조하는 태도를 말한다. 이러한 사법 적극주의는 적정절차 등과 관련하여 역할을 한다. 이는 한편으로는 전통 이론이 커지는 현상이라고 볼 수 있고, 다른 한편으로는 법원이 대역을 자처하는 것으로 볼 수 있다. 이러한 경향이 나타나게 된 배경은 두 가지로 살펴볼 수 있다. 내적으로는 국민적 합의를 토대로 하여 논리에 의해 새롭게 사법 판단을 내리게 된 것이다. 외적으로는 집행부와 입법부가 소임을 다하지 못한 것이 작용한 것이다. 여기에 대해 입법부가 법원의 판결을 잠식하거나 우회하는 법률을 제정하고 있지만 법원의 영향력은 크게 수그러들지 않고 있다. 맥클로스키는 존슨 대통령의 당선되고 새로운 입법부가 들어섬에 따라 이러한 잠식은 더 심해질 것으로 내다보았다.[11]

돌이켜 보면 지난 수십 년간 법원은 개인의 기본권과 관련하여 헌법사에 있어 획기적인 장을 써내려 갔다. 이러한 판결은 연방대법원 역할에 대한 논쟁을 불러일으켰고, 관심을 기울이게 하였다. 미국은 미완성 국가이므로 판결이 근거로 삼고 있는 법 규범에 대한 논쟁을 종식시킬 필요가 있다. 이에 따라 법원은 시민의 관심사가 되는 중요 사항에 대하여 직접 역할해야 한다는 플라톤식 명제에 따라 사법심사를 하고 있는 것으로 보인다. '워렌 법원'the Warren Court이란 말은 순전히 편리를 위해 만든 것이다. 이 말은 워렌 대법원장이 연방대법원을 장악한다는 것을 뜻하지 않는다. 워렌이 한 역할은 사실 권위자라기보다 협상가에 가까웠다. '사법 적극주의'judicial activism와 '사법 억제주의'judicial modesty는 정도의 문제로 볼 수 있다. 그러나 사안마다 이들 사이에 적절한 균형이 이루어져 왔다고 평가된다. 1954년 브라운 사건에서 법원은 재판 역사에 길이 남을 매우 대담한 주장을 펼쳤다. 이 사건에서 판사들은 사법 역량을 뛰어넘었다. 이러한 판결을 통해 워렌 법원은 사법 적극주의의 특징을 여실히 드러내고 있다.

워렌 법원

워렌이 캘리포니아 주지사를 할 때만도 워렌은 보수 정치인이었고,

법률가로서의 역량도 그다지 좋은 평가를 받지 못했다. 워렌은 재임하는 동안 브라운 판결 등 인권사에 길이 남을 기념비적인 판결을 남겼다. 워렌은 미국의 '상징적 인물', '헌법 혁명'constitutional revolution을 이룬 인물이라는 높은 평가를 받는다.[12] '법조인은 보수적이다'는 말이 있다. 그러나 워렌 법원은 이러한 이미지와 결별했다. 오히려 자유주의를 지향했다고 봄이 옳다. 법조 집단이 연방대법원을 어느 정도 지지해야 하는지에 대한 객관적 지표는 없다. 표본조사를 해보니 절반 가량의 법조인이 워렌 법원을 지지했다. 그리고 약 5분의 1이 워렌을 존경한다고 했다. 법조인의 절반 가량은, 법원이 적극적으로 법을 만들어 가는 일을 그만두길 원하고 있다. 다만 이런 답변이 실제적 수준에서인지, 아니면 상징적 수준에서인지는 좀 더 면밀한 조사와 검토가 필요하다.[13]

워렌 법원이란 워렌 연방대법원장이 재임한 기간인 1953년부터 1969년까지를 말한다. 워렌 법원은 미국 법원 역사에 있어 가장 논쟁거리가 되었다.[14] 워렌이 대법원장이 된 후 2년 동안은 이념적으로 볼 때 중도를 지향했다고 볼 수 있다. 그러나 그 후 워렌은 더글라스, 블랙 판사와 함께 진보주의를 지향하였다. 1954년에 보수 성향의 잭슨Robert Houghwout Jackson, 1892. 2. 13.-1954. 10. 9. 판사가 사망하자 후임으로 할랜John M. Harlan이 연방대법원 판사로 임명되었다. 그러나 할랜 역시 보수 성향의 판사였나. 2년 후 서만 민트Sherman Shay Minto, 1890. 10. 20.-1965. 4. 9. 판사가 은퇴하자 후임으로 윌리엄 브레넌William J. Brennan, 1906. 4. 25.-1997. 7. 24. 판사가 임명되었다. 브레넌은 일찍이 노동 운동에도 관여했고, 진보 성향의 판사로 널리 알려져 있다.[15]

워렌 법원에 대한 전통적 접근법은 워렌 법원의 판결을 분석하는 것이다. 워렌 법원은 1960년대 중후반에 걸친 케네디-존슨Kennedy-Johnson의 자유주의 노선에 터잡고, 엘리트 기능주의elites functioning에 동기를 부여받고 영향을 받았다. 워렌 법원은 미국을 보다 나은 사회로 이끌기 위해 자신을 입법부나 행정부와 대등한 동반자로 설계한 것이다.[16]

워렌 법원은 이전보다 법원에게 주어진 권한을 더 대담하게 행사했다. 과거 법원은 민권civil rights에 대하여 점차 관심이 증대하고 있음에도 불구하고 여기에 대한 적절한 사법 지침을 내려주지 않았다. 워렌 법원이 한 노력이란 민권을 향해 점진적으로 성취해 가는 과정이라 볼 수 있으며, 개인의 자유를 헌법적으로 좀 더 보장하기 위해 지속적으로 노력한 것이라고 평가할 수 있다.

워렌 법원을 다룬 책들은 대개 두 가지 형태로 나뉜다. 하나는 자유로운 형식으로, 편지나 개인의 회상 등에 의존하여 쓴 책이다. 다른 하나는 심각하게 깊게 파고들고, 각주를 빽빽하게 써 넣은 학구적인 책이다. 이러한 책들의 특징은 통일성이 없다는 데 있다. 워렌은 역대 대법원장 중 가장 설득력 있고, 끈기 있는 인물로 지목된다. 워렌 법원은 새로운 법적인 논쟁을 불러일으킴으로써 현대주의modernism에서 탈현대주의postmodernism로 전환하는 산실 역할을 했다고 평가하는 이도 있다.[17]

마크 투시네트Mark Tushnet는 『역사적·정치적 관점에서 본 워렌 법원』The Warren Court in Historical and Political Perspective, 1993에서 시중에 출간된 서적들이 워렌 법원의 다수 의견, 소수 의견에 대한 장황한 법리 설명과 함께 재판에 참가한 판사들의 인물사를 지루하게 열거했다고 지적한다. 결국 이러한 책들은 아무리 지식이 있고 명석한 독자도 워렌 법원에 대하여 제대로 알 수 없게 만든다고 비판한다. 이 책에서 투시네트는 워렌 법원이 자유주의와 결합하여 원래 의도했던 공정한 세상을 이루지 못했음을 지적한다. 투시네트는 워렌 법원의 특징이 자유주의liberalism에 있으나, 워렌 법원은 형식적 자유주의가 아닌 정부의 개입이 필요한 것이라고 보았으므로 진정한 자유주의는 아니었다고 본다. 투시네트는 워렌 법원이 개인주의 원칙에 서서 헌법을 재구축하였으나 실용적 개념에 서 있고, 오히려 평등이라는 가치를 실현시켰다고 평가하고 있다.[18]

제4장

세 개의 사건,
그리고 수사

린다 사건

━━

1962년 11월 27일 밤 젊은 여은행원 린다Linda, 가명가 애리조나 주 피닉스 시내에 있는 주차장에서 납치되었다. 그녀는 두 달 남짓, 시내에 있는 은행 지점에서 수습직으로 일하고 있었다. 저녁 8시 30분에 근무를 마쳤다. 그리고 사무실에서 나와 길을 건너 2번가 코너에 주차해 둔 차량쪽으로 걸어가고 있었다. 린다는 나중에 경찰에서, 운전석 문을 막 열려고 할 때 범인이 다가오더니 한손으로는 팔을 붙잡고 다른 한손으로는 입을 틀어막더니 이어 나이프를 허리에 들이댔다고 진술했다. 범인은 소리지르지 않으면 다치지 않게 하겠다고 말했다.

린다의 말에 따르면 범인은 키가 작고, 호리호리한 체격의 이십대 에스파니아계 남자였다. 범인은 린다를 뒷좌석으로 밀어 넣고 운전석에 타더니 출발했다. 조금 지나 골목길로 접어들었고, 주위는 캄캄했다. 범인은 나이프를 걷어치우고 린다가 누워 있는 뒷좌석으로 다가오더니 "정말 예쁘다."라고 말했다. 범인은 린다의 블라우스를 더듬더니, 이윽고 허벅지를 더듬기 시작했다. 린다는 처음에는 주저하다가 거세게 저항하며 범인의 반응을 살폈다. 몇 분간 저항을 계속했고, 린다는 다치지만 않게 해달라고 애원했다. 그러자 범인은 '그러겠다'고 말했다. 결국 린다는 지갑에 있는 돈을 주겠다고 말했고, 그러자 범인은 폭행을 멈추었고, 지갑에 있는 8달러를 받고 차에서 내리더니 어디론가 사라졌다.

패트리샤 사건

━━━

그로부터 석 달 후인 1963년 2월 22일, 열여덟 살의 전화 여교환원 패트리샤Patricia, 가명는 야간 근무를 마치고 피닉스 시내에 있는 전화국을 나섰다. 4번 북로에 있는 그녀의 차에 다가갔을 때 범인은 패트리샤를 납치했다. 문을 열려고 차량 문 손잡이를 잡는 순간 범인은 목에 칼을 겨누고 차와 돈을 달라고 요구했다. 범인은 이보다 더 많은 것을 원하는 듯했다.

범인은 차량으로 들어서더니 패트리샤의 옷을 찢었고, 패트리샤가 "경찰"이라고 짧게 소리치자 호리호리한 히스패닉 남자는 눈을 부라리면서 신경을 곤두세우더니 그녀를 밀쳐버리고 달아났다.[1]

제인 사건

━━━

제인Jane, 가명은 뚱뚱하고, 걸음걸이가 느렸다. 자신은 늘 불행하다고 탓하여 내성적으로 되었다. 제인은 수줍음 많은 열여덟 살 소녀였다. 지적 능력이 모자랐고, 그래서 학교에서도 퇴학 조치를 당했다. 제인의 사촌 오빠는 제인이 열한 살 때 서른 단어 정도밖에 구사하지 못했다고 말했다. 제인이 열여덟 살 때 어머니와 사촌 오빠, 언니와 함께 피닉스에서 살았고, 그곳에 있는 극장에서 일했다.[2]

1963년 3월 2일 토요일 늦은 밤 애리조나 주 피닉스 시내 파라마운트 극장에서는 '긴 하루'The Longest Day란 영화를 상영했다. 영화 상영시간이 길어지자 극장에서 음료 판매 일을 하는 제인은 평소보다 늦게까지 극장에 남았다. 제인은 밤 11시 45분쯤 부모 집으로 가기 위해 순환버스를 탔고, 집에서 세 블록 떨어진 곳에서 내렸다. 집으로 바로 가는 버스는 오전 12시 10분이 되어야 온다. 제인은 캄캄한 사막 하늘 아래 말레트로Marlette Street를 걷고 있었다. 거의 자정 무렵이 되었다.[3] 집에 거의 다 이를 무렵, 어떤 차량이 멈춰서더니 커브길에 주차했다. 한 남자가 차에서 뛰어나왔다. 그는 인도에 서 있는 제인을 붙잡더니, 제인의 몸을 한 바퀴 휙 돌린 후 무언가 날카로운 것을 제인의 목에 겨누었다. 그리고 다른 한손으로는 제인의 입을 틀어막았다. 그리고 "소리지르지 마. 소리지르지 않으면 다치는 일 없을 거야."라고 속삭였다.

제인은 "보내줘요, 제발 보내줘요."라고 애원했지만, 범인은 제인을 차 쪽으로 끌고 갔다. 그리고 두 줄의 밧줄로 제인의 양손을 뒤로 묶고, 또 무릎을 묶고 난 뒤 제인에게 뒷좌석에 엎드리라고 말했다.[4] 차로 20분쯤 달려서 피닉스 동구 20번가 부근에 있는 사막 지역으로 가더니 그곳에 멈췄다. 그곳은 스쿼피드 남단에 있는 비포장길 끄트머리였다. 그곳에서 범인은 무서워 벌벌 떠는 제인을 풀어주었다. 그리고 제인을 강간했다. 이어 제인이 옷 입기를 기다리다가 제인에게 가진 것 있으면 다 내놓으라고 요구했다. 제인은 지갑에서 4달러를 꺼내 주었고, 그러자 범인은 제인에게 뒷좌석에 타라고 말하고 다시 차량을 운전하더니 제인을 집 근처에 있는 시내에 내려 주었다. 운전 도중 범인은 제인에게 "네 엄마에게 이르든 말든 네가 알아서 해. 날 위해 기도나 해 줘."라고 말했다.

범인은 집에서 네 블록 떨어진 곳에 제인을 내려 주었다. 제인의 언니는 후일 "제인이 문을 막 두드리고, 머리는 누구랑 싸운 것처럼 헝클어져 있었어요 … 계속 울어 무슨 일이냐고 물어 보았지만 말하지 않았어요."라고 말했다.[5] 제인은 신경질을 부렸고, 흥분하였다. 15분 후 언니에게 한 남자가 차량에 강제로 태워 사막으로 끌고 갔다고 털어놓았다. 제인의 언니는 경찰에 신고했다.

제인은 1963년 피닉스에서 발생한 152건의 강간 사건의 피해자 중 한 명이었다. 그 전 해는 123건이 발생했고, 1958년에는 109건이 있었다. 1970년에는 300건이 넘어섰다.

경찰관 쿨리

다음 날인 3월 4일 월요일, 피닉스 경찰서 대인범죄 팀장 시모어 네알리스Seymour Nealis는 캐롤 쿨리Carroll Cooley를 사건에 배치했다. 쿨리는 갈색 머리를 가졌고, 경찰에서 5년간 근무한 청년이자 유능한 수사관으로 알려져 있다. 끈기 있고 꼼꼼하고, 용의주도한 쿨리는 사교적이어서 피의자를 잘 다루고 피해자에게도 잘 대했다. 쿨리는 부서에서는 좋은 팀원이었으며, 동시에 독자적으로도 판단했다. 쿨리와 네알리스는 사건을 살펴본 후 강간 사건은 앞선 두 건과 연관이 있다고 판단했다. 범인의 인상착의가 비슷했고, 특히 범인이 들고 있던 나이프도 비슷했다. 피해자들이 묘사하는 범인의 버릇이나 말투도 일치했다. 그러나 물적 증거가 없었다.

─────── 피닉스 경찰서의 대인 범죄팀 캐롤 쿨리 경찰관이 미란다 사건을 조사하였다. 캐롤 쿨리는 5년간 수사관으로 근무했고, 끈기 있고 꼼꼼하고, 용의주도한 인물로 알려져 있었다. 쿨리는 사교적이어서 피의자를 잘 다루었다. 쿨리는 어네스토 미란다를 '어니'라 부르며 살갑게 대한다.

　경찰은 1963년 3월 4일 수사에 착수했고, 경찰관 한 명이 제인의 집으로 가서 유괴와 강간 사건을 조사했다. 제인은 사건의 줄거리를 말했고, 경찰관은 제인을 선한 사마리아인 병원Good Samaritan Hospital으로 데리고 가서 검사받게 했다. 이렇게 강간 피해자를 병원으로 데리고 간 것은 피해자를 치료받도록 하고, 이것이 수사 보고서를 작성함에 있어 중요한 절차이기 때문이다. 병원 의사는 제인을 진찰하더니 외관상 특이한 점은 없고, 찰과상이나 타박상도 보이지 않는다고 진단 내렸다.[6]

　이 사건으로 피닉스 경찰서 수사팀은 주목받게 되었고, 두 명의 조사관은 많은 인터뷰를 하게 된다. 그런데 범인의 신원이 문제되었다.

병원에서 제인은 범인에 대해 "멕시코 남자고, 스물일곱이나 스물여덟 정도 되어 보였어요. 키는 5피트 10인치(177cm)이고, 몸무게는 174파운드(79kg) 가량이고, 마른 체격이고 곱슬머리에 구리빛 얼굴이고, 머리카락은 검고 짧았고요, 리바이스 흰색 셔츠를 입었고, 검은 테 안경을 쓰고 있었어요."라고 말했다.[7] 다시 범인의 인상착의에 대해 말해 달라고 하자 제인은 갑자기 어느 나라 사람인지 잘 모르겠다고 말했다. 범인은 사투리를 쓰지 않았다고 설명하면서 이탈리아 사람이거나 외국 사람이거나 혹은 멕시코 사람이라고 말했다.

애매모호하고 엉성한 설명으로 인해 수사를 계속하기에는 구체적인 정보가 너무 부족했다. 강간범의 차량도 별 도움이 되지 않았다. 피닉스 지역에 네 짝식 구형 세단은 아주 많았다. 쿨리는 범인의 차량을 찾을 가능성이 희박하다고 말했다. 그래서 쿨리는 조사를 조금 미루었다.

패커드와 미란다

제인의 사촌이 제인을 버스 정류소에서 만나기로 하여 사건은 다시 시작된다. 강간 사건이 있은 후에도 제인은 극장에서 계속 근무했다. 그리고 같은 버스와 같은 버스 승차장을 이용했다. 그래서 제인과 한 집에 사는 사촌이 버스 정류소에서 매일 밤 제인을 마중하고 있었다. 강간 사건이 생긴 지 1주일 후 어느 날, 제인의 사촌이 버스 승차장 의자에 앉아 기다리고 있었는데, 얼룩 무늬의 연두색 구식 패커드 차가 천천히 말레트로를 가로질러 느릿느릿 가는 것을 보았다. 제인의 사촌은 재빨리 차량 번호판 번호 "D-F-L-3-1-2"를 적었다. 순간 범인 차량일지도 모르겠다는 생각이 스쳤다. 제인이 탄 버스는 잠시 후 도착했다. 집에 이를 무렵 커브길을 지날 때 그 차량이 다시 나타났고, 두 사람 앞을 천천히 지나갔다. 사촌이 달려가 운전자 얼굴을 보려고 하자 그 차량은 재빨리 달아났고, 사촌은 차량 번호판의 몇 개 번호를 기억하고 쿨리 경찰관에게 구식 패커드Packard 세단이 맞다고 말했다.[8] 그 다음 날 쿨리와 제인 사촌은 패커드 판매점에 들렀고, 1953년산 패커드 세단이 사촌이 본 차량과 일치한다는 사실을 확인했다. 쿨리는 그런 차는 관할 구역에 흔치 않다는 사실을 알았다. 차량의 등록부를 조사하자 1953년산 패커드 세단이 사촌이 본 차량과 일치한다는 사실도 확인했다.

쿨리가 피닉스 자동차등록소에서 차량 등록부를 조사하자 1953년산 패커드를 발견했다. 차량 번호 역시 거의 같았다. 제인의 사촌이 "DFL-312"라고 기억하고 있었지만 1953년산 패커드 차량번호는 "DFL-317"이었다. "7"이란 숫자와 "2"란 숫자는 충분히 혼동할 수 있다고 보았다. 네 짝식 1953년산 패커드는 투일라 호프만Twila Hoffman의 차량이었고, 그녀는 애리조나 주 메사시 근처에 살고 있었다.[9] 쿨리가 전화하자 호프만은 동거하고 있는 남자 이름이 어네스토 미란다Ernesto Miranda고, 미란다가 가끔씩 차를 몬다고 대답했다. 쿨리는 지금 결론내리는 것도 좋지만 전과 기록을 모으면 혐의가 더 짙어질 것이라고 판단했다. 어네스토 미란다는 피닉스 경찰서를 뻔질나게 드나들었고, 쿨리 말을 빌리자면 미란다는 진짜 범죄를 저지를 만한 인물이었다.

미란다가 유일한 용의자였기에 이틀 후 쿨리와 파트너 윌프레드 영Wilfred Young은 메사시에 있는 미란다의 집으로 갔다. 연합 생산United Produce이란 회사에서 열두 시간 야간 교대근무를 마친 미란다는 아침 8시, 지친 몸을 이끌고 서西 마리코바 2525가에 있는 집으로 돌아와서 잠들었다. 그로부터 1시간 후 경찰관이 집에 도착했다. 경찰관이 현관문을 두드리자 아이를 안은 여자가 나왔다. 미란다는 아직 잠자고 있었고, 그래서 호프만은 미란다를 깨웠다. 몇 분 후 히스페닉 남자가 카키색 바지만 입고 현관으로 나왔다. 검고 헝클어진 머리카락으로 인해 그리 괜찮아 보이지 않았다. 검은 눈동자와 짙은 눈썹은 의심스럽다는 눈초리를 짓더니 이내 미소를 지었다. "예. 제가 미란다입니다."라고 말했고, 경찰관이 온 것에 그리 놀라는 눈치는 아니었다. 영은 원하지 않으면 경찰관에게 진술할 필요가 없다고 말하자, 미란다는 "상관없어요."라고 말했고, 경찰서에 갈 수 있냐고 묻자 "예."라고 대답했다.[10] 30분을 달려 피닉스 경찰서에 도착했고, 미란다는 가는 내내 편안해 보였다. 그래서 쿨리는 의심이 더 커져만 갔다. 후일 쿨리는 "이 녀석이 1주일 전에 차량을 갖고 있어 정황이 의심스럽기는 해. 그렇지만 차량 번호가 비슷하긴 해도 신고된 번호와 딱 맞지도 않고, 차량 색깔도 피해자들이 말한 것과 맞지 않아."라고 말했다.

인바우 교본

미란다에 대한 조사는 20세기 전반의 경찰 조사와는 사뭇 달랐다. 제

2차 세계대전이 종식되고, 경찰 조사가 한결 부드러워졌다. 이러한 전환에 기폭제가 된 것은 연방대법원의 판결이다. 1942년 노스웨스턴 대학 법과대학 교수 프레드 인바우Fred Inbau는 경찰서에서의 신문에 적절한 제한이 있어야 한다는 제안을 담은 경찰교본을 썼다. 『거짓말 탐지와 경찰 조사』Lie Detection and Criminal Interrogation란 책은 경찰 조사에 있어 비공식 교범이 되었다. 1953년 제3판이 발간되었을 때 경찰 실무는 많이 바뀌어 있었다.

이 교본에서는 진화된 조사 절차에 두 가지 핵심 기능이 있다고 주장한다. 진화된 조사 절차는 권한 남용을 최소화하고, 조사관으로 하여금 신빙성 있고 법정에서 받아들일 수 있는 자백을 얻게 하여 법 집행의 신뢰성을 높인다는 것이다. 경찰관은 모든 피의자를 존중하고 잘 대하라고 가르킨다. 그러나 이 교본에서는 피의자가 죄를 범한 것만이 가능하고 피의자가 죄를 범한 것이 합리적으로 볼 때 확실하면 특별한 수사 기법을 사용하라고 가르친다. 특히 이런 경우에 조사관은 기망적인 질문을 던지라고 적고 있다.

이 교본에서는 어떻게 해야 피의자를 심리적으로 지배할 수 있는지 충고하고 있다. 예를 들어, 서 있으려는 피의자에게 앉아 있게 하고 혼자 남겨 둔다든가, 담배를 피우지 못하게 하거나, 꼼지락거리지 못하게 한다.

미란다 재판이 있은 후인 1967년에 프레드 인바우 교수가 존 리드 John E. Reid와 같이 쓴 『경찰 조사와 자백』Criminal Interrogation and Confessions 에서도 인바우는 조사관에게 조사받는 피의자를 어떻게 다루어야 하는지 자세히 가르치고 있다. 예를 들면 조사관은 피의자가 유죄라는 사실을 확신하는 듯 행동하고, 피의자가 유죄임을 드러내는 정황증거를 언급한다. 그리고 피의자가 유죄임을 드러내는 행동을 예의주시하라고 가르친다. 또한 비슷한 처지에 있는 사람이 어떻게 했다고 넌지시 말하고, 범죄에 대한 도덕심을 떨어뜨려 범죄 사실을 다 털어놓게 하라고 가르친다. 그리고 피해자를 비난하고 공범을 비난하며, 문제된 사건에서 도덕적으로 더 책임을 져야 할 사람을 지목하고 비난해서 피의자와 정서적인 교감을 이루라고 가르친다.[11] 이러한 교본이 아직도 영향력이 있다고 볼 때 이러한 실무가 경찰의 권한 남용으로 이어지는지, 그리고 이것이 미국 헌법에서 정하는 기준에 부합되는지 여전히 문제되고 있다.

3급 수사

▬

영국은 고문 등을 통해 얻은 자백과 관련하여 '임의성 검토'voluntariness test를 만들었다. 이 기준에 따르면 자백은 '신빙성'trustworthy이 있어야 허용된다. 미국의 주법원 역시 3세기 동안 이러한 임의성 검토에 따라 판단하였다. 1936년에 이르러 연방대법원은 주의 형사 사건에 적용되는 자백의 허용성에 개입한다. 연방대법원이 개입하게 된 것은 3급 수사에 대한 시민들의 우려가 점점 커졌기 때문이다.

　3급 수사가 정확하게 무엇을 의미하는지 분명하지 않다. 의미론적으로 따져 들어가면 '관행'freemasonry에 이른다. '1급'first degree이란 경찰관이 피의자를 체포하는 단계를 말하고, '2급'second degre이란 피의자를 유치장에 감금하는 것을 말하며, '3급'third degree이란 피의자를 유치장에서 비밀리에 수사하는 것을 말한다.

어원이야 어떻든 3급이란 폭행이나 협박을 통해 수사하는 것을 말한다. 구속된 피의자로부터 자백을 얻기 위해 기망이나, 책략 등을 사용한다. 경우에 따라 신체에 대한 폭력을 쓰기도 하지만, 전형적으로는 신체에 대한 폭력을 사용하지 않는다. 예컨대 옆방에서 비명이나 신음소리가 나게 한다. 그 외에도 마약 범죄를 기소에서 빼주겠다는 등의 묵시적 협박도 있다. 3급 수사를, 구금되어 장시간 조사받는 상황까지 포함하여 폭넓게 이해하는 이도 있다.

20세기에 접어들자 언론 매체는 경찰 조사에서 이루어지는 권한 남용 행위를 보도하였고, 대중의 관심을 끌었다. 1922년 스물두 살의 흑인, 루터 보디Luther Boddy는 경찰관 두 명을 총으로 살해한 혐의로 조사받았다. 보디의 변호인은 피고인이 경찰에서 폭행의 위협을 받았다고 주장했다. 보디는 십여 차례 이상 조사받았다. 폭행당하거나 구금당하지 않았지만 계속해서 경찰에 불려갔다. 재판에서 보디는, 경찰서 불빛만 보아도 정신이 혼미해졌다고 털어놓았다. 보디 사건을 통해 개혁론자들은 많은 경험을 하였다. 이런 강력 범죄에 있어 3급 수사는 오히려 비생산적이다. 더구나 3급 수사는 사회적 약자에 대하여 행해진다.

시카고 경찰이 사용한 "금붕어"goldfish 역시 세간의 이목을 집중시켰다. 금붕어란 말은 정보를 얻기 위해 사용하는 고무 호스와 관련 있다. 경찰은 피의자를 금붕어로 보거나 '금붕어실'goldfish room이란 곳으로 데려간다. 가장 악명 높은 '금붕어'와 관련된 사건은 프랭크Frank 살인 사건이다. 금붕어 방식으로 조사한 후, 레브Loeb와 레오폴드Leopold가 기소되었다. 수사 초기에 경찰관은 무자비하게 고무 호스를 사용하였다. 두 젊은이는 시카고 시내에서 존경받는 교사였는데, 결국 자백했다. 그중 한 명은 혐의도 없이 연락이 끊긴 상태에서 7일 동안 조사받았고, 인신보호 영장writ of habeas corpus으로 겨우 풀려났다. 시카고 언론은 이러한 수사 관행은 절대 있어서는 안 된다는 시민들의 반응을 보도하였다.

개혁론자들은 3급 수사가 법을 위반하고 개인의 권리를 침해한다고 주장한다. 경찰관이 폭행하고 협박하는 것은 명백이 실정법을 위반하는 일이다. 나아가 장시간 피의자를 조사하는 것은 주 법률을 위반한다. 개혁론자들은 장시간 피의자를 구금하여 조사하는 것은 수정헌법 제5조의 자기부죄거부 특권privilege against self-incrimination을 침해한다고 주장한다. 이에 대해 위그모어Wigmore 교수는 보통법의 임의성 검토voluntary test는 수정헌법 제5조와 전혀 무관하다고 보았다. 다른 학자들은 수정헌법 제5조의 원래 입법 취지를 살리자면 재판 전 수사 단계에서 경찰의 강제력에 맞서기 위해 이 조항이 적용되어야 한다고 주장했다.[12]

위커샴 위원회

───

대배심과 변호사협회 위원회에서 경찰의 권한 남용에 대한 보고서를 발간했다. 나아가 미국 시민자유연맹ACLU: American Civil Liberties Union은 경찰의 잘못된 권한 행사에 대한 전국적인 논쟁에 불을 지폈다.

연맹의 가장 큰 업적은 위커샴 위원회Wickersham Commission에 영향을 끼친 것이다. 위원회는 후버Herbert Clark Hoover, 1874. 8. 10.-1964. 10. 20.(31번째 미국 대통령이다. 제1차 세계대전 때 인도적 구조 활동을 하여 세계적인 명성을 얻었다) 대통령에 의해 설립되었고, 범죄 원인과 사법 체계를 연구하였다. 연맹은 위커샴 위원회에 경찰 실무에 대한 보고서를 쓰도록 영향력을 행사했다. 1931년에 발간된 보고서는 '법 집행에 있어서의 무법천지'Lawlessness in Law Enforcement라는 제목하에 미국 경찰의 3급 수사를 검토했다.

위원회는 3급 수사란 범죄에 대한 정보를 얻기 위해 개인에게 신체적이거나 정신적인 고통을 가하는 것으로 정의내린다. 위원회는 3급 수사를 밝히는 것에 어려움이 있었지만 사실을 밝히는 데 노력했다. 경찰은 이러한 관행이 있다는 사실을 부인했다. 그래서 구금자로부터 진술을 청취하면 보고서의 신빙성이 떨어질 것으로 내다봤다.

위원회는 법원의 판결이나 신뢰할 수 있는 제보를 통해 사실을 조사한다. 위원회는 10년 동안 67건의 상소 사건에서 3급 수사가 있었음을 확인했고, 39건의 3급 수사가 있어 증거로 허용하지 않은 사실도 발견했다. 위원회는 판결뿐만 아니라 전현직 판사, 검사, 경찰관과의 인터뷰, 검사, 변호사협회로부터의 서면 답변을 통해 사실을 조사했다.

위원회는 "3급 수사 —비임의적 자백confession이나 승인admission(영미법에서는 범죄 사실을 시인하는 자백과 피고인에 대한 불리한 진술을 의미하는 승인을 구분한다)을 얻기 위한 물리적 폭행이나 학대 등— 가 광범위하게 퍼져 있다."고 결론짓는다. 물리적 폭행도 광범위하다. 위원회는 복싱 장갑, 고무 호스, 전화책을 사용하거나, 피의자의 목에 밧줄을 매는 행위, 피의자를 거꾸로 매달고 코에 서서히 흐르는 물을 붓는 행위 등이 판결에 언급되어 있다고 보고한다. 위원회는 피해자의 시신을 보게 하거나, 옷을 다 벗기거나, 공중에 매달거나, 과밀 장소나 화장실이 없는 곳에 수용하거나, 잠을 재우지 않은 것 등의 행위도 보고한다. 위원회는, 가장 흔히 쓰는 방법은 반복해서 집요하게 질문하는 것이라고 보고한다. 위원회는 3급 수사는 주로, 변호사를 선임할 형편이 안 되는 사회적 약자에게 행해졌다고 보고한다. 위원회는 특히 흑인에게 3급 수사가 가혹했고, 채찍질 같은 물리적 폭행도 많이 가했다고 보고했다.

경찰관들은 3급 수사가 범죄에 대항하기 위한 불가피한 방법이라고 변명했다. 그러나 위원회는 3급 수사가 경찰의 효율성을 떨어뜨리게 된다고 지적한다. 3급 수사에 의존할 경우 경찰은 물적 증거를 확보하는 노력을 덜 하게 된다.

위원회는 3급 수사가 피의자에게 불공정할 뿐만 아니라 형사 사법체계에 중대한 문제를 일으킨다고 본다. 허위 자백이 있으면 오판을 낳게 될 위험성이 크다는 것이다. 재판에서 진술의 진실 여부만 가리게 되면 적정절차라는 가지를 바라보지 않고 오로지 사법의 효율성만을 중요시하게 된다는 것이다. 또한 장기적 관점에서 볼 때 3급 수사에 의존하는 것은 무법천지의 깡패 집단과 같은 수준으로 법 집행력의 수준을 떨어뜨리는 것이고, 수감자로 하여금 사회에 대하여 적개심을 품게 한다고 본다.

보고서는 3급 수사를 비난하지만 자백의 허용성에 대해서는 상대적으로 적은 지면을 할애했다. 보고서는 재판 전 단계이더라도 피의자로 조사받을 때나 예비심문 단계에서도 묵비권은 행사되어야 한다고 주장한다.

위원회는 실질적인 구제책은 공동체 의지에 달려 있다고 본다. 공동체가 경찰과 검사, 판사에게 높은 기준을 요구한다면 3급 수사란 관행이 종식될 것이라고 내다봤다.

그럼에도 위원회는 개혁책을 제시하지 않았다. 위원회는 체포 시기, 신문의 길이, 조사 참여자를 기록해야 한다고 주장한다. 가장 중요한 방안은 모든 피의자를 체포할 때 치안 판사magistrate 앞에 데려가고, 혐의 사실을 고지하고, 변호인 선임권이 있음을 알리고, 치안 판사가 수사하는 것이라고 제의한다. 그러나 치안 판사가 수사해야 한다는 주장에는 문제가 있다. 치안 판사가 피의자를 체포할 권한이 없기 때문이다.

보고서가 출간되자마자 언론에서는 일대 선풍을 일으켰다. 보고서에 대한 논설, 3급 수사에 대한 언론 보도가 줄을 이었다. 위원회의 결론에 대하여 일부 비판이 있었음에도 3급 수사가 과장되어 보도된 것이고, 거의 일어나지 않는다는 주장이 잘못된 것임이 드러났다. 또한 보고서가 정확했다는 사실에 대해서는 다수가 동의했다.

보고서는 3급 수사를 종식시키는 데 기여했을 뿐만 아니라 수사에 있어 현대적 수사 기법으로 전환하는 데 기여했다.[13]

범인 식별 절차

미란다는 범인의 인상착의와 비슷했다. 미란다는 20대 히스패닉계 남자였다. 경찰이 차량을 발견했을 때 뒷좌석에 밧줄이 걸려 있는 것도 보았고, 이 점은 피해자가 진술한 내용과 일치했다. 경찰은 미란다의 전과를 조회했고, 미란다에게 성폭행 전과가 있다는 사실도 확인했다. 그 외에도 미란다에게 열네 살 때부터 많은 전과가 있었고, 열다섯 살 때 강간미수죄를 저지른 사실도 확인했다.

피닉스 경찰서는 1929년에 지었고, 6층으로 된 석조 건물이다. 유치장은 5층과 6층에 있고, 경찰 간부실은 1층에 있으며, 조사실은 지하에 있다. 경찰서에 도착하자 쿨리는 2호 조사실로 미란다를 데리고 갔다. 징벌방sweat room이라고 불리는 2호실 벽은 연두색으로 칠해 있었고, 넓이는 22평방미터(6평 반 가량)다. 천정에는 음향판이 설치되어 있었고, 그 아래에 형광등이 달려 있었으며, 문에는 범인 식별 절차 line-up를 하기 위해 두 개의 거울이 달려 있었다.

미란다에 대한 조사는 오전 10시 30분쯤 시작되었다. 조사에는 두 시간이 걸렸다. 곧바로 쿨리와 영이 미란다에게 강간 사건에 대하여 몇 가지 질문을 던졌다. 강도 사건에 대해 질문하자 미란다는 범행을 완강히 부인했고, 당시 일하고 있었다고 대답했다. 강도 사건에 대하의 질문하사 미란다는 거기에 대해서 아는 것이 전혀 없고 가담한 사실도 없다고 대답했다.

그러자 쿨리는 범인 식별 절차를 위해 서라고 말하고 피해자가 확인하면 집으로 돌려보내 준다고 말했다. 쿨리는 나중에 미란다에게 사실과 다르게 말한 사실을 털어놓았다. 그러나 미란다에게 친근하고 동정하는 듯 대한 것은 피의자로 하여금 같은 정서를 갖는 데 도움이 된다고 말했다. 더구나 조사관이라면 어느 정도의 기만술은 다 쓴다고 했다. 유능한 조사관은 자신이 알고 있는 것 이상으로 사건에 대해서 잘 알고 있다고 피의자에게 넌지시 말한다.[14]

여기서 범인 식별 절차란 과연 무엇인지 살펴보자. 범인 식별 절차란 범죄 피해자나 목격자가 지목한 용의자와 범인이 일치하는지 확인하는 절차를 말한다. 물론 이러한 절차를 밟는 목적은 재판에 제출할 증거를 만들려는 데 있다. 용의자와 비슷한 체격의 사람, 다시 말해 용의자와 키나 체형, 용모가 비슷한 수감자나 배우, 자원 봉사자가 용의자와 나란히 선다. 범인 식별 절차는 목격자나 피해자의 신원을 보호하기 위해 한쪽에서만 보이는 거울을 설치한 방에서 이루어진다. 그리고 용의자의 키를 확인할 수 있도록 벽에 표시도 해둔다. 이러한 증거가 재판에서 허용되기 위해서는 절차가 공정하게 이루어져야 할 것이다. 경찰은 목격자에게, 어느 사람이 범인과 가깝다고 말해서는 안 되며, 용의자와 매우 흡사한 사람들을 나란히 세워야 한다. 이렇게 직접 용의자를 세워서 목격자를 대면하게 하는 방법에 대한 대안으로 '사진 식별'photo-lineup을 하기도 한다. 이러한 절차를 통해 목격자가 용의자를 식별하고, 또 절차가 공정하게 이루어지면 증거로 허용될 수 있다.

여기에 대한 실증 연구에 의하면 '순차 방법'sequential method이 좀 더 정확하다고 한다. 순차 방법의 경우 목격자가 한 명씩 순차적으로 범인 식별을 하게 되므로 비슷한 사람을 한꺼번에 보는 것에서 오는 혼

동을 막을 수 있게 된다.[15]

미란다에 대한 범인 식별 절차 때 네 명이 참여했다. 맨 왼쪽에 서 있는 1번 사람은 어네스토 미란다이다. 미란다는 검은색 안경을 끼고, 짧은 팔 흰색 티셔츠를 입고 있었고, 바지에는 벨트를 착용하였다. 미란다의 팔에는 문신이 있었다. 다른 세 명은 모두 에스파니아계 사람이었다. 2번 사람은 상하로 양복을 착용하였고, 3번 사람은 서츠를 바깥으로 내어 입었고, 4번 사람은 통통한 체격이었다. 미란다를 제외한 세 명은 모두 안경을 끼지 않았고, 팔에 문신이 있는 것이 보이지 않았다.

──────── 미란다에 대한 범인 식별 절차line-up 때 네 명이 참여했다. 맨 왼쪽의 1번이 미란다이다. 미란다는 검은색 뿔테 안경을 끼고 흰색 티셔츠를 입고, 바지에는 벨트를 착용하고 있었다. 2번은 상하의 양복을 착용하고 있었고, 4번은 통통한 체격이었다. 미란다를 제외한 나머지 세 명은 모두 안경을 착용하지 않았다.

경찰관 영은 조사실 맞은 편 방에서 제인과 나란히 선 채 거울로 가려진 맞은 편의 네 명을 살폈다. 그럼에도 제인은 범인을 알아보지 못했고, 첫 번째의 미란다가 비슷한 체격의 남자라고 말했다. 3주 전에 비슷한 범죄를 당한 패트리샤도 똑같이 했지만 범인을 알아보지 못했다. 좌절한 경찰관은 미란다를 조사실로 데리고 갔다.

나중에 쿨리는 "낙담하고, 좌절했어요."라고 털어놓았다. 쿨리는 어떤 수사 기법을 써야할지 결정하지 못한 채 미란다 혼자 기다리고 있는 조사실로 다시 들어왔다. 경찰관의 태도에서 무겁지 않은 분위기를 느낀 미란다는 의자를 고쳐 앉고는 "어떻게 됐어요?"라고 물었고, 쿨리는 불안해하는 미란다를 보고 "어니Ernie, 좋은 소식이 아니야."라고 말했다. "날 알아봤어요?"라고 묻자 쿨리는 "그래 어니, 알아봤어."라고 무거운 목소리로 대답했다. 그러자 미란다는 "그렇다면, 다 털어놓는 게 낫겠죠."라고 말했다.

미란다와 쿨리가 대화할 때 변호사나 목격자가 없었고, 대화 내용은 녹음되지도 않았다. 경찰은 나중에 미란다가 임의로 자백했다고 주장했다. 경찰은 미란다가 피해자를 강간했을 뿐만 아니라 다른 여자를 강간하려고 했고, 강도를 하려고 했음을 실토했다고 했다.

그때 경찰관 캐롤 쿨리는 미란다를 신문하기 시작한다. 쿨리 경찰관은 미란다에게 전형적인 서류를 내밀었는데, 네 줄은 이미 채워져 있었다.[16]

미란다의 자백

쿨리 경찰관이 미란다에게 내민 진술서에는 아래와 같이 기재되어
있었다.

> 나 _____는 나의 의사에 따라 협박이나 강요, 이익의 약속 없이
> 임의로 진술하였음을 선서한다. 나의 권리를 모두 알고, 진술이 나
> 에 대하여 불리하게 쓰일 수 있음을 이해한다.
> 나는, _____살이고, _____학년을 마쳤다.

미란다는 빈칸에 자신의 이름을 적고, '23살'이라고 적고 '8학년'이
라고 적었다. 그리고 난 뒤 아래와 같이 자세히 적었다.

소녀가 길에서 걸어가는 것을 보고, 그 앞에 차를 세우고 그녀에게
다가가 팔을 낚아챈 뒤 차에 타지 않겠냐고 말했다. 차에 타자 폭력을
쓰지 않고 팔과 다리를 묶었다. 몇 마일을 달렸다. 차를 세우고 옷을 벗
으라고 요청했다. 안 벗겠다면서 집으로 돌아가게 해달라고 말했다. 폭

력을 쓰지 않고 그녀의 도움을 받아 옷을 벗겼다. 옷을 내리라고 말하자 옷을 내렸다. 두 차례 삽입을 시도했으나 실패했다. 반 인치 정도. 다시 옷을 입으라고 하고 집으로 데려다 주었다. 잘못했다고 사과하지 못했으나 기도해 달라고 말했다.

진술서 작성을 마치고 미란다가 다시 싸인했고, 그 아래에는 "읽고, 진술의 의미를 이해하고, 진술대로임을 선서한다"라는 문구가 쓰여 있었다. 쿨리 경찰관과 영 경찰관이 증인으로 싸인을 했다.

미란다의 반박

그러나 미란다는 조사 상황이 경찰관의 주장과 전혀 달랐다고 말했다.[17]

"좁은 조사실로 데리고 가서 번갈아 가며 조사하면서 '털어놓는 게 좋을거야… 그렇지 않으면 너한테 책을 던질거야…' 경찰들은 이렇게 말했어요. 정말 책을 집어 던질 태세였어요… 경찰들은 할 수 있는 방법을 다 써서 단념시키려고 했어요. 경찰관들은 할 수 있다면 나한테 무슨 나쁜 짓이라도 할 것 같았어요. 내가 치료가 필요한지 묻고 도움을 주려고도 했어요… 조사받기 전에 한숨도 못 잤어요. 피곤했어요. 겨우 일을 마쳤고, 그런데도 경찰관은, 나를 데리고 조사했어요. 하나를 캐묻더니 다음 건을 캐물었어요. 경찰관들은 확신에 차 있었고, 나는 개인일 뿐이예요… 감방이란 곳을 알기에 놀랐고, 무서웠어요. 다시 감방에 처넣을지 집으로 돌려보내 줄지 몰랐어요."

여기에 대하여 후일 쿨리는 미란다와 다른 주장을 한다. 쿨리는 1979년에 은퇴했다. 쿨리는 2000년 애리조나의 한 잡지사와 한 인터뷰에서 "미란다는 영리하고 붙임성 있는 친구였어요. 경찰서에 임의동행했고, 조사에 우호적이었죠. 우리는 사이가 좋았고, 그래서 미란다는 절 신뢰했어요. 그래서 조사 때 강압적인 수법을 사용하질 않았습니다. 수사 초기 때부터 우리는 미란다가 범인인 걸 알아챘지요. 우리는 범인 식별 절차를 포함해서 두 시간 정도 미란다를 조사했습니다. 그리고 미란다는 강간에 대해 자백했어요. 그리고 한 쪽짜리 자백서에 서명했습니다."라고 회상했다.[18]

어느 얘기가 맞는지 모르지만, 미란다가 조사받은 지 얼마 안 되어 자백한 것은 분명하다. 진술서 작성을 다 마치자 미란다는 진술서 겉장에 다시 서명했다. 미란다는 진술서를 쓰지 않았지만 1962년 11월 강도 사건도 자백했고, 1963년 1월의 강도 미수 사건도 시인했다. 쿨리는 강간 사건을 성공리에 기소하려고 다른 두 건에 대해서는 미란다에게 진술서 작성을 요구하지 않았다. 미란다가 진술서에 서명하자 쿨리는 강간 피해자인 제인을 조사실로 데리고 왔다. 쿨리가 미란다에게 이름을 말해 보라고 했고, 미란다가 제인이 있는 자리에서 '미란다'라고 자신의 이름을 말하자 쿨리와 영은 미란다가 피해자를 알아봤다고 주장했다. 그들은 미란다가 "그녀가 지금 얘기하고 있던 여자예요."라고 말했다고 주장했다.

강도 사건의 피해자들도 조사실로 데리고 왔고, 미란다는 쿨리와 영에게 그녀라고 말했다. 두 여자는 후일 그때 본 것을 토대로 "범인이 확실하다."라고 증언했다. 이렇게 이상하게 범인 식별을 거꾸로 한 뒤 미란다는 좀 더 상세하게 진술하였다. 이때 쿨리와 영은 미란다를 체포하여 5층 유치장으로 데리고 갔다. 미란다는 결국 구금된 것이다.

후일 쿨리는 미란다가 책임지든지 석방하라고 요구했더라면 난감했을 거라고 털어놓았다. 미란다가 세 건에 대하여 자백하였으나 검사는 강간과 강도죄에 대해서만 기소했다. 경찰과 검찰은 강도 미수죄의 기록과 목록은 치워버렸다. 결국 미란다는 강간, 강도죄로 구속되어 재판을 기다리게 된다. 강도미수 사건은 공개 재판에 대비하여 여분으로 남겨 두었다. 강도 사건이 먼저 발생했으므로 먼저 재판이 열린다.[19]

제5장

미란다 재판 – 마리코파 법원,
그리고 애리조나 주대법원

앨빈 무어Alvin Moore

1963년 7월 20일 아침, 앨빈 무어와 미란다는 마리코파Maricopa 구법원에 도착했다.

　무어는 20세기 초 오클라호마 평원에 있는 방목지 농민의 아들로 태어났다. 처음에는 교사로 출발하였고, 낮에는 교사로 일하고 밤에는 법학 책을 읽었다. 무어는 1922년 오클라호마 변호사 시험에 합격하였고, 성공한 변호사로서의 길을 걸었다. 무어는 35명의 강간범을 변호했으며, 그중 한 명만이 유죄로 선고되었다. 무어는 제2차 세계대전 동안 중위로 근무하였고, 피닉스로 이사하여 그곳에서 개업했다.

　무어는 미란다의 국선 변호인으로 선임되었으나, 미란다 사건으로 모두 50달러를 받았다. 무어는 형사 변론을 잘했지만 그 일을 즐기지는 않았다. 무어는 배심원에게 "이 사건은 관여하고 싶지 않은 사건입니다. 그러나 사건과 관계없이 피고인에게 최선을 다해 변론할 것입니다."라고 말했다.[1] 일흔세 살의 국선 변호인 무어는 오랫동안 주로 민사소송을 다루어 왔음에도 국선 변호인의 지정은 빨리 수락하였다.[2] 미란다는 변호인을 선임할 형편이 안 되지만 1년 전에 있었던 기드온 판결Gideon v. Wainwright, 1963 덕에 국선 변호인이 지정되었다. 이 판결에서 연방대법원은 만장일치의 의견으로 수정헌법 제14조에 따라 주는 변호인을 선임할 형편이 안 되는 피고인에게 국선 변호인을 선임해 주어야 한다고 판시하였다.

──────────── 마리코파 구법원의 전경. 1963년 7월 20일 이 법원에서 어네스토 미란다는 국선
변호인 앨빈 무어의 도움을 받아 형사 재판을 받게 된다.

기소부터 선고까지

▬

미국에선 검사가 '피의자'라고 불리는 범죄 혐의자에 대하여 기소하
기로 결정하면 피고인은 형을 선고받을 때까지 여러 단계를 밟게 된
다.[3] 기소라고 불리는 형사 소추는, 법원에 공소장accusatory pleading을
제출함으로써 시작된다. 공소장을 제출하기 전에 피의자는 치안 판
사 앞에서 재판에 회부할 만한 상낭한 이유가 있는지 심리하는 예비
심문preliminary hearing을 받게 된다.

　기소에는 두 가지 형태가 있는데, 대배심에 의한 배심 기소indictment
와 검사 기소information가 있다. 배심 기소는 대배심이 제출하는 서면에

의한 기소를 말하고, 검사 기소란 검사가 직접 하는 공소 제기를 가르킨다. 대배심에 의한 기소를 받을 권리는 헌법상 보장되는 권리가 아니므로 모든 주에서 채택하고 있지 않다. 그러나 대다수 주가 이를 채택하고 있고, 일부 주는 당사자가 선택할 수 있도록 하고 있어 중죄 사건의 경우, 대배심에 의한 기소나 검사 기소 형태로 처리하게 된다.

피의자를 기소하게 되면 그 다음 단계로 기소 인부 절차arraignment를 밟게 된다. 기소 인부 절차에서는 피고인이 출석하여 공소 사실을 인정할지를 결정한다. 기소 인부 절차에서 피고인은 대개 다음의 세 가지 중 하나의 답변을 하게 된다.

첫째는 유죄 답변plea of gulty으로, 대다수의 경우 유죄 협상plea bargaining에 의해 유죄 답변을 하게 된다. 예를 들면 재판에 따른 시간과 비용을 절약하고, 무죄를 다투어 재판이 선고될 경우의 불확실성을 피하기 위해 원래의 죄보다 가벼운 죄로 유죄 답변을 하는 경우가 많다.

둘째는 무죄 답변plea of not guilty으로, 피고인이 무죄 답변을 하면 공판 일정이 정해진다. 무죄 답변과 공판 개시 사이에 피고인의 변호인은 법원에 신청motion 서면을 제출한다. 예를 들면 증거가 법에 위배되어 수집되었으므로 증거로 허용되어서는 안 된다는 신청 등을 한다.

셋째는 불항쟁 답변plea of nolo contendere로, 피고인이 유죄를 인정하는 것은 아니지만 처벌을 받아들이겠다는 답변이다. 이 답변은 실제 유죄 답변과 거의 같다. 그런데 형사 사건에 이은 민사소송에서 이와 같은 답변은 손해배상의 원인이 되는 사실을 인정하는 것으로 보지 않는다. 따라서 민사소송에 대비해서 불항쟁 답변을 하곤 한다.

피고인이 무죄 답변을 하면 배심 재판을 받기 위하여 배심원을 선정하는 절차로 넘어가게 된다(우리나라에서는 배심 재판이라는 용어 대신 '국민 참여 재판'이라는 용어를 사용하고 있다). 배심원은 정해진 절차에 따라 소집된 배심원단에서 선정된다. 재판을 위해 양 당사자는 배심원에 대하여 기피를 신청한다. 이러한 기피 사유에는 '이유 있는 기피'와 '이유 없는 기피' 두 가지가 있다. '이유 있는 기피'란 배심원을 하기에 부적절한 사유가 있거나 재판받는 사건에 대하여 편견이나 선입견을 갖는 경우 등의 경우로, 법률에서 정하고 있다. '이유 없는 기피'란 기피 사유를 밝히지 않고 배심원에 대하여 기피를 하는 경우를 말하는데, 이러한 기피를 할 때에는 배심원에게 질문할 수도 있다.

배심원이 선정되고 공판이 개시되면 양 당사자는 모두 진술opening statements을 한다. 이때 검사는 피고인에 대한 공소 사실의 요지를 설명하고, 공소를 뒷받침하는 증거를 제시한다. 피고인의 변호인은 검사가 한 모두 진술을 들어보고 사건에 대하여 모두 진술을 할 수 있다.

양 당사자가 모두 진술을 마치면 검사는 공소를 뒷받침하는 증거를 제출하는데, 검사가 제출한 증거는 물적 증거도 있지만 증인이 다수를 차지한다. 검사가 증인을 신청하여 증인에 대하여 신문하면, 피고인의 변호인이 반대신문하고, 검사가 다시 재신문하면, 변호인이 재반대신문하는 식으로 진행한다. 물론 피고인측에서도 방어를 위한 증거를 제출할 수 있다.

이러한 증거 제출을 마치면 대개 피고인이나 변호인은 검사의 증거가 유죄로 하기에 충분하지 못하다는 이유로 무죄 판결을 해달라고 신청한다.

그 후 양 당사자는 **최후 변론**closing arguments을 한다. 검사는 최후 변론('논고'라고도 한다) 때 증거를 요약해서 설명하고 어떻게 유죄가 성립되는지 논리를 밝힌다. 변호인은 대개 검사의 입증 책임에 대하여 설명하고, '합리적 의심 없는 입증'beyond reasonable doubt에 이르지 못했음을 주장한다.

최후 변론을 마치면 재판장은 배심원들에 대하여 기소와 관련된 소송 원칙이나 법률, 증거에 대한 규칙 등을 설명instruction한다.

재판장의 설명을 듣고 배심원들은 **평의**deliberation에 들어간다. 대다수의 주는 열두 명으로 배심원제를 운영하는데, 만장일치 혹은 열 명, 혹은 아홉 명의 의견 일치를 요구한다.

배심원이 평의 절차를 마치고 피고인에 대해 유죄로 평의한 경우, 재판장은 피고인에게 부과할 형벌을 정하여 선고한다. 이를 '형의 선고'sentencing라 한다.

강도 사건

마리코파 구 법정에서 재판이 열렸다. 피고인 미란다와 국선 변호인 무어가 자리를 잡았고 구 검사보 터로프가 옆 자리에 앉았다. 열두 명의 미국인이 배심원으로 참여했고, 아홉 명은 남자였고, 세 명은 여자였다.[4] 예일 맥페이트Yale McFate 판사가 2급 강도죄로 기소된 미란다 사건을 맡았다. 과거 변호사이던 맥페이트는 마리코파 자치구Maricopa County 항소법원 판사로 12년간 봉직했다. 친절하고 예의바르기로 소문난 맥페이트는 변호사 사이에선 공정한 판사로 알려져 있었다. 맥페이트는 1909년 애리조나에서 태어났다. 플래그스태프Flagstaff에 있는 주립 북애리조나 사범대학Northern Arizona State Teachers College을 다녔지만 교사 대신 변호사가 되기로 마음먹었다. 독학으로 법학 공부를 하여 1934년 변호사 시험에 합격했다. 1943년 맥페이트는 주의원으로 선출되었으나 얼마 후 해군에 입대하여 제2차 세계대전에 참전하였다. 1957년 맥팔랜드Ernest McFarland 주지사가 항소법원 판사로 지명하여 70세가 될 때까지 판사로 재임하다가 1979년 은퇴하게 된다.[5] 자치구 검사 로버트 콜빈Robert Corbin은 래리 터로프Larry Turoff를 주를 대리하는 검사로 지명했다. 터로프는 젊지만 일을 잘했고, 그동안 당일치기One day 자백 사건에서 좋은 성과를 보여주었다.[6] 무어는 73세로, 신념이 강해서 변호인을 선임할 형편이 안 되는 피고인을 위해 변호하겠노라고 자원하였다. 그러나 무어는 형사 사건에 경험이 적고 일평생 주로 민사소송을 다루었다.

판사, 검사, 변호인 모두, 이런 당일치기 자백 사건에선 크게 다툴 게 없고, 쉽게 유죄 판결이 선고된다는 사실을 잘 알고 있었다. 무어는 확실히 금전적으로 초연해 보였다. 무어는 국선 변론을 한 대가로 건당 15달러 이상씩 받지 못했다. 강도 재판은 하루 만에 마치고, 소송도 대충 하게 되고, 뻔한 결론에 이른다. 이런 사건에서 대개 가난한 피고인은 기껏해야, 마지못해 하는 국선 변호인을 지성받기 마련이다.

그런데 몇 가지 측면에서 볼 때, 증인에 대한 신문과 변론 때 국선 변호인이 무심코 한 행동은 다음 사건인 강간 사건에서 무슨 일이 일어날 지 전조를 드러내고 있다. 무어는 미란다가 범행 때와 재판 때 정신이상insanity 상태에 있다고 주장했다.[7]

무어의 정신이상 항변

무어의 정신이상 항변insanity defense에 따라 법원은 피닉스의 두 명의 저명한 정신과 의사를 지정한다. 제임스 킬고어James Kilgore 박사와 레오 러비나우Reo Rubinow 박사는 수감되어 있는 미란다를 검진했고, 감정서를 법원에 제출했다. 맥페이트 판사가 의도한 것은 두 명의 공정한 감정의가 피고인을 객관적으로 감정하는 것이다.

제임스 킬고어 박사는 미란다를 검진하고, 1963년 5월 28일 감정서를 제출했다. 감정서에 따르면 "미란다 씨는 정서상으로 질환이 있고… 미분류 만성 정신분열 증세가 있다." 미란다에게 정서상의 질환이 있음에도 킬고어 박사는 "미란다는 자신의 행위의 성격이나 의미와 자신의 행위가 잘못된 것을 알고 있다."라고 증언했다.

러비나우 박사는 5월 22일과 6월 4일, 수감되어 있는 미란다를 검진했다. 러비나우는 미란다가 온몸에 문신을 한 사실을 들면서 "심리적으로 볼 때 미성숙하다."라고 밝혔다. 러비나우는 미란다가 자신의 행위를 통제하는 데 불안하고 어려움이 있다고 보았다. "미란다의 욕구는 지나쳐서 미란다를 완전히 좌지우지하고, 특히 성 행위에 있어 더욱 그러하다. 그가 성적 욕구를 부인해도 문제 상황이나 일탈로 나아간다."라고 감정서에 적고 있다. 러비나우 역시 미란다가 판단이나 논리에 있어 문제가 있지만 심리적 장애에 대한 명백함을 확증할 증거가 없다고 보았다. 미란다는 정신이상이 있거나 정신적 결함이 있는 것이 아니므로 옳고 그름을 판단할 수 있다고 보았다. 러비나우는 미란다에게 '반사회성 인격 장애'Antisocial Personality Disorder(성격 장애 중 하나다. 도덕적이나 양심적인 판단은 할 수 있으나 이를 불필요하다고 생각하여 범죄 행위를 서슴치 않고, 타인에 대하여 공감하지 않으며, 감정 기복이 심한 정신 장애다)가 있다고 진단했다.

결국 두 명의 감정의는 미란다가 정서적으로 문제가 있지만 판단 능력이나 인지 능력에는 아무 이상이 없다고 결론내린 것이다.[8]

미란다에게 반사회적 인격 장애가 있다고 보면서도 판단 능력이나 인지 능력에는 아무 이상이 없다고 판단하는 것은 너무 이분법적 사고가 아닌가 하는 의문이 들 수 있다. 실제 레오 카츠Leo Katz 교수는 『법은 왜 부조리한가』Why The Law Is So Perverse에서 법의 이분법적 논리를 비판한다. 카츠는 실제로 법 조항의 경계가 모호하고 경계가 딱 부러지게 나눠지지 않는다고 지적한다. 이에 따라 더글라스 후삭Douglas Husak 교수는 정신 이상의 요건을 충족시킬 정도가 아니더라도 정신이상에 따른 이익의 일부가 인정되도록 해야 한다고 주장한다.[9] 그런데 미국의 여러 주는 비록 정신이상 상태에 이르지 않더라도 '한정능력'diminished capacity 혹은 '부분 책임'partial responsibility라고 하여 정신이상 상태에 이르지 않는 정신질환에 대한 증거 세출을 허용하고 있나.[10] 따라서 국선 변호인 앨빈 무어가 왜 한정능력을 주장하지 않았는지 의아해 할 수도 있다. 따라서 이 대목에서 '정신이상'insanity과 한정능력에 대해 짚고 넘어갈 필요가 있다.

1843년 영국에서 대니얼 맥노튼Daniel McNaghten은 정신이상을 이유로 살인죄에 대하여 무죄를 선고받았다. 이 판결이 상원에서 논쟁이 되자 이 문제에 대해 대법원장에게 질의하였다. 여기에 대한 답변이 '맥노튼 규칙'McNaughten Rules이라고 하여 정신이상 항변에 대한 법리의 효시嚆矢가 된다.[11] 그런데 이 맥노튼 정신이상 기준은 '옳고 그름 기준'right-wrong test이라고 불릴 정도로 엄격했다. 그래서 이러한 엄격한 기준을 개선하고, 정신질환이 있는 피고인에게 중형이 선고되는 것을 막고, 형사 책임을 피고인별로 구체화하기 위하여 새로운 법리를 개발하게 된다. 1959년 미국의 캘리포니아 주에서 선고된 두 개의 판결[12]에서는 이러한 한정능력을 인정하였고, 이를 '웰스-고센 규칙'Wells-Gorshen Rule이라 부른다.

이러한 한정능력 법리에 대하여 초기의 미국 연방대법원은 연방헌법상의 적정절차 조항에 의할 때, 주가 이러한 광범위한 규칙을 채택하는 권리는 허용할 수 없다고 판시하였다. 그러나 2006년에 이르러 미국 연방대법원은 피고인의 사고와 행동에 관한 특징에 대해 증언하는 것은 적정절차를 위배하지 않는다고 판시하여,[13] 이러한 증거를 제출할 권리가 있음을 확인하였다. 웰스-고센 판결 이후 캘리포니아에서는 주법을 개정하였다. 정신질환에 대한 증거에 있어 피고인의 정신 상태나 고의와 관련된 증거를 제출하는 것은 허용한다.[14] 캘리포니아 주대법원은 '정신박약'mini-insanity 항변을 개발하였고, 형사 책임을 평가함에 있어 피고인별 특성을 고려하게 되었다. 더욱이 한 번 이러한 증거가 제출되면 관련 사건에서 이를 배제하지 못하게 하고 있다.[15] 그러나 여전히 많은 주법원은 이러한 법리를 채택하지 않고 있다. 나아가 한정능력을 입증하기 위한 전문가 증인 역시 배심원이 이해하거나 평가할 능력이 안 되므로 허용되어서는 안 된다고 보고 있다.[16] 그러므로 앨빈 무어가 미란다를 변호할 때 애리조나 주에서는 이와 같은 한정능력 법리를 채택하지 않은 것으로 보이며, 이에 따라 앨빈 무어 역시 한정능력 주장을 펼치지 못했다.

범인 식별 절차에 대한 논쟁

모두 진술 후 애리조나 주는 캐롤 쿨리 경찰관과 피해자 린다 두 명의 증인을 신청했다.

쿨리가 먼저 증언하였다. 해리 터로프 검사가 질문하자 쿨리는 1963년 5월 13일 집에서 처음 미란다를 보았고, 1963년 5월 13일 피닉스 경찰서에서 한, 범인 식별 절차에서 미란다가 범인인 사실을 확인했다고 증언했다. 그러나 쿨리는 미란다의 강간 사건과 미란다가 범죄를 시인하는 진술을 근거로 세 건의 사건을 처리했다는 사실은 언급하지 않았다.

이때 터로프는 쿨리에게 5월 13일에 한 범인 식별 절차에서 피고인 혼자 있었는지 물었다. 앨빈 무어는 이와 같은 질문에 대한 대답은 뻔한 것이고, 피고인에 대하여 영향을 준다면서 이의를 제기했다. 무어는 미란다가 당시 범인 식별 절차를 밟고 있었다면 다른 범죄로 인한 것이라고 주장했다. 맥페이트 판사는 무어의 이의를 기각했다. 그러나 무어는 계속해서 "수배사진mug shot과 같은 효과라고 봅니다."라고 주장했다. 그러나 맥페이트 판사는 "저는 그렇지 않다고 봅니다."라고 말했다.

그러나 이런 무어의 노력에 맥페이트 판사도 터로프 검사에게 "좀 더 확실한 근거를 밝히세요."라고 요구했다.

그러자 터로프는 쿨리에게 다가가서 "좀 더 설명이 있어야 한다고 보이는데요, 어디에서 했나요? 범인 식별이 무엇인지 설명해 보세요."라고 질문했다.

쿨리는 범인 식별 절차는 2호 조사실에서 했다고 대답하면서 "피고인과 같은 나이, 같은 체격의 세 명이 섰고… 그 방에는 두 개의 거울이 있어서 방 밖에서는 안을 볼 수 있지만 안에서는 밖을 볼 수 없습니다."라고 설명했다.

터로프가 "사진을 찍었나요?"라고 묻자 쿨리는 "예."라고 대답하면서, 피해자가 있을 때 네 명의 사진을 찍었다고 대답했다.

터로프가 "피해자가 범인 식별할 때 피고인을 알아보던가요?"라고 질문하자, 쿨리는 "예."라고 대답했다. 이어 "피해자는 1번에 서 있는 사람이 범인일 거라고 말했습니다."라고 증언했다.

터로프가 네 명을 찍은 사진을 증거로 제출하자 무어는 다시 이의를 제기했지만 받아들여지지 않았다. 법원은 이 사진을 증 제1호증으로 매겼다.

이어 쿨리는 피해자가 조사실에서 범인 식별을 마친 피고인과 마주쳤고, "그 남자가 여기 있어요."라고 말했다고 하면서 변호인 옆에 앉아 있는 피고인을 가리켰다. 터로프는 "당시 피고인이 증인이나 피해자에게 어떤 대답을 하던가요?"라고 물었다. 쿨리는 "피고인이 당시 저희에게 그런 대답을 했습니다."라고 말했다.

다시 무어가 이의를 제기했다. 무어는 "피고인이 조사실에서 경찰관이 있는 가운데 대답한 것이니, 임의로 진술한 것이 아닙니다."라고 주장했다. 맥페이트는 무어의 이의를 받아들였다. 그러나 쿨리는 이어진 대답에서 미란다에게 어떠한 위협이나 물리력을 행사한 사실이 없었으나 미란다는 자신이 결백하다고 말한 사실이 없다고 증언했다. 쿨리는 범인 식별 절차를 마치고, 피해자가 확인한 후 미란다를 체포했다고 말했다. 그러자 무어는 쿨리의 말이 진실인지 다투고자 신문할 수 있게 해달라고 요청했다. 피고인의 변호인은 증인의 자격이나 증인 적격과 관련된 법적인 논쟁에 대해서 신문 도중에도 개입할 수 있다.[17]

쿨리의 증언

그러나 주신문에 들어가기 전에는 증인의 자격이나 능력에 대한 제한된 질문만 허용된다. 맥페이트 판사가 무어로 하여금 터로프의 주신문에 끼어드는 것을 허용하자 무어는 쿨리에게 다가가서

"증인은 피고인에게, 지금 말하려고 하는 진술이, 법정에서 불리하게 쓰일 수 있다는 사실을 말해 주었나요?"

쿨리는 "아니요."라고 대답한다.

무어가 "피고인에게 고지하지 않았다는 말인가요?"라고 묻자 쿨리는

다시금 "예."라고 대답했다.

　무어가 "피고인에게 변호인 선임권이 있다는 사실을 고지했나요?"라고 묻자 쿨리는 "아니오."라고 대답했다.

무어는 제자리에 돌아와서 "진술이 임의로 한 것이 아니라고 이의합니다."라고 말했다.[18] 그러자 "이것이 필요한 것인지 모르겠네요."라고 터로프가 재빨리 반박했다. 그러자 맥페이트 판사는 무어의 이의를 기각하였다.[19] 터로프가 다시 주신문을 하려 할 때 증인의 자격을 보완하는 신문을 할 필요가 없다고 보았다. 터로프는 무어의 서투른 증인 적격 주장이 배심원의 쿨리에 대한 평가를 더 나아지게 했다고 보았다. 터로프가 "피고인이 피해자에게 말하고 난 뒤 혐의와 관련하여 말한 게 있나요?"라고 물었다.

　이에 대하여 쿨리는 "제가 '이 여자가 돈을 훔친 그 여자야?'라고 묻자, '예, 맞아요'라고 대답했어요."라고 대답했다. 터로프가 "다른 것은 물은 게 없나요? 돈을 빼앗은 것과 관련해서 다른 얘기는 없었어요?"

　쿨리가 없다고 대답하자 터로프는 증인에 대해서 신문을 다 마쳤다고 말했다. 터로프는 무어가 반대신문 때 피고인에 대하여 더 불리한 질문을 할 것이라는 예감이 들었다. 몇 가지 대수롭지 않은 질문을 하고 난 뒤, 무어는 배심원 앞에서 쿨리에게 "이 사건에서 강간 사건에 대해서 얘기하고 있는 겁니까?"라고 물었다.[20]

　여기서 우리는 왜 미란다의 강간미수 사건에 대하여 검사가 언급할 수 없었는지 살펴볼 필요가 있다. 피고인의 다른 사건은 피고인의

범행 습벽을 드러내는 것이므로 이는 일종의 '성격증거'character evidence
에 해당한다. 그래서 영미법에서는 이를 엄격하게 규율하고 있다.

당사자나 증인의 성격증거는 중요하고 상당한 가치를 갖고 있다.
그러나 동시에 불공정한 예단unfair prejudice이나 혼란, 시간의 낭비를 초
래할 수 있다. 이러한 연유로 미국 연방증거규칙Federal Evidence Rule은
성격증거가 허용되는 형태와 입증이 허용되는 상황에 대하여 복잡하
게 규정하고 있다. 이 규칙에서 말하는 성격character이란, 다양한 행동
의 형태로 드러나거나 드러나지 않는 성향propensity이나 기질disposition
을 뜻한다. 성격증거는 몇 가지 목적으로 제출된다. 성격증거는 그
자체로 범죄 구성요소가 되거나 유책 요소나 방어 요소가 될 경우, 매
우 중요하다. 좁은 의미로 성격이란 동기나 의도, 지식이나 계획, 범
행 수법modus operandi이나 동일성을 드러나게 하여 과거의 범죄나 불법
행위를 입증하는 것을 말한다. 가장 일반적인 예를 들면, 어떤 사건에
있어 피고인이 과거의 성격이나 기질에 따라 행동했다는 사실을 입
증하는 것이다. 이러한 성격증거를 재판에서 허용하지 않는 근거는
몇 가지로 생각해 볼 수 있다.[21]

먼저, 피고인이 기소되었기 때문에 피고인이 나쁜 사람이라고 배심
원이 판단하는 것을 방지한다. 다음으로, 성격증거를 허용하면 배심원
이 여기에 너무 큰 비중을 두게 되어 배심원이 예단을 갖게 될 우려가
크게 된다. 셋째, 피고인에게 전과가 있거나 이전의 다른 나쁜 행농
을 한 것이 드러날 경우, 합리적 의심이 없는 입증이 되지 않았음에도
피고인이 유죄라고 단정내리게 할 것이다. 넷째, 성격증거를 허용하
게 되면 기소된 범죄 사실에 대해서만 재판받는다는 원칙을 훼손하

게 된다. 다섯째, 성격증거를 허용하게 되면 재판에서 시간 낭비를 초래하게 되고, 피고인은 전 생애에 대하여 입증하여야 하는 지나친 부담을 지게 된다. 여섯째, 성격증거는 관련성relevance(증거로 허용되려면 그 증거가 담고 있는 정보가 사건의 쟁점과 관련되어야 한다는 원칙)이 적고, 배심원으로 하여금 고려하라고 하기에는 적합하지 않다고 본다. 일곱째, 성격증거를 허용하게 되면 성격에 대한 입증에 치중하게 되고 정작 문제된 사건에 주의를 기울이지 않게 된다.

그런데 이러한 증거 규칙에는 예외가 있다. 예를 들어 피고인이 기소된 범죄를 하지 않았을 것 같은 행동과 관련된 성격증거는 제출할 수 있다. 기소된 범죄와 일치하지 않는 성격 특징은 피고인이 범행하지 않았다는 사실을 입증하기 위해서는 상당한 증거 가치가 있다고 보는 것이다. 이에 따라 피고인이 성격증거를 제출하기만 하면 '문은 열린'open the door 셈이어서 검사는 피고인의 성격증거를 제출할 수 있게 된다. 이에 따라 검사는 두 가지 공격이 가능하다. 첫째는 피고인의 성격에 대한 치열한 반대신문이고, 둘째는 기소된 범죄 사실과 일치되는 피고인의 성격을 드러내는 증인을 신청하는 것이다.[22]

그래서 이때까지 강도 사건에서, 아무도 강간미수 사건에 대하여 언급하지 않았다. 무어가 실수로 '문을 연 것이고', 이에 따라 검사는 쿨리에게 추가로 질문하게 된다. 터로프는 날라든 먹이를 잽싸게 낚아챘다. 터로프는 재빨리 쿨리에게 "피해자와 관련해서 강간에 대하여 어떤 대화가 있었는지 말해 줄 수 있나요?"라고 물었다. 쿨리는 미란다는 강도 사건에 앞서 강간 사건에 대해서도 자백했다고 대답했다. 그러자 무어는 자신이 실수를 저지른 사실을 뒤늦게 깨달은 듯 보였다. 사실 피해자는 경찰에서 조사받을 때 자신은 밖에서 얘기하자는 것이었고, 미란다가 마음을 바꾸어 돈을 뺏기로 결심했노라고 진술했다.

무어는 재판장에게, 피고인이 강간 사건에 대해서 재판받고 있는 것이 아니라고 호소했다. 맥페이트 판사는 배심원에게 강간에 관련된 모든 것은 무시하라고 설명하면서, 쿨리에게 대해서는 질문에 대해서 대답하라고 하였다.

"우리는 피고인에게, 피해자에 대해서 강간하려고 한 사실이 있는지 물었습니다."

이어 쿨리는 "피고인은 처음 의도한 대로 말하려고 했다고 했습니다."

쿨리는 이어 "나와 영 조사관이 미란다에게 피해자를 강간하지 않았냐고 물었고, 그러자 미란다는 피해자가 변호사 사무실에서 근무한다고 하면서 이런저런 얘기를 한참 하길래 마음을 바꿔 돈만 뺏기로 했다고 말했습니다."

그러자 배심원은 이 사건이 8달러와 관련된 단순한 강도 사건이지만 그날 이보다 더 많은 일이 있었음을 알게 되었다. 미란다의 운명은 이로써 결정된 셈이고, 터로프는 배심원을 향해 더 호소할 필요도 없다고 판단한 듯했다. 강도 사건에서 피해자에 대한 강간 미수건을 다루지 않았음에도 터로프는 피해자에 대해 강간미수에 대해서도 질문할 수 있게 되었다.[23]

린다의 증언

이에 따라 법정에 피해자 린다를 소환하였을 때 터로프는 린다에게, 피고인을 만난 경위와 공격을 받고 피고인이 린다의 입을 막고 목에 칼을 들이댄 사실, 린다를 끌고 간 사실에 대해서 자세히 물었다. 그리고 으슥한 골목길로 데리고 간 사실에 대해서도 물었다. 그 다음에 무슨 일이 있었는지 묻자 린다는 "발버둥쳤어요."라고 대답했고, 그런 후 제발 다치지만 않게 해달라고 애원했다고 증언했다. 범인은 돈을 빼앗은 후 더 이상 공격하지 않고 가버렸다고 말했다.

이때까지는 모두 피고인에게 불리한 진술뿐이었다. 그러나 이어 검사는 약간의 실수를 하여 무어가 다시 주도권을 잡게 된다. 터로프 검사는 "증인은 자발적으로 돈을 주었나요?"라고 묻자 "예."라고 대답했다. 사실 당시 린다가 자발적으로 주었다고 말한 것은 더 큰 화를 막기 위해 돈을 주었다는 의미라고 풀이된다.

그러나 이러한 대답은 터로프가 기대했던 대답은 아니었다. 왜냐하면 강도란 피해자의 의사에 반해서 돈을 가져갈 때 성립되는 범죄이기 때문이다.

그러나 무어는 이러한 질문이 유도적이고 암시적이라며 이의를 제기했다. 그러자 터로프는 호재를 만난 듯 계속 질문했다. 터로프는 린다가 "사실 겁이 나서 돈을 줬어요."라고 대답하자 짐을 덜어 놓은 듯 보였다.[24]

증인 미란다

터로프가 증인 신문을 모두 마치자 무어는 미란다를 증인으로 신청했다. 무어는 미란다에게 린다를 언제 처음 보았는지 물었다. 미란다는 1962년 11월 27일 처음 보았고, 두 번째로는 밴 버렌Van Buren에서 북쪽으로 한 블록 떨어진 곳에서 보았다고 증언했다. 미란다는 그녀가 차 시동을 잘못 걸어서 도와준 적도 있었다고 했다.[25] 이어 미란다는 그녀가 자신에게, 원하면 집에 같이 가지 않겠냐고 말했다고 증언했다. 그래서 두 블록 정도 그녀의 차를 운전해서 도로에 접어들자 린다가 "뭐하려고 하냐?"라고 물었고, 미란다는 "글쎄, 강간하려고 했다면 다른 곳에서 했을 거야. 그러나 지금 일해야 할 시간이어서 일하러 가야 돼."라고 말했다고 증언했다.

미란다는 또한 린다가 근처에 경찰이 있는지 걱정했고, "우리가 잡히면 감옥에 갈 수도 있어."라고 말했다고 증언했다. "그때 그녀의 허벅지에 손을 갖다대자 나를 물었어요."라고 말했다. "그래서 역겨운 생각이 들어 차에서 내려서 차 뒤로 갔고, 그녀에게 가진 돈이 있는지 물었고, 그녀는 지갑을 들어 돈을 꺼내 주었어요."라고 말했다.

이때 무어는 터로프 검사를 향해 "당신의 증인은, 그게 다입니다."라고 말했다.

교호신문 때 터로프는 새빨리 미란다에게 중죄 진과가 있음을 지적하면서, 린다가 차를 타는 버스정류소 앞에서 미란다가 두 시간째 커피를 마시고 있었음을 언급하였다. 터로프는 미란다가 대화 도중 "강간"이란 단어를 쓴 사실을 지적했다. 그러나 터로프는 린다가 자

─────── 1963년 3월 미란다 사건이 시작된 후 어네스토 미란다는 4년 동안 네 번의 재판, 다섯 번의 상소, 수십 번의 증인 신문을 받았다.

신의 옆구리에 범인이 칼을 들이댄 사실을 부인하면서 자신의 허벅지에 손을 댄 것만 인정했기 때문에, 미란다를 강도죄로 기소할 때 린다와 그 문제로 다툰 사실을 언급했다.

"차에서 다툴 때 허벅지에 손을 갖다 대었다고 했는데, 당신 뺨을 물던가요?"라고 물었다.

"예."라고 미란다가 대답했다.

터로프가 "린다의 아파트에 데려가 달라고 하기 전인가요, 그 후인가요?"라고 묻자

미란다는 "그 전과 그 후 두 번 말했어요."라고 대답했다.

터로프가 "당신 입술을 깨물 때 뭐라 하던가요?"라고 묻자

"'미안해'라고 말했어요."라고 대답했다.

터로프가 "이런 얘길 경찰에 했나요?"라고 묻자

"전혀 안 했어요."라고 대답했다.

터로프가 "'강간하길 원했다면'이란 말을 했나요?"라고 묻자

"예, 했습니다."라고 대답했다.

터로프가 "8달러 정도 받았는데 그래서 화가 났고, 더 많은 돈을 받았어야 했다고 경찰관에게 말했나요?"라고 묻자

"경찰관에게 그녀가 8달러를 주었다고 말했어요."라고 대답했다.

최후 변론

터로프나 무어는 미란다에게 더 이상 질문하지 않았다. 최후 진술 때 터로프는 주州의 관점에서 사건의 요지를 설명하고, 미란다의 자백을 언급한 다음, 피고인이 피해자로부터 돈을 강취한 사실을 인정했다는 점을 배심원에게 다시금 상기시켰다. 터로프 검사는 배심원에게, 교호신문 때 미란다가 경찰에게 한 자백도 부인했다는 사실을 다시 언급했다.

무어는 최후 진술 때 "저는 피고인이 유죄인지 무죄인지는 잘 모릅

니다… 이것은 제가 아닌 배심원의 몫이죠."라고 말했다. 그런 후 미란다의 자백과 관련된 경찰관이 진술을 탄핵했다.

"경찰관은 피고인에게, 피고인이 조사실에서 한 진술이 법정에서 불리하게 쓰인다는 사실을 전혀 말해주지 않았습니다. 조사받기 전에 변호인을 선임할 권리가 있다는 사실도 말하지 않았고요."

그리고 몇 년 후 중대한 문제로 떠오르리란 것을 예감이라도 한 듯, "피고인에게 이런 사실을 전혀 고지해 주지 않았다는 것이지요. 한 명의 경찰관은 고지했다고 하고, 다른 경찰관은 안 했다고 합니다. 누가 진실을 말하고 있는 걸까요?… 경찰관들은 피고인을 조사실로 데리고 갔습니다… 그리고 고지해 주지 않았습니다… 경찰관들은 피고인에게 변호인 선임권이 있다는 사실과 변호인이 조사 때 입회할 수 있다는 사실을 고지해 주지 않았습니다."

마지막으로 무어는 배심원에게, "자유 미국"free America에 살고 있다는 사실을 상기시키면서,

"두 명의 경찰관이 멕시코 청소년을 조사실로 데리고 가서 이러한 권리를 전혀 고지하지 않았는데, 이것이 공정합니까?"라고 변론했다.[26] 이 말에 터로프는 무어가 두 명의 경찰관이 미란다에 대해 잘못한 것이 있음을 암시하였다며, 이것은 잘못되었다고 반박했다.

"변호인이라면 경찰관이 피고인에게 그러한 권리를 고지하는 것이 불필요하다는 사실을 잘 아실 겁니다.", "우리는 훌륭한 경찰관이 있음을 잘 알고 있고, 그들은 불쌍하고 무고한 청소년에게 자백하라고 강요하지 않았습니다. 경찰관이 이러한 요건을 검증받아야 할 필요가 없다는 것이지요."

터로프는 사건의 쟁점을 언급한 뒤 경찰관에 대해서, "경찰관들은 피고인의 권리를 빼앗은 사실이 없고, 피고인이 뭐라 하든지 상관없이 그럴 리도 없다고 봅니다."라고 말했다.

배심원들은 터로프의 말에 공감하고 있음이 분명해 보였다. 저녁 시각이 지난 후 배심원들은 다시 돌아와서 만장일치로 피고인에 대하여 유죄로 평의했음을 알렸다. 미란다가 다음 날 강간 사건으로 재판받을 예정이었고, 같은 자백과 관련되고, 같은 법조인들이 같은 법정에서 하므로 강도 사건에 대한 형의 선고는, 강간 사건 때 같이 하기로 하였다.[27]

강간 사건과 터로프의 전략
▬

다음 재판 날, 맥페이트 판사는 법정이 잠잠해지자 재판을 시작했고, 법정 경위는 짤막하게 선언한다. "41948번 사건."

판사는 배심원석에 가장 가까이 있는 검사석의 터로프 쪽을 내려다 보았다. 이때 "애리조나 주 대 미란다 사건입니다. 주는 준비됐나요?"라고 말했다.

"주는 준비됐습니다."라고 터로프가 대답했다. 터로프 검사는 다시 미란다 사건을 맡게 되었고, 강간 사건 역시 하루 만에 빨리 끝나리라고 생각했을 것이다.

앨빈 무어가 일어서서 말했다.

"기록 검토를 제외하고는 변호인도 준비됐습니다. 그렇지만 재판 전에 기본권 침해를 이유로 새로운 신청을 하려고 하는데, 이런 신청을 하기 위해 6일 정도 재판을 연기해 주시기 바랍니다."

맥페이트는 무어의 신청을 기각하고, 법원 참여관으로 하여금 배심원 명부를 가지고 오게 했다. 배심원은 선정되었고, 기피 절차를 마친 후 선서하였으므로 법원 참여관은 공소장을 낭독했고, 피고인이 무죄 답변plea of not guilty한 것을 기록했다. 이 사건 역시 당일치기 재판이므로 맥페이트 판사는 검사를 향해 배심원에게 모두 진술을 하라고 했다. 그러나 터로프는 모두 진술을 하지 않겠노라고 말했고, 무어는 일어서서 "모두 진술을 유보합니다."라고 말했다.[28] 배심원은 검사가 모두 진술opening statement을 생략한다고 하므로 당황스러워 하는 듯 보였다. 그러나 맥페이트 판사는 베테랑으로, 이와 같은 사건을 이미 수백 건 처리해 봤기에 국선 변호인이 지정된 이와 같은 사건에서 당황하지 않았다. 머뭇거리지 않고 터로프에게 첫 번째 증인을 신청하라고 하였다. 배심원은 이번 사건이 얼마나 심각한지 알지 못했다. 배심원은 그들에게 주어진 법률 문서를 읽음으로써 낙엽 줍듯 조금씩 사건을 알아간다. 대부분의 사건에서 검사는 모두 진술을 통해 공소 사실의 요지와 증거를 설명한다. 그런데 터로프 검사는 이런 전략보다 배심원이 선입견 없이 사건을 접하도록 하는 것이 좋다고 생각한 듯 하다.

배심원에게 공소장을 넘겨주는 것과 비슷했다. 검사로서는 대배심을 통해 공식적으로 기소하는 것보다 법원 서기를 통해 기소하는 것이 더 쉽다. 만약 대배심에 의해 기소되었다면, 미란다 사건이 이정표 사건이 될 수 있었을지도 의문이다.

제인의 증언

어쨌든 배심원들은 제인이 문제된 사건의 장본인인지 몰랐지만, 넉넉히 짐작할 수 있었다. 터로프는 이런 추측을 의도했을 것이다. 결국 예비심문을 통해 성공시켰다. 배심원은 피해자가 18세이고, 미혼이고, 피닉스 시내에 있는 파라마운트 극장에서 일하고, 그날 저녁 10시 반에 근무 교대가 있으며, 근무를 마치고 버스를 타고 집으로 가기 위해 혼자 어두운 거리를 세 블록 걸었다는 사실을 알게 된다. 그때 피해자가 범인과 마주쳤고, 대부분의 배심원들은 선입견 없이 그녀가 강간 사건의 진짜 피해자임을 짐작하게 된다.

제인이 증인석에 섰고, 맞은 편에 미란다가 앉았다. 제인은 나지막하게 말했다. 때때로 그녀의 목소리는 너무 약해서 목소리를 더 높이라는 요청을 받았다. 그녀가 평정심을 유지하도록 하기 위해 재판장은 한 차례 휴정하였다. 제인의 증언은 배심원에게 크게 영향을 끼쳤다.

이때 제인은 차 한 대가 그녀 앞을 스쳐 지나가더니 건너편에 멈추고, 한 남자가 갑자기 차에서 내리더니 재빨리 자신에게 다가왔다고 증언했다. 그러자 배심원은 그때 다가온 에스파니아계 남자가 피고인석에 앉아 있는 미란다라고 짐작하는 듯 보였다. 피고인은 나이 많은 변호인 옆에서 양복을 입고 있있고, 흰색 셔츠에 넥타이를 매고 있었다. 그 순간 유죄가 입증될 때까지 무죄로 본다는 추정은 깨어지기 시작한 듯했다.

이때 터로프는 배심원에게 확신을 주려고 하는 듯, "그 다음 무슨 일이 있었나요?"라고 조용히 물었다.

"그 남자는 소리치지 말라고 했어요." 제인은 조심스럽게 대답했다. "그 남자는 해치지 않겠다고 했어요. 뒤에서 내 손을 잡아채더니 다른 한 손을 내 입에 갖다대고 밀면서 차 있는 데로 가라고 했어요."

터로프는 뒤로 돌아서지 않은 채 증인 제인에게,

"방금 말한 남자가 여기 법정에 있나요?"

"예, 저기 건너편에 앉아 있어요."라고 피고인석을 가르키며 대답했다.

터로프는 뒤로 돌아서서 미란다와 무어가 있는 쪽을 바라보며,

"저기 옆, 흰색 셔츠의 신사인가요, 법정 경위인가요?"

"왼쪽입니다."라고 대답했다.

"왼쪽, 흰색 셔츠 입은 사람 말인가요?"

"흰색 셔츠요."

"책장 옆 흰색 옷 말인가요?"

"예."

경찰의 범인 식별 절차와 비슷하게 해서 성공리에 마쳤다. 터로프는 변호인석을 다시 바라보며, "기록에 의하면 피해자는 피고인 미란다를 식별했습니다."라고 말했다. 그런 후 으레 하는 증인 신문을 하면서, 증인은 피고인과 결혼할 마음이 없었고, 어떤 식으로든 피고인과 관계없고, 그전에 피고인을 만나지 않았음을 확인시켰다. 결국 범죄에 대한 어떤 의심이 있을지라도 다 떨쳐버리게 했다. 제인은 범인이 어떻게 자신의 목에 예리한 것을 들이대고, 차량 뒷좌석으로 끌고

가서 얼굴을 파묻게 하고, 20분 동안 쉽게 운전했는지 설명했다. 스스로 한 것은 아무것도 없었음을 분명히 했다. 울고 놔 달라고 애원했지만 범인은 "안 돼!", "그렇게는 못해."라고 말했다고 증언했다.[29] 터로프는 제인에게 범인에 대해 진술하게 하였고, 제인이 존경받는 가문의 성숙한 숙녀란 사실은 그리 강조하진 않았다. 재판의 윤곽이 드러났고, 제인은 원하는 이미지를 잘 그려낸 것으로 보였다. 그러나 모든 강간 사건에서 요구하는 '삽입'이라는 것에 대해서는 상당히 주저하는 듯했다.

"음, 그 남자가 다가왔고", "옷을 다 벗고 있었고, 그 남자도 옷을 벗었고, 하려고 했어요."라고 증언했다.

터로프가 "삽입하려 했나요?"라고 물었다.

"처음에는 성공하지 못했는데, 그 다음에 그 남자가 앉더니 5분 정도 있다가 다시 시작했어요"라고 대답했다.

터로프가 "그때 이루어졌나요?"라고 묻자

"예."라고 대답했다.

제인이 주저하다가 말하자 터로프는 "허락하고 원해서 한 건가요?"라고 물었다.

"음, 그 남자는 나보다 훨씬 힘이 쎄요."라고 대답했다.

터로프는 만족했다. 마지막 질문을 한 뒤 터로프는 미란다가 제인을 차에 다시 태우고 피닉스 시내로 데리고 가서, 새벽 2시에 내려 준 사실에 대해 물었다. 이 점은 범인이 친절하다는 것을 드러내는 것이지만, 오히려 범인에게 죄의식이 없고 범인이 재범을 두려워하지 않는다는 사실을 암시하였다.

무어의 반대신문

휴정 후 재판이 재개되었을 때 무어는 제인의 말에 모순이 있음을 드러내기 위해 제인에게 다시 이야기해 보라며 반대신문을 하였다.

무어의 소송 전략은 기본적으로 피해자 진술의 신빙성을 다투는 것이었다. 무어는 과거 미란다가 열심히 일했다고 주장했다. 제2차 세계대전이 발발하기 전 무어는 오클라호마에서 서른다섯 건의 강간 사건에서 이런 전략을 사용했다. 제인이 증언대에 서자 무어는 그녀의 진술에 일관성이 없음을 지적했다.

무어는 제인에게 반복해서 이야기하게 해서 잘 털어 놓게 하고, 또 배심원에게도 피해자의 인상을 각인시키려는 듯 보였다. 무어는 제인이 당황하지 않게 하고, 또 감정이 격해지지 않도록, "사실대로 말하면 되고, 그러면 잘될 겁니다."라고 말했다. 무어는 제인에게 다시금 상황을 설명하게 하고, 시각과 이동한 거리, 제인이 무슨 옷을 입었는지, 나이는 몇 살인지, 강간에 대한 세부 상황에 대해 물었다. 터로프와 마찬가지로 무어 역시 '삽입'에 대해 시간을 할애해서 자세히 물었으나 제인은 언제, 어떻게 이루어졌는지 정확하게 설명하지 못했다.

기대에 어긋나게 무어가 의도한 것은 드러나지 않았다. 오히려 형사 사건에서 서툴다는 인상만 드러냈다. 무어는 "불행한 일이 일어났습니다."라고 말했다. 의도했든지, 그렇지 않았든지 간에 이러한 표현은 피고인에게 불리하게 작용하였다. 오히려 반대신문을 마칠 때 큰 실수를 한다. "당신은 어린 소녀군요.", "당신은 강간과 유혹의 차이를 아는가요?"라고 묻는다.[30] "예."라고 제인은 대답했다.

무어는 "만약 그런 차이점을 안다면"이라고 운을 뗀 뒤, "피고인이 당신을 강간한 건가요, 아니면 유혹한 건가요?"

"강간한 겁니다." 제인은 즉시, 그리고 단호하게 대답했다.

무어는 제인의 답변을 통해 배심원에게, 제인이 앙갚음으로 강간당했다는 주장한다는 인상을 심어 주려는 듯했다. 정조 관념이 없는 소녀가 자신이 원해서 사막으로 갔고, 그곳에서 남자를 유혹하려 했으나 실패하자 복수심에 이른다. 그게 아니어서 제인이 비록 강간을 당한 게 사실이라고 해도 배심원의 생각에, 소심한 제인의 말이 그리 신빙성이 없다고 보게 하거나, 의심이 들게 하는 것을 노렸을 것이다. 진실이야 어떻든, 제인의 단호하고 확고한 대답은 무어가 원하는 게 아니였고, 무어는 신문을 마친다. 터로프는 현명하게도 증인에게 몇 가지 더 물어보았고, 맥페이트도 증인에게 보충질문을 하였다.

다음 증인이 착석했다. 제인 언니로, 제인이 증언한 것 이상으로 단호하게 말했다. 터로프는 마지막으로, 제인이 그날 밤 강간당하고 집으로 돌아와서 어떻게 했는지 물었다. "세가 경찰을 불렀어요."라고 말했다. 검사는 경찰에게 뭐라고 말했는지 묻지 않고 무어가 묻도록 내버려 두었다.

증인 쿨리

터로프는 경찰관 캐롤 쿨리를 다음 증인으로 신청했다. 쿨리는 경찰관으로 5년간 근무했고, 대인 범죄반에 배정되었다고 증언했다.

쿨리는 법정에서 미란다가 범인임을 확인했고, 강간 사건으로 경찰관 영과 함께 미란다 집에 찾아간 경위에 대해 설명했다. 그리고 미란다를 피닉스 경찰서 2호 조사실로 데리고 갔다고 말했다. 쿨리는 범인 식별 절차를 어떻게 했는지 설명하고, 피해자가 범인을 알아봤다고 말했다. 그리고 1963년 5월 15일 오전 11시 30분쯤 조사를 시작하기 전에 범인 식별 절차를 마쳤다고 말했다.

쿨리는 미란다가 범인 식별 절차를 밟을 때, 그리고 조사받을 때 구금된 상태였다고 말했다. 처벌받지 않도록 해 준다고 약속한 사실도 없고, 다른 경찰관이 그런 말을 하는 것을 들은 사실도 없다고 증언했다.

터로프는 쿨리에게 조사실에서 나눈 대화에 대해 물었다.

쿨리는 "잠시 후, 피고인은 자신이 범인이라고 말했습니다."라고 대답했다. "그러나 피고인은 제인의 이름을 불렀습니다. 피고인은 피닉스 북동 지역을 운전하다가 걸어가고 있는 그녀를 보았다고 했습니다."

이때 무어는, '이야기가 아니라 질문과 답변'을 하라고 요구하였다. 맥페이트는 무어의 이의를 기각하였고, 터로프는 쿨리에게 계속 묻는다. 쿨리는 미란다가 자신에게 진술한 내용이 무엇인지와 대화를 나누고 대화 내용을 진술서로 작성한 사실을 말했다.

"누가 작성했나요?" 터로프가 물었다.

"피고인이 작성했습니다."

"피고인이 작성했다고요?"라고 터로프는 짐짓 놀란 듯 물었다. "증인 앞에서 작성했나요?"

"예, 제 앞에서요."

"증 제1호증이라고 매긴 서류를 보여줄 텐데, 확인해보고, 맞는지 얘기해 주세요."

터로프는 자백 진술서 사본을 꺼냈다. 쿨리는 단박에 알아보고, 배심원에게, 미란다가 쓴 후 자신도 서명했고, 그때가 1963년 3월 13일 오후 1시 30분이라고 증언했다. 결국 미란다를 조사한 시간은 두 시간이었다.

압도적인 증거 앞에 무어의 반대신문은 헛된 것으로 보였다. 무어는 쿨리에게 물었다.[31]

무어: 피고인에게 자신의 권리에 대하여 고지해 주었나요?

쿨리: 예. 진술서 윗줄에 타이핑되어 있고요, 큰 소리로 읽어 주었습니다.

무어: 진술하기 전에 변호인의 도움을 받을 권리가 있다고 쓰여진 것은 보지 못했는데요.

쿨리: 그런 진술은 없었습니다.

무어: 피고인이 그런 진술을 한 사실이 없지요?

쿨리: 예.

무어는 쿨리에 대해 반대신문하면서 미란다의 자백은 허용되어서는 안 된다고 주장했다. 무어는 쿨리에게 '미란다가 변호사와 같이 있었다면'이라는 가정으로 질문을 시작한다. 쿨리는 미란다가 변호사와 같지 있지 않았던 것을 시인했다.

그러나 쿨리는 미란다에게, 그의 권리에 대해 고지해 주었다고 말했다. 그럼에도 무어는 미란다의 자백은 증거로 허용해서는 안 된다고 주장했다. "연방대법원은 어떤 사람이라도 체포될 때 변호인을 선임할 권리가 있다고 판시하고 있습니다." 그러나 맥페이트는 무어의 이의를 기각한다. 결국 다른 쟁점은 없게 되었다. 자백은 증 제1호증으로 허용되었다. 다시 쿨리에게 "실제로는, 증인이 어떤 사람을 체포할 때, 그 사람이 진술하기 전에 변호인의 도움을 받을 권리가 있다는 사실을 고지해 주지 않고 있지요?"라고 물었다.

"맞습니다."라고 쿨리는 시인했다.

그것으로 오전의 증인신문은 끝났다. 무어가 피고인을 위해 해 줄 수 있는 것은 없어 보였다.

배심원에 대한 변론

오후 재판은 싱거웠다. 경찰관 윌프레드 영은 미란다가 자발적으로 진술했다고 증언했다. 아무도 위협하지 않았고, 아무도 처벌받지 않게 해주겠다고 약속한 사실이 없다고 말했다. 영 역시 쿨리와 마찬가지로 조사 때 변호인이 입회한 사실이 없었고, 피고인에게, 변호인의 도움을 받을 권리가 있다는 사실을 고지하지 않은 사실을 시인했다.

최후 변론 때에는 특별히 인상적인 것은 없었다.

터로프는 배심원에 대한 변론 요지jury summation 진술을 그날 오후 2시 30분에 시작하여 몇 분 후 마쳤다. 제인과 제인 언니의 증언을 다시금 환기시켰다. 그런 후 배심원에게, 경찰관은 미란다에게 강간했는지 물었고, 미란다가 답변한 대로 진술서를 쓰게 했노라고 강조했다.[32] 이때 무어는 이의를 제기한다. 이어 무어는 다시 한 번 실수를 한다. "영과 쿨리 경찰관이 강간 피해자를 조사했습니다.", "그러나 자백confession에는 이런 언급이 없습니다."

이때까지 아무도 증 제1호증을 "자백"이라고 표현하지 않았다. 터로프, 쿨리, 영은 모두 "진술"statemet이라고 언급했다. 결국 미란다의 변호인이 스스로 증 제1호증을 "자백"이라고 표현한 셈이다. 법원의 기록에는 무어의 이와 같은 실수를 배심원이 알아챘는지에 대해서 기록하지 않고 있다. 그러나 맥페이트 판사는 재빨리 무어의 이의를 기각한다. 맥페이트는 최후 논고closing argument에서, 미란다가 쓴 자백서를 배심원을 향해 흔들며 "피고인은 시인했습니다.", "평의실로 가져가서 보십시오, 피고인이 쓴 겁니다. 모두 읽어 보십시오."라고 말했다.

무어가 나름대로 전략을 세워 최후 변론을 했지만 주목받질 못했다. 무어는, "변호사로서, 아비지로서 관여히고 싶지 않은 사건입니다." 무어는 형사 변호사로서 미숙한 점이 있었음을 사과했다. 무어는 현란한 말로 배심원을 현혹하거나 자신의 능력을 드러내어 배심원을 설득시키려고 한 게 아님을 밝혔다.

그리하여 무어는 배심원의 동정을 사려고 한 것이 아니라 법적인 절차에 중대한 의문점이 있음을 분명히 하려고 하였다. "사건이 어떻든," 이라고 운을 뗀 뒤, "피고인에게는, 자신의 권리를 고지받을 권리가 있습니다."라고 변론했다.

그런데 이때 무어는, 이러한 주장의 근거에 대해 미리 준비해온 서류를 잃어버렸다. 몇 분 후, 서면으로 써 온 변론 요지를 큰 소리로 읽기 시작한다. 피해자의 진술과 나란히 피고인의 진술도 믿어 달라는 것뿐만 아니라, 이미 사건의 내용을 몇 번씩 읽은 배심원들의 감각이 무뎌지지 말라고 호소한다. 여기에서 나아가 무어는 최후 변론을 계속하면서 결과적으로 위험하고, 또 노골적인 표현으로 피해자의 평판을 깎아내린다. 무어는 '저항'resistance에 대해서 간략하게 설명한 후, 피해자가 '삽입'에 대해서 모호하게 증언한 것을 지적하였다. 측은하고 슬픈 사건이라고 말한 뒤, "피고인의 폭력이나 폭행에 저항할 수 없을 때까지 저항하고, 저항하고, 또 저항했음에도 강간했다는 사실이 드러난 경우에야 범인을 교도소에 보내야 할 것입니다."라고 강조했다. 결국 무어는 배심원에게 '합리적 의심'reasonable doubt를 강조한 셈이다.[33] 그리고 난 뒤 무어는 자극적이고, 피해자에 대해서 부적절한 표현을 써서 변론한다.

"선량하고 아리따운 숙녀에 대해서 이렇게 말하는 것이 옳지 않을지 모릅니다 ―그러나 그녀도 저나 우리와 똑같은 사람입니다― 그녀는 더 이상 저항할 수 없을 때까지 저항해야 합니다. 코코넛 열매와 같은 이치입니다. 이 점을 말씀드리고 싶군요. 어느 정도 신경을 곤두세워야 바늘귀를 꿸 수 있는지 모르실 겁니다. 그러나 바짝 신경써도 바늘이 움직이면 바늘귀를 꿸 수 없습니다. 감사합니다."

맥페이트 판사는 자백에 대한 법률 문구를 읽음으로써 절차를 종결했다. 그런 후 배심원에게 마지막으로 설명instructions했다. 이때 맥페이트 판사는 간접적으로 수정헌법 제5조의 묵비권을 언급했다.[34]

"자백이 임의로 한 것이라고 본다면, 자백이 진실한지 여부는 전적으로 배심원이 판단합니다… 그럼에도 피고인이 구속되어 자백했고, 그때 변호인이 입회하지 않았거나, 피고인이 한 진술이 법정에서 불리하게 쓰인다는 사실을 고지하지 않았더라도 그러한 사실에 의해 자백이 임의적인 것이 아니라고 보아서는 안 됩니다."

배심원들이 평의에 들어가기 전 판사 맥페이트는 배심원들에게 '합리적 의심'에 대한 법적 정의를 설명했으며, 강간죄의 구성요건에 대해서도 설명했다. 특히 제인이 강간범에 대해 '강한 저항'utmost resistance을 했는지를 판단해야 한다고 설명했다.

배심원은 제인과 경찰관의 증언, 미란다의 자백을 증거로 받아들였다.

미란다나 무어는 '삽입'이나 '저항'과 관련하여, 피해자의 증언을 탄핵하는 다른 증거를 제시하거나 다투지 않았다. 배심원들은 몇 분 만에 평의를 마치고 돌아와서 만장일치로 유죄로 평결했음을 밝혔다.

맥페이트 판사는 선고를 7일 미루었다. 그런 후 미란다에 유괴 및 강간에 대해 단기 20년, 장기 30년을 선고한다. 또한 맥페이트는 8달러 강도죄에 대해 단기 20년, 장기 25년의 형을 선고했다. 미란다는 애리조나 주 플로렌스에 있는 교도소에 수감되었다. 미란다는 오랫동안 세상의 빛을 보지 못할 것으로 보였다.[35]

주대법원에 상고함

소송 전략가로서의 결점에도 불구하고 무어는 자신의 의지에 따라 더 이상 손쓸 수 없어 보이는 사건의 상소심 변론을 맡게 된다. 미란다가 중형을 선고받은 근거가 된 자백서가 무어의 마음에 걸렸다. 무어는 미란다가 공정한 재판을 받지 못했다고 생각했다. 결국 두 달 후 누어는 애리조나 주대법원에 상고를 제기한다.

앨빈 무어가 1963년 9월 미란다 판결에 대하여 애리조나 주대법원 Arizona Supreme Court에 상고를 제기했을 때 1964년 7월의 에스코베도 판결은 예견하지 못했다. 그러나 1965년 초 애리조나 주대법원에서의 구두 변론 때 이미 에스코베도Escobedo v. Illinois, 1964 판결문을 읽어 보았을 수도 있다. 이 사건에서 연방대법원은 수정헌법 제6조에 따라 형사 피의자가 경찰 조사를 받을 때 변호인과 상의할 권리가 있다고 판결내렸다. 또한 1964년 7월의 타임지의 기사도 읽어보았을 수도 있다. 어떻든 이러한 일들은 무어로 하여금 1심 판결에서의 몇 가지 법적인 오류에 대한 논쟁의 불씨를 다시 붙이게 한다.

그럼에도 법원은 유죄 판결을 다시금 확인한다. 무어가 제기한 오류는 사건에 영향을 미치지 않는다고 보았다. 나아가 법원은 맥페이트가 선고한 형량이 지나치지 않다고 보았다.[36] 법원은 미란다의 전과에 비추어 무어의 주장은 이유가 없다고 보았다. 미란다는 강도, 강간미수, 폭행 등 많은 전과가 있었다. 미란다의 전과를 보면, 미란다는 캘리포니아에서 무장강도의 혐의로 체포되었고, 차량 절도법Dyer Act[37] 위반으로 유죄 판결을 선고받았다. 애리조나 주대법원은 미란다의 전과 사실에 비추어 볼 때, "이런 상황은, 법원의 판결을 문란하게 하는 것이므로 혐오스럽게 만든 것"으로 보았다. 프레드 스트럭마이어Fred Struckmeyer 판사는 미란다에 대한 강도에 대하여 유죄로 확정한다면서, 증거에 의할 때 "피고인은 피해자에게 차에 탈 것을 강요하였고, 골목으로 데리고 갔고, 피해자는 발버둥친 끝에 피고인에게 돈을 준 것"이라고 보았다.

무어는 강간에 대한 유죄 판결에 대해서도 상고를 제기했다. 애리조나 주대법원은 21쪽에 걸쳐 원심판결에 오류가 있다는 무어의 주장을 반박했다. 무어에 의해 제기된 단 하나의 헌법적 쟁점인 미란다의 자백이 핵심이었다. 어네스트 맥팔랜드Ernest W. McFarland 판사는, 미란다의 자백을 증거로 허용한 것은 잘못이라는 무어의 주장을 배척했다. 쿨리와 영 경찰관이 피고인에게, 진술한 내용은 법정에서 불리하게 쓰일 수 있다는 것과 피고인의 권리를 고지하였다고 증언하였음을 들어 무어의 주장을 반박했다. 판사 어네스트 맥팔랜드는 과거 애리조나 주지사였고, 연방 상원의원이었다.[38] 맥팔랜드 판사는 자백서를 허용한 것이 잘못이라는 무어의 주장에 대해, "연방대법원은 어떤 사람이 구속될 때 변호인의 도움을 받을 권리가 있다고 판시하고 있으므로, 이 주장을 배척한다."라고 판시하였다. 진술이 임의로 한 것이 아니라는 것에 대해서는 이의가 없었으므로 무어는 임의성에 대해서는 다투지 않았다. 따라서 임의성과 자백의 신빙성은 쟁점이 아니었다. 애리조나 주대법원은 유일한 쟁점이란 "변호인 없이 자발적으로 한 진술이 수정헌법 제6조, 제14조를 위배하느냐 여부였다."라고 보았다.

헌법 조항과 관련하여 애리조나 주대법원은 연방대법원의 해석을 따라야 한다. 따라서 최근 판결인 메시아 판결(이 사건에서 연방대법원은 변호인과 접견교통하는 권리는 기소된 후 재판받기 이전 단계에도 적용된다고 판시하였다)[39]과 에스코베도 판결[40]을 검토하였다. 법원은 메시아 판결은 두 명의 공동 피고인 사이의 전화 도청과 관련된 사건이어서 이 사건의 쟁점과 맞지 않는다고 보았다.

에스코베도 판결과 관련해서는 불분명했다. 그러나 역시 적용되지 않는 것으로 보았다. 대니 에스코베도Danny Escobedo와 달리 미란다는 권리 고지를 받았다고 보았기 때문이다. 또한 "변호인을 요구하지 않았고, 변호인의 도움받을 권리를 거절당한 사실이 없었다. 나아가 미란다는 전과 기록에 의할 때 재판 경험이 없다고 볼 수 없다." 애리조나 주대법원은 미란다의 상고 이유를 배척하는 논지를 전개하기 위해 수사학적으로 의문문을 쓴다.

"변호인의 도움을 받을 권리란 무엇을 위해서인가? 수정헌법 제6조와 제4조의 목적은 무엇인가? 캘리포니아가, 에스코베도 판결을 피고인이 변호인을 요청하지 않은 경우에도 확장한 것에 대해 살펴볼 때, 주법원은 이 판결에 기속되지 않고, 애리조나 법원은 캘리포니아 판결에 따를 필요가 없다."[41]

애리조나 주대법원의 논지는 직설적이다. "자백이 임의로 한 것이고 헌법상의 권리를 침해한 것이 아니라면 변호인이 없는 가운데 이루어졌어도 허용된다고 본다." 이러한 직설적인 표현은 미란다가 다음 단계의 불복 절차를 밟는 데 도움이 되었다.

제6장

연방대법원의
임의성 검토

임의성 검토

17세기 후반까지는 법정 밖에서 이루어진 자백이 강압에 의해 비자발적으로 이루어진 것이라도 증거로 허용했다. 1880년대 중반이 되자 연방대법원은 자백의 허용성을 판단하기 시작한다. 이러한 심사는 영국 보통법common low(영국법의 특징은 판사에 의한 판례에 따른다는 데 있다. 이 점에서 성문법을 기초로 하는 대륙법과 구분된다)에서 하던 '임의성 검토'volutariness test에 따른다. 협박이나 위협을 받은 피의자는 더 이상의 강압을 받지 않기 위해 허위 자백을 할 수 있는 것으로 보았다. 이 기준에 따르면 자백은 자유롭고 '임의로' 한 경우에만 증거로 허용될 수 있다. 따라시 자백이 강압 등에 의해 비자발적으로 이루어진 경우에는 증거로 허용되지 않게 된다.

임의성 검토를 하는 취지는 명확하지 않았으나 20세기 내내 진화를 거듭하였다. 1930년대와 1940년대에는 오로지 자유롭고 독자적 의사에서 비롯된 자백만을 허용해야 한다는 생각이 점점 커져 갔다. 1936년 연방대법원은 브라운 사건Brown v. Mississippi에서 자백의 허용성을 새로이 검토한다. 이 사건에서 레이몬드 스튜어트Raymont Stuart라는 백인이 살해되었다. 브라운Ed Brown 등 세 명의 소작 흑인이 살인 용의자로 체포되었다. 재판에서 핵심 증거는 경찰에서 한 피고인의 자백이었다. 피고인은 매질당했다. 그럼에도 1심 재판 때에는 그러한 자백이 허용되었다. 연방대법원은 수정헌법 제4조의 적정절차 조항을 인용하여 주州의 사건에도 이러한 임의성 검토가 적용되어야 한다고 판시하였다.

연방대법원은 1936년부터 1964년까지 적정절차 조항에 따라 임의성 검토를 하여 피의자 신문을 규율하고 자백의 허용성을 규율하는 기준을 세웠다.[1] 연방대법원은 1950년대와 1960년대 피의자가 한 자백의 신빙성이나 신뢰성은 자백의 임의성을 검토함에 있어 더 이상 관계가 없다는 점을 분명히 하여 임의성 검토는 계속 진화하였다.

이와 같이 미국 연방대법원은 영국 판례법을 빌려와서 '임의성 검토'를 하였다. 협박이나 약속, 유인이 있어 피의자의 자유로운 의지를 억압하는 경우 자백은 허용되지 않는다.

1940년대 체임버스 사건Chamvers v. Florida에서 법원은 5일 동안 신문하여 얻어낸 자백을 허용하지 않았다. 이 사건에서 피고인 체임버스Chamvers는 다른 세 명의 흑인과 함께 로버트 달시Robert Darcy라는 백인 노인을 살해한 혐의로 재판받았다. 이 살인 사건은 주민들의 공분을 샀고, 보안관은 사건을 해결하라는 압력을 받게 된다. 체임버스와 다른 혐의자들은 이곳저곳으로 불려다니며 오랫동안 조사받았다. 법원은 교육을 제대로 받지 못했고, 나이가 어린 소상인에게 매우 불안하게 하고 강한 저항감을 불러일으키는 신문 방법을 사용하였다고 보았다.

그 후 법원은 기망적인 기법이 사용되었는지 검토하였다. 1959년 스파노 사건Spano v. New York의 피고인 빈센트 스파노Vincent Spano는 중학교만 마친 스물다섯 살 된 이민자였다. 스파노는 술집에서 싸우다가 총을 쏘았다. 범죄 현장을 피하여 도망을 갔고, 그 사이 살인죄로 기소되었다. 스파노는 개스파 브루노Gaspar Bruno란 경찰이자 어릴 적 친구를 불렀다. 브루노는 스파노에게 사실대로 털어놓으라고 말했다. 자백하기 전에 스파노는 변호인과 상의했고, 변호인은 질문에 대답하지 말라고 조언했다. 경찰과 스파노는 브루노에게 두 가지 거짓말을 한다. 스파노가 브루노를 불러서 힘든 상황이고, 스파노가 자백하지 않아 브루노의 직업이 위태롭다고 말했다. 법원은 임의성 검토를 함에 있어 스파노의 자백은 기망에 의한 것이므로 허용되지 않는다고 판시하였다.[2] 이러한 판결이 경찰의 행동을 비난한 것이지만 법원은 경찰이 준수해야 할 실무 지침은 제시해주지 못하고 있었다. 그런데 1964년에 이르러 법원은 수정헌법 제6조에 의하여 이 문제를 해결하기 시작한다.

사정의 전체 고려

이와 같이 1966년 미란다 판결이 선고되기 전에 연방대법원은 자백의 허용성을 검토할 때 적정절차 조항에 근거를 둔 임의성 기준에 따랐다. '임의성'volutariness이 있는지는 '사정의 전체'를 살펴서 판단한다. 피의자의 진술이 임의적으로 한 것이면 그러한 자백은 허용된다. 피의자가 임의성 없이 자백하면 그러한 자백은 허용되지 않는다.

따라서 임의성과 임의성이 없음을 가를 때 자백이 이루어진 전체의 사정을 살펴서 한다. 그리고 이러한 임의성에 대한 주장과 입증은 피의자와 경찰에게 맡겨 버린다.

그러나 임의성 기준은 자백이 이루어지는 본질적인 특성상 수사기관에게 유리하게 작용하였다.[3] 따라서 미란다 판결 이전에 법원이 매우 점잖게 자백의 허용성 여부를 검토한 것은 놀라운 일이 아니라고 할 수 있다.

1944년 애시크래프트 사건Ashcraft v. Tennesse[4]의 피고인 애시크래프트 E. E. Ashcraft는 그의 처 젤마 애시크래프트Zelma Ida Ashcraft를 살해한 존 웨어John Ware란 사람을 숨겨준 혐의로 기소되었다. 애시크래프트와 웨어는 자백했고, 99년의 징역형을 선고받았다. 그들은 항소하면서 집단 폭행의 두려움 때문에 자백한 것이라고 주장했다. 이 사건에서 반대 의견을 쓴 로버트 잭슨Robert Jackson 판사는 판결이유에 "체포된 후 이루어진 자백이 임의적이고, 강제성이 없다는 것은 다소 부정확하다. 왜냐하면 사람은 자신의 범죄 행위나 부끄러운 일을 숨기려고 하는 본성이 있기 때문이다."라고 적었다. 잭슨은 피고인이 자백을 했다는 것은 녹초가 되었다는 것을 시사한다고 주장했다. 이러한 분석은 모든 자백이 피의자와 조사관의 합작품이라는 주장과 궤를 같이한다.

이렇게 점잖은 임의성 기준은 실제에 있어 잘 작동하지 않는다는 사실을 알 수 있다. 실제 미란다 판결이 나오기 전, 이러한 임의성 기준은 현실성이 떨어지고 실무에 반한다고 지적되었다.

1961년 쿨롬베 사건Culombe v. Connecticut에서 프랑크푸르터Frankfurter 판사는 67쪽에 이르는 판결문을 통해 임의성 기준에서 세 가지 기준이 필요하다고 주장했다. 이 사건에서 서른세 살의 피고인은 문맹인이고 지적 장애인이었다. 토요일 오후 주 경찰관에 의해 체포되어 구금되었다. 변호인을 요청했음에도 거절당했고, 경찰은 헌법상의 권리도 고지해 주지 않았다. 그 다음 주 화요일 저녁까지 경찰관이 조사하기를 반복하였다. 처와 딸을 보고 혼란해 하며 두 명을 살해했노라고 자백했다. 주법원에서 피고인의 이러한 자백은 증거로 허용되었다.[5] 연방대법원은 과거 야만적인 역사를 돌아볼 때 상상에 기해서, 추리에 기해서 심리적인 사실을 만들어 내는 경향이 있음을 지적하였다.

또한 모호한 임의성 기준은 하급심 법원이 참고로 할 만한 기준을 제시해 주지 못한다는 비판이 있었다. 따라서 이렇게 문제가 많은 임의성 검토를 대신하고, 구금되어 조사받는 수사 상황에서 이루어질 수 있는 잠재적인 위협에 대항하여, 어느 정도 자동적으로 적용될 수 있는 기준이 절실하게 되었다.

3급 수사와 자백

200년이 넘게 연방대법원은 딜레마와 싸워왔다. 즉 한편으로는 적정 절차에 따른 권리를 보호하면서도 다른 한편으로는 범죄인을 조사하고, 처벌하는 근거와 절차를 제시하는 것이다. 미란다 판결은 무고한 피의자를 희생하더라도 수사권에 우선권을 주어오던 시스템에 균형점을 제시한 것이라고 볼 수 있다.[6] 수 세기에 걸쳐 자백과 관련하여, 극단적인 고문을 허용하는 단계에서 완화된 고문을 허용하는 단계로, 다시 합리적 형태로 변화하여 왔다. 이러한 합리화가 바로 3급 수사의 근절이다.

수정헌법 제14조에 의하면, 적정절차due process of law에 위배하여 사람의 생명과 자유, 재산을 박탈하면 주에서 재판받은 피고인은 연방대법원에 상고할 수 있다. 그리고 이러한 자백을 허용하는 것이 잘못이고, 적정절차에 위배된다고 주장할 수 있다. 그러나 연방대법원은 여기에 개입하는 것을 주저해 왔다.[7] 1934년 3월 30일 미시시피에서 세 명의 흑인 피의자가 체포되어 기소되어 재판을 받고 사형에 처해졌다. 검사가 제출한 유일한 증거는 자백이었다. 변호인은 부보안관이 포함된 군중이 고문을 가하여 자백했다고 주장했다. 군중들은 자신들이 요구하는 대로 진술할 때까지 피의자를 채찍질하고 매달았고, 그래서 결국 자백했다. 피의자들에 따르면, 옷을 모두 벗기고, 의자에 눕혀서 가죽 채찍으로 등살이 다 도려내질 때까지 채찍질했다. 그리고 자백하지 않으면 채찍질은 이어졌고, 그들이 원하는 형태로 자백은 수정되었다. 고문에 참여했던 부보안관을 증인으로 소환하여 그가 보는 가운데 얼마나 심하게 채찍질했는지 물었다.

그러나 부보안관은 태연하게 "흑인치고는 그리 심하지 않았습니다. 저한테 맡겨졌으면 더 심했을 겁니다."라고 증언했다. 주대법원이 이러한 자백에 의하여 피고인들이 유죄라고 확정한 것은 잘못이었다.

1930년대 초 연방대법원은 3급 수사를 비난하였다. 예컨대 브라운 사건에서 경찰은 심한 채찍질과 더불어 유체적 폭력을 행사하여 피의자로부터 자백을 받아냈다. 결국 세 명의 흑인이 자백하였는데, 법원은 그런 자백은 허용할 수 없다고 판시하였다. 1940년 체임버스 사건에서 법원은 이러한 범죄를 덜 위협적인 경우까지 확대한다. 장기

간 조사하여 지치게 만들고, 수시로 협박하고, 피의자의 접견을 차단하는 것 등이다.

그러나 이런 와중에서 법원은 일관되지 않은 태도를 보인다. 1944년 애시크래프트 사건에서 애시크래프트는 36시간 계속해서 처의 죽음과 관련해서 조사받았다. 경찰은 교대로 조사했고, 하루 반나절 동안 단지 5분만 휴식 시간이 주어졌다. 휴고 블랙Hugo Black 판사는 조사의 강도와 시간을 고려할 때 본질적으로 강제성이 있고, 이는 정신적 자유에 위배되며, 혼자 있는 피의자가 감내할 수 있는 수준이 아니라고 보았다. 그러나 로버트 잭슨 판사는 반대 의견에서 비록 과도한 압력이 있더라도 무고하다면 견딜 수 있다고 보았다.

1944년 애시크래프트 판결을 한 지 한 달 후 라이온스 사건Lyons v. Oklahoma에서 반복된 조사에도 불구하고 자백할 때 정신적으로 자유가 있었다고 보았다. 피고인 라이온스와 다른 한 명은 한 명의 남자, 한 명의 여자, 네 살된 아이의 살인죄로 조사받았다. 라이온스는 체포되어 두 시간 동안 조사받았고, 열하루 동안 외부와의 연락이 단절되었다. 그 후 최소한 여덟 시간 동안 조사받았으며 육체적 폭행과 협박이 있었다. 피해자 유골도 보게 하였고, 그래서 결국 자백하였다.

변호인의 도움을 받을 권리

변호인의 도움을 받을 권리는 수정헌법 제14조를 통해, 법정형이 사형에 해당하는 범죄의 경우 주에도 적용되었다. 1963년에 이르면 모든 중범죄에도 적용되었다. 1964년에 메시아 사건Massia v. United States에서 피고인 메시아Massiah는 연방 마약법 위반으로 기소되었다. 메시아는 변호인을 선임하고 무죄 답변을 한 뒤 보석으로 풀려났다. 경찰에게 협조하기로 한 공범은 메시아를 차량으로 불러들여 사건에 대해서 얘기하게 하였다. 그때 경찰은 도청기로 그들의 대화를 듣고 있었다. 대화 도중 메시아는 범죄 사실을 시인하는 말을 하였고, 재판에서 증거로 제출되었다. 메시아는 상고를 제기하였고, 연방대법원은 이러한 자백은 변호인 없이 한 것이어서 위법하다고 판시하였다. 나아가 연방대법원은 피의자가 기소될 때부터 이러한 보호를 받을 권리가 있다고 판시했다. 그 후 연방대법원은 공식적인 고소나 고발, 예비심문, 기소, 약식 기소, 기소 인부 절차를 막론하고 사법 절차가 시작되는 때부터 변호인의 도움을 받을 권리가 있다고 판시했다. 메시아 사건에서 연방대법원은 수정헌법 제6조에 의하면 변호인이 없는 가운데 얻어낸 피고인의 자백은 허용되지 않는다고 판시하였다. 이 판결에서는 기소된 경우로 한정하므로 기소 전에 이루어진 자백에 대하여 지침을 제시하지 못하였다.

1964년 에스코베도 판결에서 경찰 조사 시 변호인 참여권이 공식적으로 인정되었다. 피고인 대니 에스코베도Danny Escobedo의 이복형제 매누얼 발티에라Manuel Valtierra가 1960년 1월 19일 총을 맞아 살해되었다. 에스코베도는 그 다음 날 아침, 영장 없이 체포되고 조사받았다. 에스코베도는 묵비권을 행사했고, 그 다음 날 풀려났다. 공범 베네딕트 디제르란도Benedict Digerlando는 구속되어 있었는데 경찰관에게, 피해자가 에스코베도의 누이를 학대하여 에스코베도가 총을 쏘았다고 말했다. 1월 30일 경찰은 에스코베도와 그의 누이 그레이스Grace를 체포하였다. 경찰서로 가는 도중 경찰관은 공범이 한 말을 넌지시 말하면서 자백할 것을 종용하였다. 에스코베도는 거절하면서 변호인을 불러달라고 하였으나 경찰관은 거절했다. 에스코베도의 변호인은 경찰서로 와서 접견해 달라고 요청하였으나 이 역시 거절당했다. 경찰과 검사는 에스코베도를 열네 시간 반 동안 조사했고, 마침내 에스코베도로부터 자백을 받아냈다.[8] 경찰에서 구금되어 조사받는 것은 '본질적으로'inherently 강제성이 있으므로 법원은 에스코베도 판결에서 수정헌법 제5조에 따라 변호인의 도움을 받을 권리를 부여했다. 연방대법원은 "수정헌법 제5조에 따라 변호인의 도움을 받을 권리를 부여하는 것은 조사받기 전에 변호인과 상의할 뿐만 아니라 조사받는 동안 변호인이 입회할 수 있도록 하기 위함이다."라고 밝힌다.

본질적 강제성

조사에 있어 물리력을 행사하는 것은 헌법 원칙에 반하므로 허용되지 않는다. 애시크래프트 사건[9]에서 연방대법원은 수사의 '본질에 있어 강제성'inherent coercion이 있는 경우에는 그러한 수사에 의해 얻은 증거는 허용되지 않는다고 판시하였다. 애시크래프트는 처를 살해한 혐의가 있었다. 그는 토요일 저녁에 체포되었고, 월요일 아침까지 노련한 수사관이 번갈아 가며 신문하였다. 결국 월요일 아침에 자신이 살해했음을 의미하는 진술을 했다. 조사받을 때 조명이 없었고, 물리력 행사도 없었다. 애시크래프트가 담배와 음식물, 음료수를 달라고 하자 조사관들은 친절하게도 가져다 주었다. 연방대법원은 원심법원의 판결을 파기하면서, 수정헌법 제5조가 보장하는 묵비권은 조사시 어떤 형태의 강제나 압력도 금지한다고 밝혔다. 체임버스 사건[10]도 비슷하다. 네 명의 흑인이 백인 노인에 대한 강도와 살인 혐의를 받고 영장 없이 체포되었다. 그들은 적대적 분위기에서 며칠간 조사를 받았고, 결국 자백하였다. 이 자백은 재판에서 가장 핵심 증거로 제출된다. 결국 피고인들은 사형을 선고받았다. 연방대법원은 "이러한 구금과 조사 상황에 처해지고, 피고인들이 이로 인하여 공포와 두려움으로 인해 잘못 자백한 것이다."라고 판시하였다.[11]

카미자르의 영향

1978년 여름에 듀크 로스쿨은 헌법적 형사소송에 대한 다양한 연사들을 초청하여 회의를 개최했다. 그들 중 한 연사가 '워렌 법원의 형사소송 혁명은 반발을 가져왔고, 그 결과 피고인이 더 불리해졌다'고 주장했다. 그 연사는 자신의 주장을 더 극적으로 표현하기 위해 "예일 카미자르Yale Kamisar는 적입니다."라고 말하는 것으로 연설을 마쳤다.

그러자 회의 사회자는 "예일 카미자르는 다른 무엇보다 부정의에 대한 적입니다."라고 서둘러 마무리하였다.

카미자르 교수를 모르는 사람은 미란다 판결을 논평한 주석자보다 왜 법학 교수가 그렇게 높게 평가되거나 비난의 대상이 되는지 의아해 할 것이다.[12] 카미자르의 연구는 워렌 법원이 판결을 이끌어 내는데 지대한 영향을 미쳤다. 카미자르의 경찰 조사에 대한 1960년대의 논문은 미란다 판결의 근간이 되었고, 그로 인해 카미자르는 '미란다의 아버지'father of Miranda란 애칭을 갖게 됐다.

카미자르는 1942년의 베츠 판결(연방대법원은 이 사건에서 가난한 피고인이 주에서 기소될 때에는 국선 변호인 선임권이 인정되지 않는다고 판시하였다. 이 판결은 기드온 판결에서 파기된다)[13]을 비판하였다. 이 사건에서 가난한 베츠는 변호인 없이 기소되었다. 베츠 판결은 그 후 기드온 사건에서 만장일치로 파기되었다.

1961년 7월 3일 자정 무렵부터 오전 8시 사이에 플로리다 파나마시에서 강도 사건이 발생했다. 한 범인이 문을 부수고 담배 기계와 카세트를 부순 뒤 현금출납기에서 돈을 훔쳤다. 하루가 지나지 목격자가 나타나서 기드온Clarence Earl Gideon이 그날 아침 5시 반쯤 포도주병을 들고 돈을 지갑에 넣는 것을 보았다고 말했다. 그러자 경찰은 기드온을 체포했다. 기드온은 가난해서 변호인을 선임할 형편이 안 되어 혼자 재판을 받았다. 플로리다 법원은 기드온에게 국선 변호인을 선임해 주지 않았으며, 기드온은 홀로 억울하다고 다투었다. 그러나 배심원은 유죄라고 평의했다. 연방대법원은 기드온에게 유명한 워싱턴 지역 변호사 에이브 포르타스Abe Fortas를 국선 변호인으로 선임했다.[14] 기드온 사건은 카미자르 교수가 베츠 판결의 오류를 지적한 논지를 따르고 있다. 카미자르 교수의 논지는, 변호인 없이 재판받는 것은 공정한 재판을 받을 권리를 침해한다는 것이다. 또한 수정헌법 제4조의 적정절차에 근거하고 있는 증거 배제법칙에 대한 카미자르 교수의

───────── 예일 기미지르 교수의 연구는 워렌 법원이 미란다 판결을 이끄는 데 지대한 영향을 끼쳤다. 경찰 조사에 대한 카미자르의 논문은 미란다 판결의 근간이 되었고, 그로 인해 카미자르는 '미란다의 아버지'란 애칭을 갖게 된다.

논문은, 증거 배제법칙에 대한 리딩 케이스인 맵 판결[15]을 이끌어 냈다. 형사소송법 학자인 카미자르 교수는 피고인의 헌법상의 권리와 형사소송의 현실과의 간격을 문학적으로 다음과 같이 묘사한다.

법정이란, 단 아래에 변호인이 서 있고, 검사가 기세를 떨치는 곳이다. 그러나 이렇게 안전하고 편안하고 대단한 궁전에 서기까지 피고인은 도대체 무슨 일을 겪어야 하는 걸까? 아, 지우개라도 있으면 좋으련만. 잠궈진 경찰 조사실 안에서 훨씬 덜 가식적인 절차를 거쳐야 한다!

미국 형사소송에서 이러한 관문이란 … 국가의 적으로 간주되어 인격이 박탈당하고, 구금당한다. 그리고 잘 숙련된 방법과 수법이 동원되며, 피의자의 뒤를 밟고, 궁지로 몬다. 이상理想이란 멀리 떨어져 있고, 공권력은 특권을 누리며, 무죄를 입증하는 것이 힘들다는 현실에 직면하게 된다.

제7장

연방대법원의 재판

미란다 사건의 구두 변론

1965년 11월 연방대법원은 미란다 판결을 심리하기 위한 변론을 열기로 결정했다. 미란다와 관련된 사건은 두 건이지만 다른 세 건의 사건도 에스코베도 판결을 잘못 이해하고 있다는 취지에서 같이 심리하기로 했다.[1] 미란다 사건의 구두 변론은 열 명의 법률가가 한, 사흘간의 280쪽 기록으로 남아 있다. 아홉 명의 대법원 판사의 수백 개의 질문에 대하여 유능한 법률가가 답변했다. 열네 개의 변론 요지서가 제출되었다. 이 요지서는 수백 쪽에 이르고 쟁점, 변론, 법철학에 대해서 다루고 있다. 여느 사람들이 알고 있는 것과 다르게, 사건 번호 759번의 미란다 대 애리조나 사건은 1965년과 1966년 사이 연방대법원의 10월 변론기일의 가장 낮은 번호가 아니다. 캘리포니아 대 스튜어트 사건 번호는 584번이다. 그러나 미란다 사건의 구두 변론은 가장 영향력 있고, 가장 큰 반향을 불러왔다.[2]

연방대법원의 구술 변론은 대개 1년 단위로 미리 정해진다. 오전 10시, 11시 각 사건당 1시간의 구술 변론 시간이 주어지고 필요에 따라 오후 기일이 열리기도 한다. 연방대법원에서의 변론은 일정한 요건을 갖추어 변론 자격을 허가받은 변호사만이 할 수 있다.[3] 우리의 형사 재판은 마치 무성영화와 같다고 비유된다. 그런데 미란다 재판의 구두 변론에 대한 기록을 살펴보면 판사와 양 당사자의 대리인이 마치 격렬한 토론을 벌이고 있는 듯 보인다. 이와 같이 미국 연방대법원에서 활발하게 토론이 이루어지게 된 연유는 몇 가지로 생각해 볼 수 있다.

첫째는, 재판에 참가한 방청객을 포함해서 누구라도 그 내용을 알 수 있도록 구두에 의해 진행되어야 한다는 **구두주의**에 따라 충실하게 진행하기 때문이다. 물론 우리나라 형사소송에서도 구두주의를 천명하고 있지만 실제 형사 재판에서는 이 원칙이 잘 지켜지고 있지 않다.

둘째는, 재판에서의 증거의 제출은 서류보다는 증인의 **생생한 증언**을 원칙으로 한다는 증거법의 원칙에 충실하기 때문이다. 우리의 경우, 피고인이 재판에서 범죄 사실을 부인하면 증인을 소환하긴 하지만 수사 기관이 작성한 서류인 '조서'를 확인하는 절차로 이어지는 경우가 많다. 물론 미국 연방대법원의 경우, 법률심이므로 증거 제출이 이루어지는 것이 아니기에 두 번째의 이유는 그 근거가 되지 못한다.

셋째는, 오랜 **수사학의 전통**을 들 수 있다. 서구의 수사학의 기원은 고대 그리스의 법정에서 한 변론에서 찾을 수 있다. 굳이 아리스토텔레스의 『수사학』*Rhetoric*, 키케로의 『연설가』*De Oratore*의 예를 들지 않더라도 법정에서의 연설과 구두 변론은 서구 사회의 오랜 전통이라고 할 수 있다.[4] 이러한 전통의 근저에는 다음과 같은 사고가 자리잡고 있다. 즉 법적 판단이란 법관만이 하는 '고뇌에 찬 사고 활동' 영역이라고 바라보지 않는다. 다시 말해 판결의 대상이 되는 사람과 법의 집행을 바라보는 국민의 관점에서 바라보아야 한다는 것이다. 또한 이렇게 함으로써 판결의 민주적 정당성도 획득된다고 본다. 나아가 재판이란 제도를 판결에 승복할 수 있는 합리적 토론의 장으로 인식하고 있으며, 이러한 역사적 전통이 면면히 이어져 오고 있는 것이다.

존 플린John J. Flynn

미란다 사건과 같이 심리하는 사건의 구두 변론 기일은 1966년 1월 28일 월요일에 잡혔다. 다섯 개의 사건이고, 양 당사자가 구두 변론하므로 사흘이 걸렸다. 당시는 양 당사자에게 변론 시간을 1시간 30분씩 허용했다.[5] 대리인이 구술 변론이 시작한 지 5분쯤 지나면 대법원 판사가 질문한다. 대법원 판사는 상고 이유서를 미리 읽어 오므로 상고 이유서에 기재되어 있지 않은 궁금한 사항을 질문한다. 법무부의 송무차관solicitor general은 국가를 당사자로 한 사건에서 국가를 대리하여 변론한다.

법학자인 존 프랭크는 자신이 상고 허가 신청서를 작성했지만 미란다를 위한 구두 변론은 좀 더 변론 기술이 능수능란한 사람이 하는 게 낫다고 생각했다. 그래서 파트너인 존 플린John J. Flynn이 구두 변론을 맡게 된다. 플린이 변호인석에 섰을 때는 월요일 오전 10시였다. 당시 공화당 대통령 아이젠하워가 지명한 4명의 대법원 판사인 대법원장 얼 워렌, 윌리엄 브레넌William Brennan, 존 마셜 할랜 2세John Marshall Harlan II, 포터 스튜어트Porter Stewart가 있었다. 또한 민주당 대통령 루스벨트가 지명한 대법원 판사 윌리엄 오 더글라스William O. Douglas, 휴고 블랙Hugo Lafayette Black, 그리고 민주당 대통령 트루먼이 지명한 톰 클락Tom Campell Clark, 민주당 대통령 케네디가 지명한 바이런 화이트Byron White, 민주당 대통령 존슨이 지명한 에이브 포르타스Abe Fortas가 있었다.

『더 나인』The Nine에서 제프리 투빈Jeffrey Toobin은 이들 대법원 판사에 대하여 다음과 같이 소개하고 있다.[6]

윌리엄 브래넌은 1956년 아이젠하워 대통령에 의해 임명된 가톨릭 교인이다. 워렌 법원의 진보 진영의 지적 리더로 활약했다. 존 할랜은 1955년 아이젠하워 대통령에 의해 임명된 정통 법관이다. 워렌 법원 시기의 가장 확실한 보수주의자로서 사법 억제주의(혹은 '사법 자제주의')의 신봉자였다. 흑백 분리를 합헌으로 선언한 플래시 판결에서 반대 의견을 쓴 할랜 대법원 판사의 손자다. 포터 스튜어트는 예일 대학 출신으로 연방 순회법원 판사로 재직하다 아이젠하워 대통령에 의해 대법원 판사로 임명되었다. 바이런 화이트는 예일 법대를 최우등으로 졸업하였고, 재학 중에 프로 풋볼 선수로도 명성이 자자했다. 콜로라도 변호사로 활동하다 영국 유학 때 인연을 맺은 케네디 대통령에 의해 마흔네 살에 대법원 판사로 임명되었다. 에이브 포르타스는 전임자 아서 골드버그 후임으로 존슨 대통령에 의해 임명되었다. 존슨과 친한 친구로 존슨의 법률 고문을 지냈다. 워렌 대법원장 후임으로 지명되었으나 상원의 반대로 자진 철회하였다.

제프리 투빈이 소개하지 않은 나머지 두 명의 대법원 판사, 휴고 블랙과 톰 클락은 다음과 같은 인물이다.

휴고 블랙은 미국의 정치인이자 법조인이다. 민주당 당원으로 앨라배마를 대표하는 상원의원으로 재임하였다. 프랭클린 루스벨트 Franklin D. Roosevelt 대통령에 의해 대법원 판사로 임명되있다. 휴고 블랙은 20세기 연방 대법원 판사 중 가장 영향력 있는 인물로 평가된다. 가장 오랫동안 재임한 대법원 판사 중 한 명으로, 원전주의자 textualist('원전주의'란 법률을 해석할 때 법률이 제정된 당시의 원래의 의미에 충실하게 해석하자는 입장을 말한다. 그래서 입법 취지 등 원전에 나와 있지 않은 것을 고려해서는 안 된다고 주장한다)이다. 또한 시민 자유의 지지자로 평가된다. **톰 클락**은 1945년부터 1949년까지 연방 검찰총장으로 재임하였고, 1949년부터 1967년까지 대법원 판사로 재임하였다. 프랭크 멀피Frank Murphy 대법원 판사가 갑자기 사망하자 트루먼Truman 대통령은 톰 클락을 대법원 판사로 임명하였다. 민권과 관련하여 톰 클락은 법 집행 기관을 지지하였다.

일반인의 상식이나 실증 조사에 의하면 민주당 대통령이 임명하는 판사는 피고인의 권리를 옹호하고, 공화당 대통령이 임명하는 판사는 경찰을 지지한다. 그러나 아홉 명의 판사 중 몇 명은 이와 달랐다. 공화당이 임명한 두 명은 후일 미란다를 옹호했고, 민주당이 임명한 두 명의 판사는 애리조나 주정부를 지지했다.[7]

존 프랭크는, 존 플린으로 하여금 구두 변론을 하도록 하였으나, 플린은 미란다 사건 전까지 전국적으로 유명한 인물은 아니었다. 그러나 법조계에 신망이 있었고, 열정적으로 변론했다. 플린의 변론은 설득력이 있고, 플린의 변론은 쉽게 반박하기 어렵고 진지했다. 플린은 진지함과 겸손함을 겸비한 인물이었다. 변론 요지서는 프랭크와 플린이 같이 썼지만, 구두 변론은 명료하고, 신속하고 임기응변으로, 진심어린 표현으로 해야 한다. 후일 플린이 법정에 설 때마다 언론인, 재판 참관인, 로스쿨 학생 등이 만석을 이루었다. 최후 변론을 할 때마다 플린의 웅변을 들은 입석 방청객은 감동을 받았다. 사실 미란다 재판 때 플린의 구두 변론은 너무 위대하여 1994년 미국의 「우리 시대」Our Times란 잡지는 지난 4반세기를 정리하면서 플린을, 삶의 방식

을 바꾼 열 명 중 한 명으로 이름을 올렸다.[8]

플린의 구두 변론

1966년 1월 28일 오전 10시에 플린이 어떻게 변론을 했는지에 대해서는 영상 기록이 없다. 그러나 상고인 어네스토 미란다Ernesto A. Miranda, Petitioner 대 피상고인 애리조나 주The State of Arizona, Respondent 상고 사건의 구두 변론 기록의 전문이나 육성 파일은 웹사이트를 통해 보고 들을 수 있다.[9] 또한 당시 재판에 참가하여 기록한 글이나 자서전, 그리고 재판에 참여한 사람들을 인터뷰한 글 등을 통해 당시 재판 상황을 재현해 볼 수 있다.

모두 진술 때 판사에 따라서는 변호인의 진술을 중단시키기도 한다. 예를 들어 렌퀴스트 대법원장의 경우, 상고 허가 신청인의 변호인이 평균 111개의 단어와 세 문장을 말하였을 때 중단시켰다. 그러나 존 플린 자신은 중단당함 없이 모두 진술을 할 수 있으리라고 기대했다.

플린은 두 가지를 목표로 삼았다. 첫째는, 아홉 명의 판사가 플린의 논지의 핵심을 파악하는 데 다가가도록 변론의 골격을 짜는 것이다. 대부분의 미국 시민은 경찰에서 조사받을 때 변호사의 도움을 제대로 받지 못하고 있다. 둘째, 앞으로 권리 고지를 하는지 여부가 아니라 언제 권리 고지를 하는지 확실하게 하려고 하였다. 기드온, 에스코베도 등의 판결은 경찰이 언제 피의자에게 권리 고지를 해야 하는

지에 대한 필요성을 제기했다. 비록 법에서 고지하도록 명시하고 있더라도 법집행의 실무에 있어서 공정하고 지속적으로 적용될 필요가 있었다. 권리 고지의 시기에 대한 문제가 풀린다면 프랭크와 플린은 묵비권에 대한 실제 장애물이 없어질 것이라고 내다보았다.

이러한 목표를 담고 변론 시간이 매우 짧다는 사실을 염두에 두고, 대법원 판사들이 수시로 질문하게 되면 원래의 변론 취지에서 벗어날 수도 있다는 사실도 고려해야 했다. 플린은 사건의 사실에 대한 개요를 설명하고, 군더더기 없이 자백의 허용성에 대한 쟁점을 설명하고, 피고인의 자백은 변호인이 없는 가운데 이루어졌다는 사실을 강조했다.

플린은 재판의 대상이 된 사건에 대해 설명하고 이어 쟁점을 설명하는 순으로 구두 변론을 시작했다.

"대법원장님, 본 변호인은 다음과 같이 변론합니다.

이번 사건은 피고인에 대한 강간과 강도라는 두 개의 범죄 사실에 대한 판결을 다루고 있습니다. 이 판결에서 원심법원은 피고인에게 단기 20년, 장기 30년의 징역을 선고했고, 현재 피고인은 그 형을 살고 있습니다.

본 변호인은 혹시나 있을 혼동을 피하기 위해 피고인이 완전히 구별되고 별개인 사건에 대하여 병행 심리를 받아 유죄 판결을 받았다는 사실을 언급하고자 합니다. 애리조나 주대법원은 이 사건을 병행 심리하는 사건으로 처리해서 판결을 선고했고, 그래서 강도 사건 기록과 다른 사건 기록이 나란히 있지만 모두 재판의 대상이 되고 있다는 사실을 말씀드립니다.

　지금 재판하고 있는 사건의 쟁점은 피고인의 자백을 증거로 허용할지 여부입니다. 다시 말해 변호인이 참여하지 않은 가운데 이루어진 자백에 대하여 원심법원의 변호인이 이의를 제기한 것에 대한 것입니다.

　원심법원의 판결은 1963년 6월, 자백의 허용성을 다룬 에스코베도 판결이 나기 전에 선고되었습니다. 애리조나 주대법원은 에스코베도 판결이 선고된 후인 1965년 4월 이러한 자백을 증거로 허용하고, 원심법원의 판결을 다시금 확인하였습니다. 이러한 애리조나 주대법원 판결을 다시 검토하자는 것입니다.

　피고인은 스물세 살이고, 스페인계 미국인입니다. 1963년 3월 13일 아침, 피고인은 자신의 집에서 체포되었고, 경찰관 영과 쿨리에 의해 경찰서로 연행되었습니다. 경찰서에서 피고인은 곧바로 범인 식별 절차를 밟았습니다. 여기서 피고인은 강도 사건의 범인으로 지목되었습니다. 경찰은 피고인을 11시 30분쯤 조사실로 데려갔고, 오후 1시 반쯤 피고인으로부터 구두 자백을 받아냈습니다.”

　플린은 요약하여 변론한다. “기록에 의하면 본 변호인은 미란다가 조사를 받으면서 자백하기 전에 묵비권과 변호인 선임권, 변호인과 상의할 권리를 고지받지 않았다고 봅니다.” 그런 후 왜 변호인이 없다는 사실이 강소되어야 하는지 변론하였다.[10] 플린으로서는, 미란다가 가난하고 제대로 교육받지 못한 계층이라는 사실을 강조할 필요가 없었다. 그리고 대다수의 피의자가 헌법상의 권리에 대하여 제대로 알지 못하고 있음도 굳이 설명할 필요가 없었다. 변론을 마무리하면서 플린은 피의자가 수사의 객체가 되어서는 안 되고, 수사에 빛을 비추는 발상의 전환이 필요하다고 강조했다.

플린은 피고인이 체포되어 구속된 채 경찰서에 갔고, 즉시 범인 식별 절차를 밟았다고 말한 뒤, 피고인이 신원 확인을 받은 즉시 경찰관에게 자백했음을 강조했다.

"오전 11시 30분경,", "그리고 1시 30분에 경찰관은 미란다로부터 구두 자백을 받아냈습니다."

시간 간격을 언급하며, "피고인은 경찰관에게 범행한 사실이 없다고 말했고, 그럼에도 오후 1시 30분에 자백했습니다."

플린은, "기록을 통해 볼 때 조사받을 동안과 자백을 하기 전에 묵비권과 변호인 선임권, 변호인과 상의할 권리에 대해 고지받지 않은 것으로 보입니다."

프랭크는 그로부터 몇 년 후 이 장면을 회상한다. 이 때 플린은 잠시 대법원 판사들의 얼굴을 물끄러미 바라보면서 대법원 판사들이 사건에 대한 쟁점을 파악하고 있는지, 혹시 의문을 표시하는지 살폈다. 이런 기색이 보이지 않았고 아무도 질문하지 않자 플린은 미란다와 에스코베도의 차이점을 요약한다. 첫째, 플린은 피고인에게 자백서에 서명하라고 한 뒤 타이핑되어 있는 문서를 경찰관이 내밀었다고 설명한다. 그런 후 "조사 기간 내내 피고인은 변호사를 요청하지 않았습니다."라고 강조했다. 이때 다시 플린은 질문이 있는지 살폈으나 아무도 질문하지 않았다. 그래서 쟁점에 대하여 계속해서 설명했다. 플린은 피의자를 체포하지 않거나 조사하지 않으면 문제될 게 없지만 미란다가 조사를 받을 때에는 미란다와 경찰과 쿨리는 대립되는 당사자라는 사실을 강조했다. 그러자 마침내 질문이 나왔다.

"당사자주의 절차로 인식할 때란 수사의 초점이 언제일 때를 말하나요?" 포터 스튜어트 판사가 말문을 열었다.

"그 결과란 무엇인가요, 예를 들어 변호인 선임권을 말하는 건가요?"

물론 이 질문은 플린이 원하는 질문은 아니었다. 이 질문은 직접적으로 쟁점을 다루고 있다. 이에 대해 플린은 당황하거나 거부 반응을 보이지 않았다.

플린은 "피고인이 애리조나 현행 주법에 따른 자신의 권리를 알 때입니다.", "수정헌법 제5조의 권리를 주장할 만큼 피고인이 부유하거나 학식이 있을 때입니다."라고 대답했다.

이는 수정헌법 제6조가 아닌 제5조에 대한 대담한 주장이고, 파우엘Powell 판결Powell v. Alabama, 1932, 기드온 판결, 에스코베도 판결과 차별화된다. 파우엘 사건에서 연방대법원은 앨라배마에서 발생한 두 명의 백인 여사를 상간한 사건에서 무지하고 문맹인 흑인 청년에 대한 유죄 판결을 파기하였다. 다수의견에서 법원은 변호인의 도움을 받을 권리는 공정한 재판을 위한 피고인의 기본권이라고 밝혔다. 따라서 판사는 피고인에게 이러한 권리가 있음을 고지해야 하며, 나아가 피고인이 변호인을 선임할 형편이 안 되면 법원은 재판 전에 피고인에게 국선 변호인을 선임해 주어야 한다고 판시하였다.

역사적으로 볼 때 변호인 선임권은 수정헌법 제6조의 보호 아래 고지되고, 인정되고 지지되어 왔으며, 미란다에게도 쓰여진 문구로 제시되었다. 플린의 대담한 주장은 화구에 불을 지폈다. 플린은 법정 밖에서는 내성적인 사람이지만 법정 안에서는 딴판이다. 경력이 짧은 변호사는 이런 주장하기를 주저하고, 자신이 지나치지 않은가 조심한다. 그러나 플린은 계속 변론했다.[11]

"미란다와 같은 형편과 환경, 다시 말해 배우지 못하고, 정신적으로 이상이 있고, 가난한 사람에 대하여, 바로 이때 수정헌법 제5조의 권리를 확대해서 변호인의 도움을 받을 권리를 보충시켜 주어야 한다고 봅니다."

스튜어트 판사는 플린이 목표로 하는 것에서 벗어나려고 시도한다. 스튜어트는 직설적인 플린의 말투와는 대조적으로 공손한 말투로 질문한다.

"다시 말하지만, 불평하는 게 아닙니다."

플린은 "죄송하지만 이러한 권리를 정의내리는 게 무엇보다 중요하다고 보는데요, 이 시점에서, 피고인의 헌법상의 권리 말이죠. 누군가 피고인의 권리를 알려주지 않는다면 피고인이 그러한 권리를 알 수 없다는 겁니다."

'누군가'란 것이 모호하므로, 스튜어트 판사는 경찰이 변호사와 같은 역할을 할 수 없지 않겠느냐고 보는 듯했다. 플린은 "제 견해를 말씀드리면,", "어네스트 미란다가 상의할 사람은 변호사입니다."라고 말했다.

이 논쟁에서 스튜어트 판사가 이겼는지 아니면 플린이 이겼는지는 분명하지 않다. 스튜어트 판사의 다음 질문은 간단했는데, "그런 상황에서 변호사가 어떤 권리를 알려주어야 하나요?"

다른 변호사 같으면 어물쩍거리겠지만 플린은 그렇지 않았다. 여기에 대한 답변이 미국 시민이 잘 알고 있고 법원의 판결 이유로 나타난 미란다 고지다. 피의자에게 묵비권이 있다는 사실, 임의로 답변한다는 사실, 그리고 자신이 한 진술이 나중에 재판에서 불리하게 쓰일 수 있다는 사실을 언급했다.

> "경찰 질문에 답변하지 않을 권리가 있고, 법정에서 피고인을 변호할 변호사를 언제든 요구할 권리를 말합니다. 그리고 가난해서 변호인을 선임할 형편이 안 되면 국가가 변호인을 선임해 준다는 사실을 말합니다."

이때가 역사적 순간이었다. 아무도 이때까지 '미란다 고지'Miranda warning로 불리는 주장을 공개 법정에서 하지 않았다. 기드온 판결 후 대부분의 주는, 형사 사건에서 변호인 선임권이 피고인의 기본권이라는 사실을 염두에 두고 있었다. 기드온 판결은 이 권리는 모두 주에 적용되어야 한다고 하였고, 1964년 에스코베도 판결에서 이러한 변호인 선임권을 수사 단계까지 확장하였다. 그러나 플린이 변론하기 전까지 아무도 이러한 권리가 구금되어 조사받는 피의자에게 주어져야 한다고 주장하지 않았다.[12] 스튜어트 판사나 그날 법정에 있었던 누구도 플린이 한 답변이 중대하다는 사실을 알지 못한 것으로 보인다. 스튜어트 판사는 자신의 입장을 각인시키지 못했다. 단지 자백이 임의적인 것이 아니었는지에 대한 주장인지 물어보았으며, 자백을 허용하는 것이 옳은 것인지에 대해서만 초점을 맞추고 있었다. 플린이 이러한 질문을 진지하게 받아들였다면 '강제성'이 있는지에 대한 논의로 쟁점을 바뀌게 할 것이고, 소중한 시간을 허비했을 것이다.

그러나 플린은 논점을 다시 강조하고 훌륭한 솜씨를 발휘했다. 강제는 없었다고 말한 뒤, "전혀 없었습니다."라고 프랭크가 변론 요지서에서 언급한 대로 말했다. '만약 미란다가 강제로 자백한 것이 아니라면 연방대법원이 왜 피고인에게 권리 고지를 하는 시점을 다루어야 하나?'가 플린의 논점이었다.

이어 블랙 판사가 물었다.

"플린 변호사님, 수정헌법 제5조에 대해 질문을 하나 할까요? 수정헌법 제6조는 잊어버립시다. 수정헌법 제5조에서는 아무도 자신에 대하여 증인으로 강요되지 않는다고 밝히고 있습니다. 이 조항은 변호인의 도움을 받을 권리와 관련이 없습니다.

변호인께서 이 법정에서 여러 번 언급한 것으로 보입니다만, 진술을 강요받는다는 것을 학식이 있는지 그렇지 않은지, 부유한지, 그렇지 않고 가난한지 등의 피고인의 처지에 따라 판단한다는 것인데요, 이것이

이 조항과 무슨 관계가 있나요. 왜 수정헌법은 부유한 자나 가난한 자, 배운 자나 그렇지 않은 자인지에 따라 보호해 주지 않는 건가요?"

이러한 질문에 대해 플린은 다음과 같이 대답한다.

"확실하고 자신있게 말씀드릴 수 있는 것은 오늘날 애리조나 주대법원이 선언하고 있는 주법과 여기에 따른 원칙은 부유한 자, 교육을 받은 자, 강한 자, 다시 말해 변호사를 선임할 정도로 부유하고, 자신의 권리를 알 정도로 교육을 받았으며, 경찰이 조사할 때 자신의 권리를 주장하고, 맞설 수 있는 사람에게나 적용된다는 것입니다."

블랙 판사는 "총부리를 피의자의 머리에 겨눌 필요가 없다는 말인가요?"라고 약간 너스레떨면서 말했다. 논쟁의 주도권을 변호인이 아닌 판사들이 갖겠다는 심증을 드러냈다. 이때 변호사석에 앉은 프랭크는 과거 선임 판사인 바이런 화이트 판사를 응시했다. 화이트는, "물론 아니지요."라고 말한 뒤 법정 아래를 내려다보며 플린에게,

"변호인의 주장에 따르면 피고인은 강제로 자백한 것이 아니지요?"
"총부리에 의한 게 아닙니다." 블랙의 질문을 그리 염두에 두지 않은 듯 했다.
"피고인은 자신의 권리가 모두 박탈당한 것이고, 자신의 권리를 온전히 알지 못했고, 만약 알았다면 감사했을 것입니다."라고 담담하게 말했다.[13]

184

——————— 휴고 블랙은 프랭클린 루스벨트 대통령에 의해 대법원 판사로 임명되었다. 휴고 블랙은 가장 오랫동안 재임한 대법원 판사 중 한 명으로, 원전주의를 지지했다.

화이트 판사는 더 이상 묻지 않았다. 이때 워렌 대법원장이 끼어든다.

"제가 생각하기로, 이 젊은이에게 '이봐, 당신은 괜찮은 친구군, 당신을 다치게 할 생각이 없어. 우리는 당신 친구야. 범죄를 저질렀다고 말하기만 하면 돼, 그러면 집으로 돌려보내 줄 거고, 기소하지 않을 거야.'라고 말한다면 수정헌법 제5조를 침해한 것인가요? 좀 더 기술적으로 말해서, 강제로 하지 않았다면 유도 신문이 되는 건가요?'라고 물었다.

"그것은 수정헌법 제5조의 권리를 포기하는 것입니다."라고 플린이 대답한다.

붉은 등이 켜졌다. 시간이 다됐다. 그러나 플린은 만족하고 변론대를 나섰다. 플린은 생각했던 것을 밀고 가서 이루었다. 쟁점을 밀고 갔고, 피의자에게 변호인 선임권을 고지해야 하고, 언제 고지해야 하는지도 변론했다. 경찰이 언제 피의자로 보는지에 대해서도 언급했다. 플린은 변론대에서 나오기 전 수정헌법 제5조의 변호인 선임권을 미국 경찰에서의 불평등과 강제성을 해결할 열쇠라는 점을 강조한 것이다.[14]

개리 넬슨 Gary K. Nelson

애리조나 주송무 차장검사인 개리 넬슨은 주의 주장을 밝히기 위해 변론대에 섰다. 쟁점에 대하여 어느 정도까지 변론할 것인지 고민했다. 플린과 마찬가지로 넬슨도 연방대법원에서 구두 변론한 것은 이날이 처음이었다.

미란다의 변호인은 구두 변론을 잘 했으나 주를 대변하는 갤리 넬슨은 그리 잘하지 못했다. 에이브 포르타스Abe Fortas 판사는 "당신은 아직도 부인을 구타합니까?"라는 등의 질문도 하였다.[15] 에이브 포르타스 판사가 질문할 때, 넬슨은 미란다가 자백과 관련된 헌법상의 권리가 효력을 발생하는 것인지에 대하여 제대로 설명하지 못했다. 결국 플린이 제기한 주요 주장이 다시금 상당한 관심을 끌게 된다.

포르타스는, "피고인이 자신의 권리를 고지받았다고 가정해 봅시다."라고 말문을 연다. "검사의 논지대로라면 피고인이 언제 권리를 고지받더라도 차이가 없지 않은가요? 수사를 개시할 때 고지하거나 수사 초기에 고지하거나 자백서에 서명하기에 앞서 고지하거나 무슨 차이가 있는가요?"

넬슨은 포르타스의 가설을 받아들인다는 것이 위험하다는 사실을 잘 알고 있었다. 그래서 곧바로 대답한다. "예. 예컨대 권리 고지가 필요하고, 또 해주어야 한다면 피의자가 진술을 하기 전에 하는 고지는 효과가 있을 것입니다."라고 대답했다.

이어 계속 진술할 기회가 주어진다. 그러나 곧바로 포르타스 판사가 진술을 중단시키고 질문하기를, 변호인이 없는 가운데 자백하기 전에 먼저 피의자에게 권리 고지를 해주면 그러한 자백이 허용될 수 있는지 묻는다.

넬슨이 "아닙니다."라고 재빨리 대답하자 포르타스 판사는 다시 주의 주장을 더 설명해 보라고 말했다.[16] 이때 넬슨은 '사정의 전체'totality of the circumstances 법리를 견지했다. 이 법리에 따르면 근본적 공정성을 침해하는지 여부는 사건별 사정에 따라 판단한다. 그래서 자백이 자유롭고 임의로 이루어졌다는 사정이 인정되면 증거로 허용된다. 그래서 넬슨은 개개 사건의 구체적 사정에 따라, 법원이나 판사나 검사 등 각 처지에 따라, 피고인의 변호인 선임권이 침해되었는지 여부를 판단해야 한다고 주장했다. 따라서 고지를 함에 있어 지식이나 지능, 신문의 길이 등 모든 요소가 중요하다고 결론짓는다.

포르타스는 "피고인 미란다에게 고지해 주어야 한다는 것은 상당히 논의해야 할 부분입니다. 이 점에 동의하나요?"라고 묻는다.

넬슨은 "그 점은 분명 논의가 되어야 하지만, 피고인의 경우 고지받아야 하는 처지에 있지 않다고 봅니다. 왜냐하면 피고인의 정신 상태, 교육 정도에 의할 때 이 점에 대해 더 이상 살펴볼 필요도 없습니다. 피고인은 변호인 선임권에 대해서만 고지받지 않았을 뿐, 나머지는 모두 고지받았습니다. 피고인에게는 변호인이 없었습니다. 피고인이 변호인을 요청하지 않았으므로 선임권이 거부당한 것이 아닙니다. 변호인 선임권만이 고지되지 않았지만 본 검사로서는 피고인이 모든 것을 이해할 능력이 있었다고 봅니다."

당시 넬슨은 이러한 발언이 필요한 것으로 보았겠지만 오히려 손해가 되는 발언이었다. 애리조나 주를 대리하여 넬슨은, 당시 피고인이 자신의 권리를 이해하지 못했음과 변호인 선임권을 고지받지 못했을 가능성을 시인한 셈이다.

사실 넬슨은 플린이 계속 주장해온 논점을 비껴가려고 하였다. 만약 법원이 이와 같은 극단적 입장, 즉 구금된 상태에서 피의자에게 변호인이 선임되어야 한다고 본다면 형법의 집행력에 있어서 중대한 문제가 발생할 것이라는 주장을 계속했다.

넬슨은 "다음과 같은 실증 증거가 있습니다. 법조인 사이에서 피고인의 변호사가 어떤 역할을 한다는 사실은 잘 알려져 있습니다. 피고인을 잘 변호해서 무죄로 이끌거나 잘못하면 유죄로 나아갑니다. 이것이 우리의 제도이고, 이러한 제도가 도입되면 수사는 끝장납니다."

수사 때 변호인이 참여하면 법 제도가 마비될 것이라는 넬슨의 주장에 대해 블랙 판사는 동의하지 않은 듯 보였다.

"글쎄요, 왜 그렇다고 보죠? 무엇 때문인가요? 변호사가 왜 방해가 되는가요?"라고 물었다.

"왜냐하면 … 적정절차에 의하지 않고 피고인의 생명과 자유, 재산이 박탈당해서는 안 되므로 옳고 지당하신 말씀입니다."라고 넬슨은 얼버무리다가 결국 블랙 판사의 말에 동의했다.

"그리고 자신에 대해서 불리한 진술을 강요받지 않습니다."라고 블랙 판사가 강조했다.

블랙 판사의 이 말은 수정헌법 제5조의 묵비권에 따라 피고인은 경찰서에 구금되어 있을 때에도 보호받아야 한다는 사실을 강조한 것이다.

넬슨의 시간이 끝났고, 넬슨은 어느 정도 이루었다고 생각하고 변론대를 나섰다. 플린의 논지에 대해 반박하는 마지막으로 한 간결한 발언이 가장 중요한 부분이었다. 이 발언은 다음으로 하는 검사장 듀안 네드러드Duane Nedrud 발언의 기폭제가 된다.[17]

두안 네드러드Duane R. Nedrud

네드러드 역시 시간을 낭비할 여유가 없었다. 그래서 효율적으로 플린의 논제를 다룬다.

"우리가 부자와 가난한 사람 사이의 형평을 논의한다면, 이것은 무언가 가치 있는 것을 위해 애쓰고 있다는 것을 말합니다.", "경찰과 범죄인 사이의 형평을 얘기한다는 것은 위험한 일이 될 것입니다. 우리는 이 법정에서 경찰과 피고인의 관계를 논의하고 있지 않다는 것을 말씀드립니다."

"우리는 시민과 피고인과의 관계를 얘기하고 있습니다. 우리는 해군과 베드콩과의 관세를 논의해서는 안 되고, 미국과 베트콩과의 관계를 논의해야 합니다."

만약 네드러드가 경찰을 해군에 비유한 것이라면 이는 괜찮은 주장이라고 할 수 있다. 왜냐하면 당시 미국에서는 베트남전과 관련하여 많은 논란이 있었지만 시민들 사이에서는 애국심이 고양되고 있었다. 따라서 이러한 비유는 자연스레 판사들에게 각인될 것이다.[18] 네드러드는 수사 초기에 피의자에게 변호인이 선임된다면 경찰에 타격을 준다고 주장했다. 네드러드는 "형사 사건에서 자백의 사용을 제한하게 되면 앞으로 모든 사건에서, 법정에 제출하는 가장 중요한 증거를 없애버리는 결과를 가지고 올 것입니다."라고 주장했다.

그런 후 네드러드는 자백을 얻기 위해 경찰이 권한을 남용한다고 보는 것은 잘못된 것이라고 주장한다. 경찰은 시민의 종복이고, 경찰은 무고한 시민을 감옥에 보내지 않는다고 말했다. 경찰은 최선을 다해 법을 준수하며, 경찰도 사람이고 완벽하지는 않더라도 범죄를 수사하는 경험과 지식이 축적되어 있다고 말한다.

"우리 법률가는 경찰의 어려움에 귀를 기울여야 합니다.", "우리는 경찰을 향해 무엇을 도와 드릴까요? 라고는 거의 말하지 않습니다."

워렌 대법원장은 당시 만연하고 있는 경찰의 수사 기법을 훤히 알고 있는 듯했고, 그래서 네드러드에게 질문한다.

"법률가로서 질문하자면, 변호인 선임권을 포기하지 않는다면 변호사가 필요하다고 보는데요."라고 묻자 네드러드는 "국가가 피의자에게 변호인을 선임해 준다는 것은 지나친 처사로 보여집니다 … 저는 피의자에게 변호인을 선임하라고 고무시킬 이유가 없다고 봅니다."

워렌 대법원장은 이런 주장에 동의하지 않는 것으로 보였다.

"피의자에게 변호인을 선임해주지 않아야 한다고 보는 건가요?", "변호인이 위협이 되나요?"라고 물었다.

네드러드는 여기에 직접적으로 대답하지 않았다. 그러나 덫에 걸려든 듯 비쳤다. "우리 제도에 의하면, 변호인은 피고인을 석방시키는 것을 임무로 삼습니다."라고 대답했다.[19]

당시 네드러드나 대부분 검사 모두 이런 생각을 갖고 있었을 것이다. 그러나 이러한 생각은 매우 불공정하다. 특히 재판 전 수사 단계에서 법의 잣대를 제거해 버리면 매우 비합리적이다. 당시 법과 질서를 강조하는 세력은 1960년대 점차 늘어나는 진보 세력의 반격을 맞게 되고, 우익 세력은 좀 더 이념적이 되었고, 제도의 근간을 살피지 않게 된다. 피고인이 아닌 국가에게 고도의 입증 책임이 있으며, 변호인이 피고인을 석방하는 데 임무가 있는 것이 아니라 피고인의 헌법상의 권리를 옹호하는 데 있다는 사실을 간과했다. 변호인의 역할은 경찰과 검찰, 판사와 배심원의 권한이 남용되지 않도록 사법 체계를 보호하는 데 있다. 네드러드의 대답은 당시 검사와 피고인의 역할에 대한 극히 편면적인 생각을 여실히 드러내고 있다. 구속되어 수사받는 단계에 있으면 피의사는 실제로는 유죄로 추정된다. 그러나 국가에게 엄격한 입증 책임이 있으므로 피고인은 무죄로 추정된다.[20] 워렌 대법원장은 네드러드가 이러한 주장을 펼쳤지만 신중하게 재판을 진행했다.

워렌은 "변호인의 역할이 피고인을 옹호하는 데 있다는 것이지요?"라고 묻는다.

"그렇습니다."라고 대답했다.

"그렇다면 변호인이 재판에 위협이 되는 인물인가요?"라고 묻는다.

다시 한 번 어떤 심증을 갖고 있는지 드러냈다. 네드러드는 피고인의 변호인은 재판 단계에서 위협이 되지 않는다고 우회적으로 대답한다. "변호인은 그 자체로 위협이 되는 인물이 아닙니다. 그러나 변호인의 임무는 피의자로 하여금 자백을 하지 못하도록 하는 데 있습니다."

"그럼 언제 그런 위협이 없어지나요?"라고 묻는다.

"대법원장님, 변호인이 위협이 된다고 말씀드리는 게 아닙니다."라고 재빨리 대답했다.

네드러드의 주장은 마치 재판 전 단계에서는 변호인을 없애야 하는 듯 비쳤다.

"저는 변호인이 자백을 못하도록 할 것이라는 것을 말씀드리는 것입니다."라고 주장한다. 그리고 피의자에게 변호인을 선임해 주는 것은 이상한 일이라고 주장한다. "만약 우리가 변호인을 선임해 주려고 한다면 체포되기 전이더라도 변호인을 선임해 주어야 합니다. 다시 말하면 살인 사건이 발생하면 범인을 체포해야 하는 순간에도 그렇다는 말이지요."

윌리엄 더글라스 판사는 이 순간을 기다린 듯했다. "매우 중요한 권리가 재판 전의 몇 주나 며칠 사이에 침해당할 수 있지 않은가요?"

라고 묻는다.

　네드러드는 대답하기를 멈추었다. 그러는 사이 발언 시각이 지났고, 자신의 주장을 다시금 강조한다.

　"더글라스 판사님, 헌법 문제로 돌아가보면 '명백하게' 모든 사람은 재판 단계에서 변호인의 도움을 받을 권리가 있습니다. 또한 재판 전 단계에도 있다고 볼 여지가 있습니다. 우리가 변호인 선임권을 인정하는 것과 관계없이 재판에서는 유무죄를 결정해야 합니다. 만약 피의자가 구속된 단계에서 자백하려 할 때 변호인이 참여하면, 유죄로 선고받을 피고인은 거의 없을 것입니다. 우리가 이를 원한다면 이와 같이 될 것입니다."

　그러나 현재의 실증 연구나 통계 자료에 의하면, 네드러드의 예견은 완전히 빗나간 것이다. 판사가 공개적으로 헌법상의 원칙을 포기하려 든다면 이런 불공정한 이론에 놀아나는 꼴이 될 것이다.[21]

쟁점의 요약

사실 미란다 재판 때 했던 플린의 구두 변론은 너무 유명하여 로스쿨의 학습 자료에 자주 등장하고, 이날 있었던 구두 변론의 논리도 자주 인용된다.[22] 이날 있었던 구두 변론의 내용을 토대로 하여 핵심 쟁점을 단순화하여 도식적으로 분석해보면 다음과 같다.

첫째, 애리조나 주대법원의 논리는, 미란다가 자신의 권리를 안다는 내용이 적힌 자백서에 서명했으므로 변호인 선임권을 알고 있었다는 것이다.

둘째, 여기에 대해 플린은, 미란다가 변호인 선임권이란 구체적 권리를 고지받지 못했다고 주장한다.

셋째, 넬슨은 애리조나 주대법원과 같이, 미란다가 자신의 권리를 안다고 쓰인 자백서에 서명했으므로 변호인 선임권을 안다고 주장한 것이다.

넷째, 여기에 대해 플린은, 미란다가 자백서에 서명했지만 그 서류에는 변호인 선임권이라고 구체적으로 명시되어 있지 않다고 재반박한 셈이다.

여기서 애리조나 주대법원의 논리에 어떤 오류가 있는지 살펴보자. 자백서에 자신의 모든 권리를 안다는 문구가 쓰여 있다면 피고인은 자신의 모든 권리를 알고 이해하였다고 추정하는 것이 타당할까? 이러한 논증은 '의도 확대의 오류'의 경우에 해당한다고 볼 수 있다. 다시 말해 미란다가 자백서에 서명했기에 자신의 모든 권리를 '알고' '이해하여' 권리를 '포기'했다고 보는 것은 결과를 가지고 의도를 확대 해석하거나 정당화한 것이다.

마셜Thurgood Marshall

흥미롭게도 구두 변론에 참가한 열 명의 법률가 중 한 명이 마셜이었다. 마셜은 사회적 약자와 소수자를 위해 노력했고, 공립학교에서의 인종 분리에 저항했다.

브라운 사건에서는 아프리카계 미국인 부모를 대리했다. 마셜이 미란다를 지지했을 것이라고 짐작하는 이들이 많겠지만 당시 마셜은 존슨 대통령에 의해 임명된 검찰총장이었다. 당시 마셜은 웨스트오버 사건[23]에서 미국 연방수사국FBI을 대리하고 있었다. 웨스트오버는 미국 연방수사국에 의해 구금되었는데, 장기 신문이 사건의 쟁점이었다. 마셜은 판사들에게 피의자에게 완전한 권리 고지를 해주어야 하는지 물었다. 화이트White 판사는 "조사받는 피의자가 변호사를 원한다고 하면 그러한 고지를 해 주어야 한다고 생각합니다."라고 대답했다.

공교롭게도 마셜은 1967년에 연방대법원 판사로 임명된다.

법원 내부의 논란

얼 워렌 대법원장은 1966년 7월 13일 월요일에 미란다 사건을 선고하겠다고 밝혔다. 판결 이유를 낭독하는 판사는 판결의 요지만 밝히는 것이 관례다. 그러나 워렌은 60쪽에 달하는 판결 이유를 모두 읽었다. 읽는 데 거의 한 시간이 걸렸다. 그리고 다음의 구절을 읽을 때 억양이 고조되었다. "피의자가 구속되어 조사받는다면 분명하고 모호하지 않은 말로 묵비권이 있다는 사실을 고지해 주어야 합니다." 이러한 감정 표현은 워렌이 미란다 판결을 위해 법원 내에서 투쟁했음

───────── 더굿 마셜은 미국 연방대법원 사상 최초의 흑인 판사다. 존슨 대통령에 의해 대법원 판사로 임명되었다. 민권 사건에서 소수자 보호에 앞장섰다.

을 드러낸 것이다.

　판결은 가까스로 다섯 명의 판사의 지지라는 요건을 충족했다. 『미란다』*miranda* 란 책을 쓴 리바 베이커Liva Baker는 다섯 명의 다수 의견을 낸 판사들이 "비천한 가정 환경에 찌든 피고인의 관점에서 조사실을 들여다보았다. 법원은 계층에 따라 나뉘었다."[24]라고 하면서 다섯 명의 다수 의견을 낸 대법원 판사 역시 가난한 집 출신이라고 밝히고 있다. 예컨대 윌리엄 브레넌 판사의 부친은 노조원이었고, 뉴저지의 정치계에 많은 영향력을 행사하고 있었다. 존 마셜 할랜 2세 판사의 할아버지 역시 연방대법원 판사였다. 베이커가 지적하고자 했던 것은 판사들이 사건을 보는 관점이 서로 달랐다는 점이다. 사실 소수 의견을 낸 판사들은 경찰의 관점에서 사건을 본 것이다. 특히 할랜, 바이런 화이트, 톰 클라크, 포터 스튜어트는 범죄 통제의 시각을 드러내고 있었느나, 다수 의견을 낸 판사들은 적정절차의 관점을 표시한 것이다.

법원 내부의 이념 대립

미란다 판결에 대한 의견이 나누어진 것은 사회적, 경제적 계층으로 나누어진 연방대법원 내부의 사정을 반영하고 있다. 대법원 판사 네 명은 노동자 집안 출신이었다. 워렌의 부친은 철도 노동자였다. 워렌의 집안은 가난했다. 브레넌 판사의 부친은 뉴저지에 있는 맥주공장에서 석탄 화로공으로 일했다. 그러나 브레넌이 성장한 집안은 전형적 노동자 계층과 달랐다. 브레넌의 부친은 지역 노조원이었고, 뉴워크Newark 시의 노조위원으로 네 차례나 선출됐다. 브레넌 부모 모두 열렬한 노조원이었다. 에이브 포르타스의 부친은 자신의 점포를 갖고 있는 가구공이었다. 윌리엄 오 더글라스는 성공한 개신교 목사의 아들이었다. 그러나 더글라스가 여섯 살 때 부친이 돌아가셨고, 유산을 거의 남기지 않았다. 따라서 더글라스를 노동자 계층 집안 사람으로 분류하긴 어렵다. 휴고 블랙은 앨라배마의 시골에서 자랐고, 블랙의 선조는 상인이었고 그의 모친은 지주 집안 출신이었다.

이러한 판사들의 특성을 고려한다면 그들이 피고인의 권리에 대하여 이념적으로 심하게 기울어져 있다고 보기 어렵다. 그러나 그들의 출신이 다르다는 사실은 주목할 필요가 있다. 브레넌의 가정 환경은 일반 노동자나 사회적 약자의 권리에 대한 감수성을 심어 주었을 것이다. 포르타스는 유대인이었으므로 인종 차별의 피해자였다. 더글라스는 육체적 장애를 극복하고 성공하였고, 블랙은 버밍엄의 변호사로 있을 동안 근로자와 노조를 변론했다.[25] 워렌이 미란다를 지지한 것은 실로 놀랍다. 워렌은 캘리포니아 주 검찰총장으로 여러 해 일했고, 열렬하게 범죄인을 기소하였다. 그 결과 사회 악과 폭력 범죄에 대한 투사로 알려졌다. 워렌의 검사로서의 오랜 경력에도 불구하고 워렌은 경찰을 불신했다. 판결 이유에서 여러 쪽을 할애하여 경찰이 자백을 얻어내기 위해 어떻게 조사에 대비하여 훈련받는지 자세히 묘사하고 있다. 판결 이유에서는 심지어 경찰이 가공의 증인을 세워 범인 식별 절차를 하고 이를 통해 범인을 식별하는 수사 수법까지 적고 있다. 또한 경찰 교범에서 피의자가 변호인을 만나겠다면서 진술하길 거부할 때 대처하는 요령까지 다루고 있음을 언급했다.

다섯 명의 다수 의견을 낸 판사와 네 명의 소수 의견을 낸 판사의 배경이 어떻게 작용했는지 살펴보자. 포터 스튜어트는 부유한 가문 출신이고, 부친은 저명한 소송 변호사로 공화당 정치인이다. 바이런 화이트는 콜로라도 주 웰링턴에서 제재 회사를 경영하였다. 화이트는 대법원 판사로 임명된 직후 "오늘날의 기준에 의하자면 우리는 꽤 가난했지만, 당시 모두가 우리보다 가난했기에 실제로 가난하다는 생각은 들지 않았습니다."라고 회상했다. 화이트는 고등학교에 다닐 때 여름 방학 동안 사탕수수 밭에서 일한 적도 있었다. 톰 클라크는 텍사스 주 달라스에서 자라났는데, 양친 모두 부유한 남부 출신이었고, 부친은 존경받는 변호사로 텍사스 주변호사협회 회장이었다. 존 마셜 할랜의 부친 역시 변호사였고, 할랜은 어린 시절 부촌 지역에 있는 사립학교를 다녔다. 베이커의 분류가 가계 분석에 따른 것이지만 사회, 경제적 계층뿐만 아니라 어릴 적 경험이 이념적 차이를 가져온 것으로 보인다.[26]

구두 변론과 판결 선고 사이

구두 변론이 끝나면 합의에 들어간다. 보통 합의는 합의실에서 매주 금요일에 열린다. 합의가 시작되면 먼저 대법원장이 의견을 말하고 서열순으로 의견을 개진한다. 합의한 결과, 다수 의견이 정해지면 집필자를 정한다. 대법원장이 다수 의견에 속하면 대법원장이 집필자를 정하고, 대법원장이 소수 의견에 속하면 다수 의견 중 서열이 높은 대법원 판사가 집필자를 정한다. 판결문 작성이 이루어지면 판결을 선고한다.

대법원 판사들의 의견이 나뉘어졌고, 최초 표결 전인 3월 4일쯤 토론이 이루어진 것으로 보인다. 그로부터 약 보름 후 판결이 선고되었다. 논란이 되는 사항이었으나, 한 달 전의 초안은 한 달 전과 크게 달라지지 않았다.

판결이 어떻게 이루어졌는지에 대해 워렌은 후일 그의 자서전 중한 장을 할애하여 언급하고 있다. 워렌은 서류를 검토하면서 구두 변론했던 녹음 테이프를 다시 듣고 기억을 더듬었다. 조사실에서의 실무에 대한 모호한 문구를 수정하였고, 경찰 실무에 대한 경멸적인 논조를 강조하고, 문구를 다듬어 최종 판결문을 완성하였다. 실제 판결을 선고하기 한 달 전에 초안이 완성되었다면 이는 두달 보름 전에 판결의 골격과 흐름에 대한 광범위한 토론이 이루어졌음을 의미한다. 반대 의견을 낸 네 명의 판사 중 세 명이 반대 이유서를 제출했다. 클라크 판사는 다섯 쪽의, 할랜 판사는 스물두 쪽의, 화이트 판사는 스무 쪽에 이른 반대 의견서를 작성했다.[27]

제8장

미란다 판결

5 대 4

구두 변론을 열기 전에 법원은 세 통의 '법정의 친구 서면'amicus curiae
을 받는다. 그중 하나가 미국 시민자유연맹ACLU: American Civil Liberties
Union에서 보낸 것이다. 이 단체의 창립자는 로저 발드윈Roger Baldwin인
데, 이 단체는 헌법과 법률에서 보장하고 있는 개인의 자유를 보존하
기 위해 입법과 사법, 그리고 공동체에서의 활동을 지원해 왔다. 앤소
니 암스테르담Anthony G. Amsterdam 교수가 집필하였다. 그는 변호사이자
뉴욕 로스쿨New York University School of Law 교수이다. 하버드 대학교와 펜
실베이니아 로스쿨을 졸업하였으며, 수정헌법 제4조에 대한 가장 영
향력 있는 논문을 썼다. 이 서면은 카미자르 교수의 논문을 발전시킨
것이다. 다른 서면과 달리 암스테르담 교수의 서면은 수정헌법 제5조
의 묵비권에 터잡고 있다. 암스테르담은, 재판 전 단계에서 경찰 조사
를 하는 것은 피의자의 묵비권을 침해한다고 주장했다.

  미란다 판결에서 법원은 암스테르담 교수의 논지를 따랐다. 법원
은 상고를 허가하면서 미란다의 자백은 수정헌법 제5조의 묵비권을
침해하였다고 판시하였다. 법원은 묵비권이 경찰과 법원이 준수해야
할 구체적인 헌법상의 지침을 제공한다고 보았다.[1] 법원은 경찰 실무
와 관련하여 미국 시민자유연맹의 '법정의 친구 서면'과 여기에 첨부
된 자료를 참고로 하였다. 사실 법원은 미국 시민자유연맹의 서면과
참고자료를 거의 인용하다시피 하였다. 이 자료에는 오하라O'Hara와

인바우, 리드Inban and Reid가 쓴 책이 주류를 이루고 있다.[2]

1966년 7월 13일 법원은 미란다 판결을 선고했다. 대법원 판사들이 신이나 기계도 아니고 그들도 여느 사람과 같이 각기 나름의 개성과 기질을 갖고 있다. 워렌 법원에서도 대법원 판사들은 보수주의 성향의 판사와 자유주의적이고 진보적 성향의 판사로 나누어져 있었다.[3] 대법원 판사들의 의견이 수렴되는 것은 어느 정도 예견할 수 있었다. 자유론자인 다수 ―워렌, 브레넌Brennan, 블랙Black, 더글라스Douglas, 포르타스Fortas는 기드온과 에스코베도 판결을 밀고 갔고, 관철시켰다. 보수주의자 ― 할랜Harlan, 스튜어트Stewart, 화이트White, 클라크Clark는 반대 의견을 개진하였다.

법원은 강요된 자백에 대해 밝힐 뿐만 아니라 수정헌법 제6조가 소진되었음도 밝혔다. 수정헌법 제5조의 자기부죄거부 특권이 보장책이 되고, 이것이 미란다 보호의 골격을 이루었다.

다수 의견을 쓴 워렌 대법원장은 현재 경찰의 실무에 대하여 언급함으로써 논의를 시작한다. "법원은 강제란 것이 육체적으로뿐만 아니라 정신적으로도 이루어질 수 있다는 사실을 확인한다. 그리고 피고인이 흘린 피만이 헌법에 반하는 조사의 징표는 아닌 것이다." 그리고 법원은 다양한 경찰 교본, 특히 인바우 교본에 대하여 언급하고 있다. "경찰 교본은 경찰관에게 성공리에 수사하기 위해서 홀로 조사를 받고 있는 피의자에 대한 심리적 요소 중의 하나가 사생활임을 가르친다. 예를 들면 경찰관은 범죄에 대한 도덕심을 최소화하고, 그것을 피해자나 사회의 탓으로 돌리도록 가르친다. 이러한 수법으로 자신의 모든 얘기를 털어놓게 함으로써 경찰관이 의도하는 기소로 나아가도록 기획하는 것이다."

위렌은 이런 수사 기법을 헌법적 관점에서 다루고 있다. "이러한 수사 환경의 목적은 조사관의 의도에 따르도록 함에 있다 … 적절한 보장책을 강구하여 구금된 상태에서의 본질적인 강제성을 배제하도록 해야 하며, 자유로운 의사에 따라 진실한 진술이 이루어지도록 해야 한다."[4] 미란다 판결의 주요 내용은 다음의 세 가지이다.

첫째, 피의자를 조사하기 전에 묵비권과 변호인의 도움을 받을 권리를 고지해야 한다.

둘째, 국선이든 사선이든 변호인은 피의자가 조사받는 동안 입회할 수 있다.

셋째, 피의자는 묵비권과 변호인의 도움을 받을 권리가 있다는 사실을 고지받은 후 분명한 진술에 의해 자신의 권리를 포기할 수 있다.

다섯 개의 판결

미국 연방대법원의 판결문opinion은 다른 정부 기관의 문서와 다르다. 비록 의견이 나누어지더라도 결과는 같고 구속력이 있고, 독립된 하나의 의견으로 본다. 합의체이지만 동료나 상급자, 대법원장과 관계없이 오직 동등한 한 표를 행사한다.

연방대법원의 판결문에는 다수 의견인 판결 이유Opinion of the Court와 소수 의견이라고도 하는 반대 의견Dissenting Opinion이 담겨져 있다. 판결문에서는 대개 첫머리에 사건의 개요와 배경을 소개한다. 그리고 사건과 관련있는 헌법 조항에 대한 해석과 과거의 판례를 인용하고, 판결에 이르게 된 이유를 밝히며, 연방대법원이 결정한 사항을 알린다. 연방대법원의 판결문은, 헌법과 법률을 해석하고 법이론을 전개한다는 점에서 논문에 가깝다. 그러나 이러한 판결문에는 고도의 논리뿐만 아니라 문학적인 표현, 때로는 냉소적인 표현과 유머까지 가미되므로 에세이에 가깝게 보인다. 연방대법원의 판결문에는 다수의견뿐만 아니라 반대 의견도 담겨져 있다. 반대 의견에서는 다수 의견에 동참하지 않은 판사들이 자신들의 입장과 논리를 밝힌다. 이러한 반대 의견은 이러한 의견을 읽은 독자들이 그 논리에 동조할 때 나중에 다수 의견과 다른 판결이 내려질 여지를 남겨 두게 된다는 데 의의가 있다.[5] 비록 대법원 판사들이 사회적 가치와 철학에 대해 서로 다른 견해를 갖고 있어도 그들 사이에는 법조 경험과 법원에 대한 헌신이라는 공통점이 있다. 대법원 판사는 선거구나 당에 소속되어 있지 않고, 상급 법원이 없다. 대법원 판사는 다른 판사의 의견을 존중하고, 다른 판사의 권위에 대한 자부심과 명예를 훼손하려 들지 않으며, 이런 점이 판결에 녹여 있다는 사실이 매우 중요하다.

미란다 판결은 여느 판결과 달리 매우 긴 문장으로 되어 있고, 영미법이 근간으로 삼고 있는 심오한 로마 격언도 많이 인용하였다. 판결은 원칙을 강조하고 학술자료도 많이 원용하였으며, 구속 수사에 대하여 다루고 있다. 웅변적이고, 예언서와 같은 문체로 쓰였음에도 상당히 전문적이다.[6]

애리조나 대법원은 자백을 얻음에 있어 미란다의 헌법상의 권리가 침해당하지 않았다고 판시하면서 원심 판결을 확인했다. 이런 결론에 이름에 있어 법원은, 미란다가 특별히 변호인을 요청하지 않은 사실을 강조하였다. 경찰관의 증언과 주의 주장에 의할 때, 미란다는 변호인과 상의할 권리와 묵비권에 대해 고지받지 않았음과 수사 시 변호인이 입회하지 않은 사실은 분명하다. 이러한 고지를 하지 않았다면 피고인의 자백은 허용될 수 없다. 피고인이 자신의 권리를 알았다고 기재된 자백서에 서명했다는 사실로, 피고인이 헌법상의 권리를 온전히 알고, 자신의 법적인 권리를 포기했다고 볼 수 없다.

수정헌법 제5조의 묵비권을 절차적으로 구현함에 있어 우선 헌법상의 용어를 쓰지 않고 시작한다. 이런 논지를 견지하기 위해 워렌 대법원장은 블랙, 더글라스, 포르타스, 브레넌과 다수 의견을 이룬다. 할랜, 스튜어트, 화이트 판사는 견해를 달리하였다. 화이트 판사와 클라크 판사는 반대 의견서를 썼다. 대개 연방대법원의 판결문은 법원 서기가 정리하여 당사자에게 송부한다. 미란다 사건에서는 워렌 판사가 60쪽이 넘는 판결문을 1966년 7월 13일 월요일 법정에서 모두 낭독하였다. 목소리에는 힘이 실려 있었고, 워렌 대법원장은 수정헌법 제5조의 권리와 새로운 권리 사이의 관계를 분명히 밝힌다. "구속되어 조사를 받게 되는 사람에게 묵비권이 있다는 사실을 분명하게 고지해 주어야 한다."

미란다 사건은 한 개의 판결 이유로 쓰여졌지만, 다섯 개의 사건으로 나뉜다. 비네라 사건Vignera v. New York에서 법원은, 마이클 비네라

Michael Vinera가 경찰과 검사에 의해 조사받을 때 권리 고지를 받지 못했다는 이유로 비네라에 대한 유죄 판결을 파기하였다. 이 사건에서 비네라는 옷가게를 턴 혐의로 뉴욕 경찰에 의해 체포되었다. 17조사팀으로 배정되었다가 66조사팀으로 이첩되었고, 그곳에서 구두로 자백했고, 정식으로 구속되었다. 구속된 상태에서 경찰관과 지방 검사보에 의해 조사받았고, 조서가 작성됐다. 재판에서 구두 자백과 조서가 배심원 앞에 증거로 제시되었다. 법원은 이러한 권리를 보호하기 위해 다른 조치가 없었고, 수정헌법 제5조의 권리나 변호인 선임권이 제대로 인정받지 못했으므로 자백은 허용되지 않는다고 판시했다. 그리고 피의자의 헌법상의 권리를 보호할 책임이 경찰과 검사에게 있음을 분명히 하였다. 변호인이 입회하지 않는 것에 따른 불이익이 당연히 있어야 하고, 따라서 권리를 고지받지 않고 진술은 허용되지 않는다고 보았다.

법원은 웨스트오버 사건Westover v. United States도 비슷한 이유로 유죄 판결을 파기하였다. 웨스트오버는 캔자스시에서 발생한 두 건의 강도 사건과 관련하여 캔자스 경찰관에 의해 체포되어 경찰서로 이송되었다. 캘리포니아에서 발생한 중죄 사건으로 연방 범죄수사국 수사관으로부터 조사받고 조서를 작성했다. 웨스트오버는 그날 밤과 그 다음 날 지역 경찰관으로부터 조사받았다. 이어 연방 범죄조사국 수사관으로부터 두 시간 반 동안 조사받고 캘리포니아에서 발생한 두 건의 강도에 대해 자백했고, 조서에 서명했다. 이 진술이 재판에 증거로 제출되었다. 새로운 기준에 따르면 수사 전이나 수사 중에 변호인이 입회해야 한다. 칼 캘빈 웨스트오버Carl Calvin Westover가 '알고'knowingly, '이해하여'intelligently 변호인 선임권을 포기하였다고 볼 증거가 없으므로 연방 범죄수사국FBI 수사관이 조사하기 전에 고지하였더라도 그러한 고지는 지역 경찰서에서 열네 시간이나 조사한 후에 한 것이었다. 따라서 법원은, "연방 범죄수사국이 웨스트 오버로부터 얻은 자백은 경찰서에서 구금되어 조사받은 압력에 따른 수익이다." 라고 결론짓는다.

스튜어트 사건California v. Stewart에서는 다른 사건과 조금 다르게 판시한다. 지갑을 훔친 이 강도 사건에서 피해자는 범인으로부터 상해를 입고 사망했다. 스튜어트는 훔친 수표에 배서를 한 혐의자로 지목되었다. 스튜어트는 집에서 체포되었다. 경찰은 그곳에 온 스튜어트의 처와 다른 세 명도 체포했다. 스튜어트는 5일 동안 조사실에서 아홉 건의 사건으로 조사받았다. 아홉 번째 사건을 조사할 때 스튜어트는 자신이 사망한 피해자의 지갑을 훔쳤지만 다치게 할 의도는 없었다고 말했다. 그때 경찰은 다른 네 명을 석방했다. 스튜어트는 강도와 1급 살인죄로 사형을 선고받았으나 캘리포니아 주대법원은 원심판결을 파기하면서 스튜어트는 묵비권과 변호인의 도움을 받을 권리를 고지받지 못했다고 판시했다. 위 사건에서의 상고인은 캘리포니아 주였다. 임의로 한 자백에서 공정한 고지가 무엇인지 논의되었고, 이 사건에서는 특히 피의자의 변호인 선임권은 거부되지 않았다. 스튜어트의 변호인은 중요하고 특별한 사건에서 단순히 "비밀경찰 요원이 5일 동안 대배심 판사 앞에 갈 때까지 따라다녔는데 이것이 헌법상의 권리인, 변호인의 도움을 받을 권리가 침해되는지와 재판에서 이러한 자백이 허용되는지" 문의하였다.

법원은 캘리포니아 주와 피상고인 스튜어트 양측에 대하여 답변하였다. 피고인에게 권리를 고지하였다고 볼 기록이 없으므로 피고인에게 권리 고지가 되었다고 볼 수 없다고 판시하였다. 법원은 또한 아홉 시간 조사받는 동안, 피고인이 계속 범행을 부인한 사실을 언급한다. 조사받는 5일 동안 스튜어트는 수정헌법 제5조의 권리가 침해받았다고 판시하였다.

스튜어트 사건에서 법원은 신문의 길이와 관계없이 변호인 없는 신문은 헌법적으로 문제가 있다고 표현했다. 이 사건은 계속된 신문이 수정헌법 제5조의 권리를 포기하도록 강요한다고 판시한 최초 판결이다. 미란다 판결에서 사용된 문언에 의하면, 대개 경찰은 믿을 수 없다는 것으로 비친다.

다섯 번째 사건인 존슨과 캐시디 사건Sylvester Johnson and Stanley Cassidy, Petitioners, v. State of New Jersey은 다른 세 건과 같이 논의되었지만 1966년 7월 20일 분리되어 선고되었다. 왜냐하면 에스코베도와 미란다 판결이 소급하여 적용되는지 여부를 명백히 하고자 하였기 때문이다. 존슨과 캐시디 사건은 1960년에 끝났고, 에스코베도 판결은 1963년에 선고되었다. 그래서 법원은 즉시 에스코베도 판결과 미란다 판결의 소급효에 대하여 다루어야 했다. 형사소송에서 소급효와 관련하여 연방대법원은 '장래 법리'prospective rulling를 한층 강화했다. "형사소송에서는 헌법상의 요구에 따라 판결은 장래를 향해 효력이 발생한다…"7 따라서 이 점과 관련하여 워렌 대법원장은, 에스코베도 판결이 1964년 7월 24일 선고된 날 이후에 시작된 사건에 대해서만 효력이 있다고 판시하였다. 존슨과 캐시디의 경우 다른 상고 이유도 이유가 없는 것으로 보아 원심 법원의 판결을 확정했다. 헌법학자, 검사, 변호사는 소급효가 예외적으로 적용된다는 사실에 동의한다. 따라서 미란다 사건으로 불리워진 다섯 개 사건 중 존슨과 캐시디 사건만 결과적으로 자백이 허용되어 사형이 확정된다.

미란다 사건은 파기되었으나 미란다의 수감 생활은 이어진다.

미란다 판결의 요지

미란다 고지를 채택하고 헌법적 근거를 찾음에 있어 워렌 대법원장은 수정헌법 제6조가 아닌 수정헌법 제5조를 선택했다. 수정헌법 제5조는 묵비권(자기부죄거부 특권)에 대한 조항인데, "아무도 형사소송에서 자신에게 불리한 진술을 강요당하지 않는다"고 규정하고 있다. 워렌은 이 조항을 재판 전 수사 단계에 적용시키면서 "외부와 단절된 incommunicado 수사 분위기와 환경은 본질적으로 위협적이어서 자기부죄거부 특권을 포기하게끔 한다"고 적고 있다. "이러한 특권은 자유로운 상태에서 그의 의사에 따라 진술할 지를 결정하는 묵비권을 보장한다." 이에 따라 법원은 아래의 사항을 보장해야 한다.

구속된 사람에게 반드시 신문 전에 묵비권이 있음과 진술한 내용이 법정에서 불리하게 쓰일 수 있다는 사실을 분명하게 고지해야 한다. 또한 변호인 선임권이 있고, 조사받는 동안 변호인과 상의할 수 있으며, 변호인을 선임할 형편이 안 되면 국가가 변호인을 선임해준다는 사실을 분명하게 고지해야 한다 … 질문하기 전에 묵비권을 행사하겠다는 의사를 표시하면 질문을 중단해야 한다. 변호인을 원한다면 변호인이 참여하기까지 조사를 중단해야 한다 … 구속된 상태에서는 이러한 특권을 포기하지 않을 수 있음과 변호인 선임권이 있다는 사실을 환기시키고 그 후에 진술하도록 해야 한다.

만약 변호인이 참여하지 않은 상태에서 피의자가 자백했다면 피의자가 알고, 의도적으로 변호인 선임권을 포기하였다는 사실에 대한 입증 책임은 전적으로 국가에 있다고 판시하였다.[8]

이러한 판결에 따라 경찰은 다음의 미란다 고지를 하고 있다.

1. 당신에게는 묵비권이 있다.
2. 당신이 진술한 내용은 법정에서 불리하게 사용될 수 있다.
3. 당신에게는 변호인 선임권이 있다.
4. 변호인을 선임할 형편이 되지 않으면 국가가 무료로 변호인을 선임해 준다.
5. 조사 중 조사받기를 원하지 않으면 언제든지 신문을 중단할 수 있다.

법원은 경찰이 위의 사항을 준수할 것과 아울러 피의자에게 다음의 두 가지 사항을 말하도록 요구한다. "당신은 이러한 권리를 이해하였나요? 이러한 권리를 이해하고도 진술할 건가요?" 따라서 피의자가 자신의 권리를 포기한 때에만 수사 절차를 진행할 수 있다.

그런데 미란다 판결에서 밝힌 '구금'custody의 개념에 대하여 후일 논란이 생기게 된다. 미란다 판결에서 법원은 "구금된 상황에서 조사란 한 개인이 구금 또는 다른 심각한 방법으로 자유를 발탈당한 상태에서 경찰관이 질문하기 시작한 때를 말한다."라고 판시하였다. 판결 이유에서 법원은 "적절한 보호 장치가 강구되어 구금 상황에 따른 강제성이 제거되지 않는다면 피의자가 한 진술이 진정으로 자유 의사에 따른 것이라고 볼 수 없다."고 판시하였다. 따라서 이러한 강제성을 제거하려면 안전 장치가 강구되어야 한다. 그러나 이러한 기준이 임의성과 비임의성을 판단하고, 여기에 따라 자백의 허용성을 판단함에 있어 모호하다는 비판이 있다.

반대 의견들

네 명의 대법원 판사가 반대하였고, 그중 세 명이 반대 이유서를 제출했다. 법원은 만장일치에 이르기 위해 노력했다. 예컨대 브라운 사건에서 워렌 대법원장은 만장일치에 의해 합의에 이르는 것이 중요하다고 강조했다. 이에 따라 워렌은 강력한 추진력을 갖고 반대자들을 설득할 수 있었다.

그러나 만장일치에 이른 비율은 통상 3할 내지 4할이었다. 반대 의견이 강하면 다수 의견에 따른 판결력이 약화된다. 반대 의견은 다수 의견을 반박하고 있다. 물론 반대 의견은 당장은 구속력이 없지만 후일 위력을 발휘하게 된다. 워렌 대법원장은 클라크 판사가 반대 의견을 낸 것에 매우 당황해 했다. 클라크가 의견을 내기 직전까지만 해도

다수 의견에 동조하는 것으로 보였기 때문이다.[9]

클라크의 반대 의견

톰 클라크 판사는 법집행 기관을 오랫동안 지지해 왔다. 다섯 쪽의 반대 의견서에서 다수 의견이 경찰관과 범죄인을 체포하는 이들의 수고를 부당하게 헐뜯고, 방해하는 것이라는 관점을 드러내고 있다. 이에 따라 범죄 통제라는 가치를 밝히고 있다. 1964년 헐버트 패커Herbert Packer 교수가 '형사소송의 두 모델'Two Models of the criminal Process라는 논문을 발표했다. 패커는 이 글에서 범죄통제 모델과 적정절차 모델을 제시했다.[10] 그런데 클라크 판사는 이러한 범죄통제Crime Control를 지향하고 옹호하는 입장에 서 있다. 그리고 다수 의견이 밝힌, 자백을 얻기 위해 구속된 상태에서 신문하는 것과 경찰관의 훈련 방법의 영향이 그리 크지 않다고 강조한다.

경찰 교본은 —본 법관도 읽어 보았지만— 단지 교수와 경찰관의 입장에서 쓰여진 것이다. 범죄 수사를 함에 있어 이러한 교본이 공식 교본으로 쓰였다고 볼 수 없다.

실제로 수사 교본은 1940년대부터 있었다. 저자에 대하여 단지 '교수'라고만 밝히고 있고, 이 교본은 학문적이라기보다 실무적이다. 훈련 교본과 리드 학파Reid School는 신문 기술을 고도로 체계화했고, 미란다 판결을 잠식시키기 위해 효율성을 제고시켜 왔다. 클라크의 반대 의견은 경찰의 불법 절차를 과소 평가한 것이다. 클라크는 "다수 의견이 언급한 경찰의 야만성이란 연례 보고서에 의하면 수천 건의 사건 중 예외에 해당한다."고 주장했다. 클라크는 다수 의견에 대해 매우 강경하게 반대하였으므로 반대 의견을 낸 것에서 더 나아가 판결문을 공간하기 전에 인쇄를 해서 배포할 생각도 갖고 있었다.

할랜의 반대 의견

스물두 쪽의 웅변조의 반대 의견에서 할랜은 클라크보다는 지적인 관점에 서 있음을 드러내고 있다. 할랜은 수정헌법 제5조의 권리를 재판 전 단계까지 확장하는 것에 의문을 표시한다. 다수 의견은 성숙하지 못하고 충동적이라고 보았다. 할랜 역시 판결이 효율적인 범죄 수사를 저해할 것을 우려한다.

법원이 간과하는 것이 법 집행의 공권력이 합리적으로 행사되어 왔고, 그에 따라 불가피하게 대가가 치러져야 한다는 의지를 무력화시킨다는 사실이다. 이러한 판결이 자백을 현저하게 감소시킬 수 있다는 일말의 우려도 있다 ⋯ 이러한 판결이 법 집행을 훼손시킬 것인지에 대하여는 정확하게 예측할 수 없다 ⋯ 자백 없이 범죄 사건을 해결하지 못할 수도 있다 ⋯ 법원이 새로운 체계를 세움으로써 사회 안전에 대하여 위험을 야기할 수도 있다. 범죄에 따른 사회적 비용이 위험한 실험에 따른 새로운 규칙을 정립하는 가치보다 훨씬 클 수도 있다.

나아가 할랜 판사는 미란다 판결에 대해 반격을 가하는 의견을 개진한다.[11]

본 법관의 관점에서 볼 때 다수 의견은 부적절하게도 수정헌법 제5조의 자기부죄거부 특권을 경찰 조사에까지 확장하고 있다. 나아가 새로운 규칙은 수정헌법 제5조의 선례와도 맞지 않는다. 오히려 새로운 규칙은 수정헌법 제6조에서 인용하거나 유추한 것으로, 이 조항은 경찰 신문에 적용될 수 없는 것이다.

화이트의 반대 의견

화이트 판사는 에스코베도 사건에서도 반대 의견을 냈다. 화이트는 임의적인지와 관계없이 피의자의 승인admission을 막는 것에 대해 비판하였다. 화이트는 피의자가 질문했는지와 관계없이 방금 구속된 상태를 가정한다. 화이트의 반대 의견은 구두 변론 시부터 예견되었다. 화이트는 구두 변론시 미란다가 진술을 강요받았는지 질문했고, 플린은 "위협받는 상황not by gunpoint은 아니었습니다."라고 대답했다. 화이트는 피의자가 자신의 권리를 전혀 모른다면 권리 고지를 해야 한다는 점은 수긍한다. 화이트가 우려하는 것은 실제 임의로 한 자백에 대하여 새로운 규칙이 적용되는 것이다.

화이트 대법원 판사 역시 미란다 판결이 공권력을 약화시킬 것이라고 보았다. 화이트는 반대의견서에 "다수 의견은 살인범, 강간범을 길에서 활보하게 만들 것이다."라고 적고 있다.[12]

미란다 법리

연방대법원은 미란다 판결을 통해 자백에 대한 증거법에 있어 새로운 시대를 열게 된다. 법원은 경찰 신문에서는, 경찰이 지배하는 분위기에서 연락이 되지 않은 상태로 구금되고, 자백하도록 하는 심리적 압박과 유인이 있다고 보았다.[13] 미란다 판결에서 법원은 적정절차에 따른 자백의 허용성 기준이 모호하고 주관적이라고 보았다. 그래서 묵비권을 규정하고 있는 수정헌법 제5조에 근거하여 엄격하고 구제적이고, 객관적인 기준을 마련한 것이다.

이에 따라 경찰이 이렇게 단순하고 구체적 기준을 위반할 경우 묵비권이 침해된다고 보는 것이다.[14] 미란다 판결에서 법원은 수정헌법 제5조의 자기부죄거부 특권의 폭을 넓혔다. 워렌 대법원장은 자기부죄거부 특권은 수정헌법 제5조의 문맥에 얽매여서는 안 되고, 이를 넘어설 것을 요구하고 있다고 밝혔다. 워렌은 우리가 혁신을 하려는 것이 아니라 오랫동안 승인되어 오고 적용된 원칙을 적용한 것이라고 강조하였다.

워렌 법원은 진술 증거의 타당성을 검토한 것이 아니라 다른 방향에서 검토했다. 워렌 법원이 의도한 것은 현재 경찰의 실무를 바람직한 방향으로 이끄는 것이다. 워렌 대법원장은 미란다 판결 이유서를 직접 작성했다. 판결문에서 다음과 같이 언급하고 있다.

구속된 사람은 조사받기 전 묵비권이 있음과 진술한 내용이 법정에서 불리하게 쓰일 수 있다는 사실을 분명하게 고지받아야 한다. 또한 변호인의 도움을 받을 권리가 있고, 조사 시 변호인이 참여할 수 있으며, 변호인의 도움을 받을 형편이 안 될 경우 국가가 변호인을 선임해 준다는 사실을 분명하게 고지받아야 한다.

판결문은 1966년 7월 13일 송달되었고, 이 판결로 인해 모든 경찰서에서 '미란다 고지 카드'Miranda warning cards를 사용하고 있다. 그 카드에는 다음과 같이 적혀 있다.[15]

당신에게는 묵비권이 있다. 묵비권을 포기하면 진술할 수 있고, 법정에서 불리하게 쓰일 수 있다. 변호인의 도움을 받을 권리가 있고, 신문시 변호인이 입회할 권리도 있다. 변호인을 선임할 형편이 안 되면 국가가 변호인을 선임해 준다. 신문 시 어느 때라도 이러한 권리를 행사할 수 있고, 어떠한 답변이나 진술을 하지 않아도 된다. 당신에게 읽어준 이러한 권리를 이해하였나요?

미란다 판결은 미국 전역에 논쟁을 일으켰고, 경찰 실무와 형사소송에 근본적인 개혁을 가져왔다. 미란다 판결은 범죄로 기소된 피고인을 처우함에 있어 중대한 발전을 이루었다.

제9장

미란다 판결 이후

미란다 판결의 적용 시기

미란다 판결문은 1966년 7월 13일 송달되었다. 이에 따라 어네스토 미란다는 다시 재판을 받게 된다.

미란다 판결이 선고되자 피의자에게 해야 할 권리 고지라는 요건이 소급 적용되는지가 문제되었다. 또한 자백에 의하여 유죄 판결을 받은 수많은 피고인들이 권리 고지를 받지 않았다는 사유로 재심을 청구할 수 있는지도 문제되었다. 법원은 '상황의 긴급성'the exigencies of situation에 따라 판단했다. 법원은 맵 판결이 소급 적용되지 않는다고 보았으나 기드온 판결에서는 소급 적용된다고 보았다. 미란다 판결을 선고한 지 1주일 후 다른 자백 사건에서 에스코베도든 미란다든 소급 적용되지 않는다고 판시했다. 에스코베도 판결이 적용되는 것은 1964년 7월 12일 이후 재판이 개시된 피고인이라고 밝혔다. 미란다 원칙이 적용되는 것도 미란다 판결이 선고된 이후라고 밝혔다.[1] 연방대법원은 존슨 사건Johnson v. New Jersey에서 미란다 판결의 배제법칙은 미란다 판결이 선고된 1966년 7월 13일부터 시작된 재판에만 적용된다고 판시했다. 이 사건에서 상고인 존슨은 자백하였고, 자백은 증거로 제출되었으며, 살인죄로 사형을 선고받았다. 이 판결은 6년 전에 선고된 것이었다. 상고인은 에스코베도 판결에 따라 이러한 자백은 허용되어서는 안 된다고 주장했다.[2] 존슨 판결에서 법원은, 미란다 판결 선고 이후 계속 중인 항소심에는 미란다 원칙이 적용되지 않

는다고 판시하였다.[3]

파기 환송 재판

___

연방대법원에서 승소하자 미란다는 1967년 강간 사건과 관련하여 애리조나 법원에서 다시 재판받는다.[4] 그러나 강도 사건은 상고가 되지 않아 심리에 포함되지 않았다. 그럼에도 플린은 강도 사건 역시 다시 심리에 부치도록 노력한다. 미란다는 1967년 강간 사건으로 다시 재판받고, 1971년 강도 사건으로 다시 재판받았다. 강도 사건은 연방대법원에서 파기되지 않았으므로 미란다는 애리조나 주교도소에 수감되어 재판받는다.

강도 사건은 1971년 9월 마리코파 항소심 법원의 윌리엄 구딩William Gooding 판사가 맡았다. 이 사건에서 로버트 스톨스Robert Storrs 검사가 송무를 맡았고, 존 플로사 톰 티네스Tom Thinnes가 미란다를 변호하였다. 텔레비전이나 신문에서 피고인에 대한 범죄 사실이 보도되면 피고인에 대한 유죄의 이미지가 그려진다. 이럴 경우 '무죄 추정의 원칙'이 재판에서 현실화되기 어렵게 된다. 만약 피고인이 재판에서 범행을 부인하면 이러한 부인은 피고인이 자신의 이익을 위해서 부인하는 것으로 받아들여신다. 반면 검사의 기소는 범죄로부터 시민을 보호하는 것으로 비쳐진다. 이런 이유 때문에 재판 전에 하는 공개는 피고인에게 결코 유리하지 않다. 여기에 대한 실증 연구에 의하면 재판 전에 이루어진 언론 보도는 재판의 공정성에 부정적인 영향을 주는 것으로 나타났다. 실제 배심원들은 자신들이 언론 보도에 영향을 받는다는 사실을 부인하지만 이러한 보도에 노출된 배심원들이 피고인에게 불리하게 결론내린다는 사실은 실험 연구에서도 드러나고 있다.[5] 미란다가 전국적으로 유명 인사가 되었으므로 구딩 판사는 미란다가 실명으로 피닉스에서 재판받는다면 공정한 재판이 될 수 없다고 생각했다.

결국 배심원에게는 피고인의 이름을 조지 고메즈Jose Gomez라고 알린다. 고메즈로서 미란다에 대해 한 배심원은 "웃거나 움직임이 없고, 어디에도 주의를 기울이지 않는 단조로운 인물"이라고 말했다. 확실히 재판 내내 판사나 변호인이 묻거나 피해자를 신문할 때나 미란다가 범인이라고 확인할 때, 미란다는 감정의 변화를 드러내지 않았다.

피해자는 강도에 대하여 상세한 진술을 하였다. 이때 미란다가 경찰관에게 한 자백은 증거로 제출되지 않았다. 구딩 판사 역시 미란다가 조사실에서 한 진술과 관련된 증거 역시 불필요한 추측을 낳은 것이므로 적정절차에 따라 허용하지 않았다.

결과적으로 새로운 배심은 자백이나 범인 식별 절차, 조사실에서의 범인 확인, 경찰관의 미란다에 대한 진술은 듣지 못했다. 유일한 증거는 법정에서의 피해자의 진술뿐이다. 그럼에도 배심은 강도 사건과 관련하여 미란다에게 유죄 평결을 하였다.

검찰에서 애리조나 주대법원에 상고하였다. 상고 이유는 하나인데, 법원에서의 신원 확인은 1962년 2월 27일 피해자가 미란다를 보고 한 것이라기보다 1963년 3월 13일 교도소에서 한 확인에 기인한 것이라고 본 구딩 판사의 판결에 잘못이 있다는 것이다. 애리조나 주 대법원은 두 쪽에 걸쳐 사실 관계를 다루고 만장일치로 유죄 판결을 확정하였다.

미란다에 대한 강간 사건은 더 복잡하다. 미란다는 1963년 7월 20일 맨 처음 유죄 판결을 선고받았지만 이 판결은 1966년 7월 16일 연방대법원에 의해 파기되었다. 이에 따라 미란다는 1967년 2월 마리코파 구법원에서 다시 재판받는다. 애리조나 주검찰총장인 로버트 밥 콜빈Robert Bob Corbin이 직접 송무를 담당하였고, 혼 로렌스 렌Hon. Lawrence Wren 판사가 재판을 맡았으며, 플린이 다시 미란다를 변호하였다.

파기 환송 재판은 대법원 판결과 타협하는 것이 일반적이다. 미란다가 구금된 상태에서 한 자백은 전혀 다루지 않았고, 미란다를 증인으로 신문하지 않았다. 피해자는 1심 재판 때와 마찬가지로 소환되어 증언하였다. 그러나 대법원 판결로 인해 피해자의 범인 식별과 관련된 진술은 금지되었다. 따라서 아무도 피고인을 범인이라고 확인하지 않았다. 그러므로 이번에는 미란다가 승소할 것으로 보였다. 밥 콜빈 검찰총장 역시 주가 패소할 것이라고 짐작했지만 소송을 계속 이어갔다.[6]

그런데 미란다의 동거녀 호프만이 변수였다. 미란다는 투일라 호프만Twila Hoffman을, 1961년 롬폭Lompoc 교도소에서 출소한 지 얼마 안되어 캘리포니아에서 만났다. 투일라는 미란다가 수감되어 있을 때 다른 남자를 만났고, 그들 사이에 아이를 낳았다. 5년 후 호프만은 29세로, 두 아이의 엄마였고 미란다와 함께 애리조나 메사에 있는 집으로 돌아왔다. 미란다와 동거하면서도 미란다가 수감되었다가 범죄를 시인하는 자백을 하였으므로 처음 재판 때 증언하지 않았다.

미란다는 무죄가 될 것이라는 사실을 전혀 의심하지 않았다. 그래서 미란다는 다시 재판이 시작되기 직전에 복지부 직원에게 투일라가 딸의 양육자로 적합하지 않다는 등 동거녀에 대한 불만을 털어놓았다. 이에 발끈한 호프만은 1967년 2월 말 재판이 다시 열리기 전에 콜빈 검사에게 사실을 털어놓는다. 호프만에게 얘기를 들은 콜빈은 최근 승진한 캐롤 쿨리 경찰관에게 연락하여 호프만을 조사하라고 요청하였다. 1963년 5월 16일 호프만이 수감되어 있는 미란다를 면회하였고, 이때는 강간 혐의로 구속된 지 사흘째였고, 미란다는 호프만에게 쿨리 경찰관에게 자백서를 써준 것에 대해 얘기했다. 미란다는 호프만에게 여러 번, 강도와 강간을 했다고 말했다. '미란다는 호프만에게, 고소인을 찾아가서 고소를 취하하면 그녀와 결혼하겠노라고 말한 사실을 전해 달라고 부탁하였다.'라고 호프만은 주장하였다.

법정에서 콜빈은 미란다에 대한 또 다른 자백으로 플린을 놀라게 하였다. 플린은 보통법에 의할 때 동거녀의 증언은 허용되어서는 안 된다고 주장했다. 일정한 신뢰 관계에 있는 사람들 사이의 의사 소통은 그들 사이의 비밀 유지를 허용한다. 이를 '증언거부 특권'이라고 한다. 변호사와 의뢰인 사이, 부부 사이, 성직자와 고해자 사이 등의 경우, 그들 사이에 나눈 대화에 대해서는 증언을 거부할 수 있다. 그러나 렌 판사는 부부 증언거부 특권은 법적인 혼인 관계일 때에만 적용된다면서 이의를 받아들이지 않는다. 플린은 호프만의 증언은 독나무의 과실fruit of poisonous tree에 해당한다고 주장한다. 이 법리는 원

—————— 법정에서 미란다(앞줄 오른쪽)와 상의하는 존 플린John J. Flynn(앞줄 왼쪽). 플린은
연방대법원에서 구두 변론을 맡았다. 미란다 사건에서 보여 준 플린의 변론은 너무 유명하여 플린
은 미국인의 삶의 방식을 바꾼 열 명의 사람 중 한 명으로 이름을 올렸다. 플린은 파기환송 사건에
서도 미란다를 변호하였다.

래 증거가 위법하게 수집된 것이라면 그로부터 파생된 증거 역시 허
용할 수 없다는 것을 말한다. 그러나 렌 판사는 이를 받아들이지 않고
호프만을 증인으로 채택하였다. 배심원은 한 시간 동안 평의한 뒤 만
장일치로 유죄로 평결하였다. 미란다는 다시 유죄 판결을 선고받았
고, 두 개의 공소 사실로 단기 20년, 장기 30년을 선고받았다.[7]

　플린은 손 프랭크를 합류시켜 애리조나 주대법원에 제출할 상고장
을 작성한다. 1967년 10월 상고장을 제출하였고, 프랭크는 "투일라에
게 한 자백은 원래 자백한 때로부터 사흘 후에 한 것이었고, 원래의
자백은 명백히 위법한 자백이었다고 선언되었습니다. 그 사이 사정

변경은 없었습니다."라고 주장하였다. "미란다는 여전히 구금되어 있었고, 여전히 변호인이 없었으며, 자신의 권리를 알지 못했습니다. 원래 자백한 때의 모든 요소가, 이어진 자백에도 그대로 있었습니다."

요약하면, 프랭크는 위법하게 얻은 자백이 없었더라면 미란다가 이어 자백을 하지 않았을 것이라는 것이다.

이러한 상고 이유는 분명하고, 다툼의 여지가 없어 보였다. 그럼에도 애리조나 주대법원은 상고를 기각한다. "호프만 부인이 미란다를 변호한 것이 경찰을 위해 한 것이 분명 아니었고, (자백은) 우연히 남편으로서 말한 것이었다고 본다." 유죄 판결을 확정하면서 법원은 "'과실'로서의 위법성의 성격을 판단함에 있어 '오염'되었는지 살펴보아야 하며, 이러한 오염은 우리 헌법에서 규정된 대로 행하였을 때, 좀 더 쉽게 '희석된다'attenuated."라고 판시하였다. '독나무의 과실' 원칙에 의하면 위법하게 수집한 증거로부터 파생된 증거도 허용되지 않는다. 그런데 이러한 원칙에는 예외가 있다. '독립된 근거'independent source의 경우, '해독'purged taint의 경우, '불가피한 발견'inevitable discovery의 경우이다. 피고인의 자발적인 후발행위가 있으면 오염이 희석되어 해독이 된다고 본다. 이에 따라 법원은 "경찰에게 한 자백과 호프만 부인에게 한 자백 사이에는 충분히 '사건 사이의 간격'이 있고, 법원으로서는 그러한 증언을 허용할 수 있다."라고 판시하였다.

1963년 3월 미란다 사건이 시작된 후 미란다는 4년 동안 네 번의 배심 재판, 다섯 번의 상소, 수십 번의 증인 신문을 받았다. 미란다는 두 번 자백했고, 이러한 자백으로 19년의 형을 살게 된다.[8]

가석방

미란다의 가석방 신청은 네 차례 기각되었다. 그래서 미란다는 1963년 3월부터 1972년 12월까지 애리조나 주교도소에 수감되었다. 1972년 미란다가 마침내 다섯 번째 가석방 신청을 하였을 때는 애리조나 주대법원이 강도죄에 대해 유죄 판결을 확정하기 6개월 전이고, 강간죄가 확정된 지 3년 후인데, 가석방위원회는 가석방 신청을 허락하고 미란다를 석방하였다.

얼마 동안 2류 유명인사가 된 미란다는 피닉스 시내에서 미란다 카드를 복사하고 여기에 싸인해서 장당 1달러 50센트에 팔았다. 자유를 만끽하는 18개월 동안, 미란다는 몇 건의 교통법규 위반의 경범죄를 저질렀고, 운전 면허를 박탈당했으며, 몇 번 미란다 경고를 고지받았

———————— 1972년 미란다는 가석방되어 출소하였다. 미란다는 피닉스 시내에서 미란다 카드를 복사하고 여기에 싸인을 해서 장당 1달러 50센트에 팔았다.

230

다. 가석방 조건을 위반해서 다시 교도소에 수감되어 5년 6개월간 머문다. 원래의 형기의 삼분의 일인 10년 형기를 마칠 때인 1975년 12월 중순, 미란다는 다시 석방되어 피닉스로 돌아갔다. 서른네 살이 되었을 때 미란다는 전과자로 전기점 배달부였고, 마약 딜러였다.[9]

미란다의 사망

> 어차피 사람의 목숨이란 '하나' 할 시간도 없이 사라지게 마련이고…
>
> *A man's life's no more than to say 'One'* …
>
> — 셰익스피어의 「햄릿」 중에서

지금까지 알려진 사실에 따르면 1976년 1월 31일 화요일, 미란다는 라 앰폴라La Ampola라는 술집에 갔고, 그곳은 피닉스 지역 내에 있는 듀스Deuce란 곳으로, 몇몇 허름한 선술집이 있는 곳이다. 미란다는 늦은 오후, 그곳에서 소일했고, 두 명의 지인과 합류했으며, 페르난도 로드리게즈Fernando Rodriguez가 그중 한 명이었다. 로드리게즈는 농장 인부로, 헤이즈 호텔Hayes Hotel에 간간이 머물렀다. 다른 한 명은 모레노Moreno로, 역시 농장 인부이며 영어를 거의 못하거나 조금밖에 하지 못했다. 세 명 모두 스페인계였고, 옷이나 외모로 봐서 세 명은 모두 사회 하층민으로, 실낱 같은 희망도 갖지 못한 사람들이다.

그날 오후 세 명은 그곳에서 오후 시간을 보냈다. 그들은 맥주를 마시고 카드를 치면서 잘 어울렸다. 그러나 어둑해질 무렵, 폭력 사건이 발생한다. 미란다는 테이블에서 나왔고, 남자 화장실로 갔다. 미란다가 다시 돌아왔을 때 모레노가 칼을 들고 있었다. 실랑이가 일어났고, 그 와중에 미란다는 가슴과 배가 찔려 쓰러지고, 중상을 입었다. 선한 사마리아인 병원Good Samaritan Hospital에 도착하였을 때 미란다는 이미 사망한 상태였다. 몇 장의 미란다 고지 카드가 소지품으로 발견되었다.[10] 로드리게즈는 싸움을 안 하려고 했고, 자신을 방어하기 위해 미란다의 팔과 가슴을 밀었을 뿐이라고 주장했다. 경찰 기록에 의하면 이마와 뺨의 상흔은 로드리게즈가 말한 것과 일치되었다.

로드리게즈는, 미란다가 공격하기를 멈추었고, 로드리게즈와 여자 친구는 그 술집을 나왔고, 노게일즈 술집으로 갔다가 그곳에서 체포되었다고 말했다. 콰이프 경찰관은 헤이즈 호텔에서 머문 다른 일행이 개입됐냐고 묻자 로드리게즈는 완강히 부인한다. 왜 라 앰폴라에게 나왔는지 묻자 셔츠에 피가 묻었고, 그래서 갈아입으려고 했으며, 무슨 일이 일어나는지 관여하고 싶지 않아서 그랬다라고 말했다.

그 다음 콰이프는 로드리게즈의 여자 친구를 조사했다. 그로부터 얼마 후 경찰은 몇 사람을 각기 다른 혐의로 조사한다. 로드리게즈는 그날 밤 체포되었으며, 술집에 모레노가 같이 있었던 사실은 인정하지만 살인과 관련해서는 범행을 부인한다. 그날 11시 티볼리 술집Tivoli Bar에서 술을 마시기 시작했노라고 경찰관 론 콰이페Ron Quife에게 말했다. 이어 노게일즈 술집Nogales Bar으로 자리를 옮겼고, 여자 친구와 합류했다. 거기서 모레노와 만났고, 모레노라는 이름은 모르지만 이 지방과 농장에서 안면이 있다고 말했다.

이어 모레노의 여자 친구가 도착했고, 네 명이 라 앰폴라로 갔다.

거기서 미란다와 카드를 쳤다. 로드리게즈가 2달러 내기에서 카드를 던지자 다툼이 생겼다. 로드리게즈는 '어니'Ernie라고 알고 있던 미란다가 그때 왜 자기에게 주먹을 날렸는지 도통 영문을 모르겠다고 말한다. 로드리게즈 여자 친구는, 페르난도와 미란다가 말다툼한 게 사실이라고 말했다. 그러나 미란다가 싸움을 걸었고, 로드리게즈는 싸움에 말려들지 않았다고 주장한다. 그녀는 로드리게즈의 주장과 같이, 첫 번째 싸움이 끝나고 술집을 떴다고 말했다. 그녀와 로드리게즈는, 피닉스 구급차가 사이렌을 울리며 라 앰폴라로 다가가는 광경을 보고 그녀가 로드리게즈에게 "숨어서는 안 돼."라고 말했는데, "그것은 숨을 하등의 이유가 없었기 때문이예요."라고 말했다. 그녀는 로드리게즈가 셔츠를 바꿔 입은 이유에 대해서도 로드리게즈와 같은 취지로 말했다.

로드리게즈에 대한 조사가 끝나자 한 시간 후쯤 모레노가 헤이즈 호텔에서 체포되었다. 모레노가 2호 조사실로 들어서자 콰이프 경찰관은 그때 모레노의 코에 자상으로 보이는 상처를 목격하였다. 오른쪽 중지의 상처도 며칠밖에 안 된 것으로 보였다.

모레노가 스페인어로 자신의 권리를 포기하겠고, 자신의 권리를 이해하고 대답하겠다고 진술했다. 모레노는 리버 호텔의 간이 침대 방에서 머물렀다고 주장한다. 모레노는 전날 노게일즈 술집에서 소일했던 사실을 시인했다. 그러나 그날 오후, 듀스란 곳에 있는 다른 술집에 간 사실은 부인한다. 대신 자신의 방에서 술을 마셨고, 시내 술집에서는 더 이상 술을 마시고 싶지 않았다고 말했다. 경찰관이 상처에 대해서 묻자, 코는 며칠 전 통근 버스에서 다친 것이고, 농장에서 일하다가 손가락을 다쳤다고 말했다. 로드리게즈 사진을 보더니 모르는 사람이라고 말했다.

모레노의 사진을 찍고 지문을 날인받은 후, 모레노는 호텔로 다시 돌아갔다. 콰이프 경찰관은 마리코바 구검사보 제임스 라이저James Rizer에게 페르난도 로드리게즈에게 미란다를 살해한 혐의가 있다는 조사 보고서를 제출했다. 그러나 라이저는 보고서에 여러 문제점이 있음을 지적하였다.

이에 따라 콰이프는 라 앰폴라 종업원을 재조사한다. 여자 종업원은, 미란다가 1976년 1월 31일 3시쯤 술집에 도착했다고 말한다. 이전에 했던 진술이 사실이라고 말한다. 로드리게즈가 술집 코너에서 술에 취한 노인으로부터 칼을 집어들었다고 말한다.[11] 미란다 일행은 3달러로 다투었다고 한다. 이때 그녀는, 로드리게즈가 모레노의 3달러를 집어들고 미란다에게 던지면서 "어니, 네 돈이야."라고 말했다고 한다.

그녀는, 그때 어니가 "아니, 그런 식으로 해서는 안 돼."라는 투로 대답했다고 말한다. 세 명 ―어니, 로드리게즈, 모레노― 는 싸웠다고 말했다. 그녀는, 미란다가 로드리게즈와 모레노와 싸웠고, 그래서 모레노가 바닥에 넘어졌다고 말한다. 미란다가 몇 번 로드리게즈를 구타하자 싸움은 멈췄다. 미란다의 손에 피가 묻어 씻기 위해 남자 화장실로 갔다고 했디. 미란다가 가자 모레노가 스페인어로 로드리게즈에게 "나이프 줘."라고 말했고, 로드리게즈가 주머니에서 칼을 꺼내 모레노에게 주면서, "여기, 네가 끝낼 수 있어."라고 말하고 그곳을 떴다.

미란다가 남자 화장실에서 돌아오자 모레노가 미란다에게 위협조로 칼을 휘둘렀고, 미란다가 모레노를 잡고 칼을 뺏으려고 대들었고, 모레노는 미란다의 가슴을 찔렀다.

콰이프는 라 앰폴라의 다른 목격자를 조사했다. '인디오'Indio라고 불리는 단골 손님의 진술은 여자 종업원의 진술과 거의 일치했고, 여기에 몇 가지 진술을 보탰다. 인디오에 따르면, 모레노는 어니를 남자 화장실 근처에서 나올 때 미란다를 두 번 찔렀고, 한 번은 아랫배였고, 다른 한 번은 왼쪽 가슴이었다. 인디오는, 처음 진술할 때에 술집 안 서쪽에서 싸움이 일어났다고 말한 것은 잘못이고, 모레노와 어니는 남자 화장실 부근에서 싸웠다고 정정한다.

콰이프의 동료 경찰관 래시c. Lash는 시내에서 다른 정보를 입수했다고 보고한다. 예컨대, 1976년 1월 1일 이른 아침 모레노가 풀려나사, 다른 인부에게 헤이스 호텔에 머물고 구속되었다가 풀려 나왔다고 자랑했다는 것이다. 모레노의 같은 방 동료 토레즈Torrez는 부에노Bueno 경찰관에게, 모레노가 앰폴라에서 칼을 가지고 싸운 사실을 인정했고, 경찰관이 풀어 준 것을 자랑했다고 말한다.

그 다음 날, 래시 경찰관이 술집 여자 종업원을 다시 조사하였다. 래시는 구금되어 있을 때 찍은 모레노의 사진을 보여준다. 그러자 그녀는 흥분된 목소리로, "맞아요, 바로 그 남자에요."라고 말한다.

콰이프는 즉시 모레노를 살인범으로 지목한다. 모레노는 지명수배되고, 국경 순찰대와 이민국에 통보된다.

국경 순찰대에 따르면 모레노는 1971년과 1974년에 국경을 드나들었다. 두 번 모두 모레노는 페레즈Perez라는 이름을 썼다. 페레즈는 모레노의 어머니 이름이다. 멕시코인은 어머니 이름을 세례명으로 쓰기도 한다. 콰이프는 호텔 장부에 적힌 페레즈가 모레노이고, 그가 미란다 살인 사건이 발생하고 얼마 뒤 구속되었던 모레노임을 알게 된다.

콰이프는 최종 보고서에서 송구하다는 표현을 쓰면서, 카드 게임에서 3달러 문제로 미란다가 처음 공격했을 때 '페레즈'라고 불리는 모레노가 미란다를 살해했다고 밝힌다. 콰이프는 살인 사건은 이로써 종결한다고 보고한다.

마리코파 구 검찰청은 1976년 2월 3일 로드리게즈와 모레노를 살인죄로 기소한다. 경찰서의 체포영장은 발부되었지만 아무도 체포되지 않았다.

미란다의 살인 사건 조사 시 미란다 고지는 철저히 이루어졌다. 피닉스 경찰서로 후송하기 전 피닉스 경찰관은 혐의자에게 한 번은 영

───────── 어네스토 아르투로 미란다는 1941년 5월 9일 애리조나 주 메사시에서 태어나서 1976년 1월 31일 애리조나 주 피닉스시에서 사망하였다. 그의 시신은 메사시 공원묘역에 안장되었다.

어로, 두 번째는 스페인어로 미란다 카드에 적힌 대로 읽어 주었다. 경찰관은 미란다 권리를 진지하게 읽어주고 "당신은 이 권리를 이해하고, 임의로 진술할 건가요?"라고 물었다.[12] 두 혐의자는 자발적으로 자신의 권리를 포기하였고, 변호인 없이 조사받겠다고 진술한다. 1963년 미란다 자신이 조사받을 때와 다르게 자백은 없었고, 아무도 교도소에 수감되지 않는다. 두 명은 미제 사건의 용의자로 수사 대상으로 있다가 사라졌고, 다시는 볼 수 없었다.

미란다는 이렇게 그의 삶을 마감했고, 아무런 유산도 남기지 않았다.

워렌의 은퇴와 사망

워렌은 두 통의 편지에서 대법원장직에서 물러나겠다고 밝혔다. 그 편지는 존슨에게 전달되었다. 편지 첫머리에서 워렌은 자신이 대법원장직에서 물러나는 것이 바람직하며, 자신의 의지에 따라 은퇴하기로 결심했다고 밝혔다. 병이 있거나 직업에 불만이 있어서가 아니고, 50년간 여러 공직에서 근무한 것이 나름대로 즐거웠다고 밝혔다. 워렌은 은퇴하기로 결심한 주된 이유가 나이라고 하였다. 그런데 존슨이 경선에서 탈락하고, 케네디가 암살되자 워렌의 은퇴건은 보류되었다.[13] 리차드 닉슨이 대통령에 당선되자 워렌은 다시 은퇴 의사를 밝혔다. 워렌의 은퇴 소식은 연방대법원으로서는 슬픈 소식이었다. 워렌 대법원장은 어느 토요일, 여느 때와 마찬가지로 비서들과 점심 식사를 같이 했다. 그 자리에서 워렌은 은퇴 의사를 밝혔다.

1973년 말이 되자 워렌의 건강은 악화되었다. 그러나 워렌은 이를 극복하려 애쓴다. 워렌은 1974년 1월 26일 로스앤젤레스에 있는 병원에 입원하였다.

그해 3월, 워렌은 여든세 살 생일을 맞이했고, 몇몇 공식적인 자리에도 모습을 드러냈다. 그러나 그로부터 얼마되지 않아 심장병이 다시 도졌고, 워싱턴에 있는 병원에 입원하였다. 워렌은 그해 7월 2일 다시 병원에 입원했고, 결국 사망하기에 이른다.

워렌은 미란다 판결을 선고한 지 3년 후 일흔아홉 살에 은퇴한 셈이다. 오늘날 워렌은 미국법의 역사에서 가장 영향력 있는 인물로 기억된다. 미란다 판결에 대해서는 오늘날에도 계속 논쟁이 되고 있지만, 미국법의 역사에서 워렌의 이름을 빼고 얘기하는 것은 어렵다.[14]

제10장

미란다 판결에 대한
반향

초기의 반응들

미란다 판결이 나온 직후 격렬한 논쟁이 일어났다. 1966년 미국 연방범죄수사국FBI은 미란다 판결 이후 범죄율이 급격하게 상승했다고 발표했다. 1966년 9월 11일부터 17일까지 로스앤젤레스 인근에 있는 와츠Watts에서 인종 폭동이 일어났다. 흑인 오토바이 운전자가 음주 운전으로 체포되었고, 사소한 다툼이 폭동으로 번졌다. 와츠 난동watts riots과 여기에 대한 강경한 대응은 미국 전역을 강타했다. 1968년 4월 4일 오후 6시 1분, 총알 한 발이 모텔 2층 발코니에 서 있는 마틴 루터 킹Martin Luther King 목사의 얼굴을 강타했다. 총알은 킹 목사의 얼굴과 목을 관통했다. 응급 소생 수술을 받았으나 그날 오후 7시 5분에 성 요셉 병원St. Joseph Hospital에서 사망했다. 당시 킹 목사는 흑인 노동자들의 집회를 지원하기 위해 멤피스로 간 것이었다. 마틴 루터 킹 목사의 피격 사건으로 미국은 우울한 분위기로 접어든다.

연방대법원이 묵비권과 변호인 선임권을 포기하는 것으로 이러한 논쟁이 모두 종식되었다고 보았다면 이는 잘못이다. 초기의 미란다 판결의 비판론자들은 소수만이 미란다 권리를 포기할 것으로 내다보았다.[1] 경찰은 연방대법원에 의해 마치 무장해제당한 것처럼 떠들어댔다. 경찰은 미란다 판결이 피의자에게 방패를 준 것이라고 비난했다.

의회는 1968년 「종합 범죄통제 및 가로 안전법」Omnibus Crime and Safe

Streets Act of 1968을 제정하였다. 존슨 대통령이 이 법안에 서명하였고, 연방법원으로 하여금 자백의 허용성을 검토할 때 임의성 검토에 따르도록 하고 있다.

보수주의자들은 미란다 판결을 비난했고, 자유주의자들은 미란다 판결을 찬양했다. 의회는 위와 같이 연방법 제3501조를 제정함으로써 미란다 판결에 대한 불만을 표시했다. 이 법은 과거에 있었던 사정의 전제를 살피는 임의성 검토를 복구한 것이다.[2]

미란다 판결에 대하여 가장 적개심을 드러낸 사람은 다름 아닌 미란다 판결에서 원용하고 있는 경찰 실무 교본의 저자인 인바우 교수다.

인바우는 셰익스피어의 『헨리 4세』에 나오는 문구를 인용한다. "우리가 맨 먼저 해야 할 일은 법률가를 없애버리는 것입니다." 인바우는 미란다 판결에서 법원이 큰 실수를 저지른 것이라고 비난하면서 셰익스피어의 문구가 마냥 틀린 말이 아니라고 생각하는 사람들도 있을 것이라고 비아냥거렸다.

인바우는 미란다 판결의 대안으로 의회가 1968년 제정한 「종합 범죄 통제법」의 임의성 검토를 따라야 한다고 주장했다.[3]

미란다 판결이 있자 워렌 법원에 대한 반대 여론이 들끓었다. 어떻게 자백한 강간범을 풀어줄 수 있단 말인가?

1968년 대통령 후보인 닉슨Richard Milhouse Nixon, 1913. 1. 9.-1994. 4. 22.(제37내 미국 대통령이다. 1969년부터 1974년까지 대통령으로 재임하였다. 캘리포니아 의원과 부통령을 역임하였다. 닉슨은 듀크 로스쿨을 졸업하였고, 하원 의원과 상원 의원을 모두 거쳤다)은 선거 공약에 즈음하여 에스코베도 판결과 미란다 판결로 인해 범죄율이 높아졌다고 비난하였다. "이러한 일련의 판결이 누적됨으로써 수사 기관과 소추 기관의 가장 효율적이고 중요한 도구인 자백을 거의 무력화시켰다."[4] 상원의원 샘 얼빈Sam Ervin, 1896. 10. 27.-1985. 4. 23.(민주당 소속으로 노스 캐롤라이나의 의원을 지냈다. 의원으로서 샘은 민권 논쟁에 있어 인종 분리를 지지하였다. 스스로를 '시골 변호사'country lawyer라고 불렀다)은 미란다 판결의 다수 의견은 '사법 과두제'judicial obligarchy라고 비난했다. 얼빈은 미란다 판결에 따르면 자백한 살인범, 강간범, 강도, 방화범, 절도범이 모두 처벌받지 않고 집으로 돌아가게 된다는 것이다.

공화당의 리차드 닉슨 후보와 무소속의 조지 월리스George Corley Wallace, 1919. 9. 25.-1998. 10. 13.(45대 앨라배마 주지사를 지냈다. 민주당원으로 여러 번 주지사를 연임하였다) 후보 역시 워렌 법원을 비난했다. 월리스는 연방대법원을 가르켜 '유감스럽고, 엉망이고, 영 생각이 없는 단체'라고 비난했다.

닉슨은 대통령 선거 유세 때 '법과 질서'law and order를 슬로건으로 내세웠다. 민주당 대통령 후보 허버트 험프리Hubert Humphrey, 1911. 5. 27.-1978. 1. 13.(린든 존슨 대통령 아래 38대 부통령을 역임하였다) 역시 미란다 판결을 지지하지 않았다.[5] 이와 같이 법원이 수사 기관에게 지나친 입증 책임을 지운다는 비판적인 견해가 많았다. 한 경찰서장은 법원이 헌법을 잘못 해석해서 피의자에게 방패를 쥐어 주었다고 불만을 토로했다. 비판론자들은 워렌 법원이 경찰의 손과 발을 묶고 범죄인을 껴안음으로써, 법과 질서가 심각한 도전에 직면해 있다고 비판했다.

실제로 미란다 판결 이후 보수론자들은 강하고 지속적으로 미란다 판결을 비판해 왔고, 이 논란이 정치 논쟁의 한가운데로 가게끔 하였

리차드 닉슨은 제37대 미국 대통령이다. 1969년부터 1974년까지 대통령으로 재임하였다. 닉슨은 에스코베도 판결과 미란다 판결로 인하여 범죄율이 높아졌다고 비난했다. 닉슨의 주장에 따라 의회는 「종합 범죄 통제법」을 제정하였다.

다. 이로 인해 1968년 미국 대선 때 닉슨 대통령 후보는 범죄와 투쟁하는 모습을 보여주었다. 닉슨은 대법원이 중죄인에 대해 낮은 유죄 선고율이 나도록 하고 있다고 비판했다. "미란다와 에스코베도 판결은 평화 세력에 대한 중대한 위험을 야기하였고, 범죄 세력을 강화시켰나."라고 비판했다. 닉슨은 의회가 미란다와 에스코베도 판결에 대응하는 입법을 해서 자백의 허용성에 대하여 임의성과 신뢰성을 검토하도록 해야 한다고 주장했다. 결국 닉슨의 주장에 따라 미국법 제3501조가 입법화된 것이다. 이는 미란다 판결, 에스코베도 판결 이전

의 임의성 검토로 되돌아가는 것을 의도한 것이었다.[6]

초기의 연구

━━

미란다 판결이 선고된 지 얼마 되지 않아 학자들은 경찰이 미란다 원칙을 어떻게 준수하는지와 미란다 판결에 대한 경찰의 태도, 미란다 고지의 효과, 조사받는 동안 피의자의 태도, 자백에 대한 미란다 판결의 효과, 검거율, 유죄율에 대한 실증 조사를 하였다. 이러한 연구는 다양한 방법, 예컨대 참여자 조사, 여론 조사, 면담, 사건 분석 등을 통해 이루어졌지만 이러한 실증 연구는 여러 장점과 단점, 그리고 한계라는 제한성이 있었다.

초기의 연구 중 가장 많이 인용되는 연구는 1966년 예일 로스쿨 학생들이 127번이나 뉴헤이븐 경찰서 조사에 참여하여 작성한 보고서다. 이 조사에 따르면 경찰관은 구금되어 조사받는 피의자에게 미란다 고지를 모두 읽어주지 않았다. 보고서에 따르면 미란다 고지를 읽어주는 질도 매우 다양했다. 따라서 죄가 중할수록 경찰관이 피의자에게 미란다 권리에 대하여 자세하게 읽어줄 필요가 있다고 권고하고 있다.

보고서에 따르면 대부분의 피의자들이 미란다 권리의 중요성을 잘 이해하지 못하고 있는 것으로 나타났다. 소수의 피의자만이 진술하길 거부하면서 변호인이 입회할 때까지 묵비권을 행사했다. 단지 5%의 경우만 미란다 요건이 경찰 수사력에 영향을 주었다고 보고하고 있다. 더구나 미란다 요건은 경찰의 행동에 별다른 영향을 주지 않았으며, 경찰은 여전히 심리 조종술을 사용하고 있다고 보고하였다.

한편 미란다 판결이 있기 전보다 조사 절차가 한결 부드러워졌다는 연구도 있다.

유타 대학 법학 교수 카셀Paul G. Cassell과 경제학 교수 파울스Richard Fowles는 1966년 미란다 판결의 사회적, 경제적 효과에 대하여 연구하였다. 카셀 교수는 미란다 효과와 범인 검거율의 상관 관계에 대하여 집중적으로 연구하였다.

카셀의 연구에 의하면 1975년을 기준으로 하여 살인, 강간, 폭행죄의 경우 미란다 요건과 범인 검거율 사이에는 상관 관계가 없었다. 그러나 폭력 행위의 경우 8.5~20.4%의 감소가, 강도의 경우 6.6~29.7%의 감소가, 재산 범죄의 경우 3.9~16.3%의 감소가, 강도의 경우 6.2~28.9%의 감소가 있었다고 주장한다.[7]

미란다 판결이 선고된 지 몇 해가 지나지 않아 이 판결이 공권력을 무력하게 할 것이라는 예측이 잘못되었음이 드러났다. 경찰은 미란다 원칙에 따라 자백을 잘 받아냈다. 1960년대와 1970년대 초반을 조사한 연구에 따르면, 미란다 판결은 범죄에 대처하는 경찰력에 거의 영향을 주지 않는 것으로 드러났다. 1977년 제럴드 이즈라엘Jerald Israel 교수는 미란다 고지가 경찰에 조금도 어려움을 주지 않았고, 구금되어 조사받는 피의자에게도 거의 영향이 없다고 보고했다. 따라서 미란다 고지가 경찰에 대한 영향은 무시할 수 있는 수준이었다.

미란다 판결의 잠식

1971년까지 미란다 판결의 다수 의견을 썼던 두 명의 대법원 판사가 퇴임하였다. 닉슨 대통령은 그 자리에 보수 성향의 판사를 임명한다.

미란다 원칙은 묵비권의 포기에 대해 정부에 엄격한 입증 책임을 지우고 있다. 나아가 자백을 얻을 때 적정절차를 위배하면 그러한 자백은 임의적이지 않은 것으로 본다. 1968년 닉슨 대통령이 당선되자 법원의 구성에 변화가 있었고, 이에 따라 미란다 판결은 확장되지 않으리라고 예측된다. 닉슨은 임기 초에 네 명의 대법원 판사를 지명했고, 이들은 닉슨의 보수 성향과 같이했다.

1969년에는 워렌 버거Warren Burger가 워렌 대법원장의 후임으로 대법원장에 취임한다. 1970년에는 해리 블랙먼Harry Blackmun이 포르타스 후임으로 대법원 판사가 된다.

한편 미란다 판결에서 반대 의견을 개진한 톰 클라크Tom Clack가 퇴임하자 닉슨은 후임으로 마셜Thurgood Marshall을 대법원 판사로 임명한다. 이러한 구성으로 1971년 해리스 사건Harris v. New York[8] 이후 연방대법원은 미란다 판결의 적용 범위를 제한했다. 피고인 해리스Harris는 헤로인이라는 마약을, 신분을 위장한 경찰에게 판매한 죄로 체포되었다. 미란다 고지를 받기 전에 해리스는 경찰의 요청으로 두 번 마약을 팔았다고 진술했다. 그러나 법정에서 해리스는 한 번은 판 사실이 없고, 두 번째는 경찰에게 베이킹 파우더를 팔았다고 증언했다. 해리스의 최초 진술은 해리스 진술의 신빙성을 다투기 위해 증거로 제출되었다. 연방대법원은 미란다 고지를 받기 전에 한 해리스의 최초 진술은 진술의 신빙성을 다투기 위한 목적으로는 사용될 수 있다고 판시했다. 워렌 버거가 대법원장에 임명되었고, 이어 윌리엄 렌퀴스트William Rehnquist가 대법원장에 임명되었다. 버거의 보수주의 성향을 돌아볼 때 미란다 판결이 확장되기보다는 살아남을까 하는 우려도 있었다.

1960년대 후반부터 1970년대까지 버거 법원은 미란다 판결에 대하여 공공연하게 적의를 드러냈다. 피고인이 미란다 판결에 따라 증거의 허용성을 다투면 법원은 계속해서 '미란다 판결에 따르면 증거는 허용된다'는 식으로 해석했다.

버거 법원의 이와 관련된 열 개의 판결은 미란다 원칙의 적용에 있어 적용 범위를 되도록 매우 좁게 해석하는 경향을 드러내고 있다. 예컨대, 미란다 원칙을 위배하여 자백을 얻었더라도 탄핵 목적으로의 사용을 허용한다.[9] 가석방 받은 자가 경찰서에서 조사받을 때 미란다 고지를 해주어야 하는지 다툰 사안에서, 법원은 이 경우에는 미란다 판결에서 말하는 '구금'custody에 해당하지 않는다고 판시했다.[10] 이러한 판결에 비추어 법원이 미란다 판결을 해체하거나 적용범위를 최소한으로 제한하려는 것으로 보인다.

그러나 1980년대에 접어들면서 법원의 태도는 변화한다. 1981년 에드워즈 사건Edwards v. Arizona[11]에서 피고인 에드워즈Edwards는 절도, 강도, 1급 살인죄로 집에서 제포되있다. 체포된 후 경찰서에서 미란다 고지를 받았다. 에드워즈는 자신의 권리를 이해했고, 진술하겠다고 말했다. 관련 사건의 공범이 체포되자 에드워즈는 가담 사실을 부인하면서 협상하자고 했다. 에드워즈는 구검사 앞에서 "변호사를 원하고 거래를 원합니다."라고 짤막하게 진술했다. 신문이 끝나고 유치장에 수감되었다. 그 다음 날 아침, 두 명의 경찰이 와서 얘기하자고 했다. 처음에 에드워즈는 거부했으나 경찰이 진술하라고 하자 털어놓았다. 경찰은 미란다 고지를 해주었고 자백을 받아냈다. 연방대법원은, 피의자에게 변호인 선임권이 있음을 고지하였으나 변호인이 없는 경우라면 피의자 '스스로' 경찰관에게 진술하지 않는 이상 경찰관은 조사에서 배제되어야 한다고 판시하였다. 이러한 경향은 판결이유의 논지에서도 드러난다. 이니스 사건[12]에서 법원은 공권력은 미란다 판결을 위배하거나 폄하해서는 안 된다고 판시했다.

미란다 판결의 영향

미란다 판결은 미국 역사에서 가장 유명하고 가장 많은 논란을 일으켰으며, 축복과 함께 비난도 받았다. 판결이 선고된 때부터 수많은 신문 보도와 정치적 논쟁과 법적 논쟁, 그리고 학술 논쟁의 대상이 되었다.

　미란다 고지는 미국 문화의 일부분이 되었다. 그러나 미란다 판결에 대한 실증 연구에 의하면, 이 판결의 영향은 실제로는 거의 대부분 무시해도 될 정도라는 것이 학자들의 일치된 견해이다.

　미란다 판결은 구금되어 조사를 받은 피의자에게 거의 영향을 주지 않았다. 압도적 다수(78~96%)의 피의자들이 명시적으로나 묵시적으로 미란다 권리를 포기한다.

경찰은 미란다 판결이 선고된 이후 미란다 법리에 성공적으로 적응해 왔다. 경찰은 여전히 높은 비율로 범죄 시인과 자백을 이끌어내면서도 미란다 권리를 준수하는 방법을 터득해 왔다.

결국 미란다 법리란 다루기 쉬운 사전 절차에 지나지 않게 되었다. 오히려 자백의 허용성에 대한 임의성 검토를 미란다 원칙으로 대체하였으며, 자백의 임의성 문제를 미란다 권리 포기 문제로 바꾸었다.

검사와 판사 역시 미란다 법리를 지지한다. 그 이유는 미란다 판결이 오히려 이들의 부담을 덜어준다는 것이다.[13]

미란다 판결과 경찰 조사

이제 미란다 원칙은 하나가 아니고 일군을 이루고 있다. 버거와 렌퀴스트 법원은 '후기 미란다 판결'post-Miranda decisions을 이끌어 내어 원래의 판결보다 느슨하고, 완화된 기준을 제시하고 있다. 따라서 수사관으로서는 이러한 장애물을 넘기가 훨씬 수월해졌다. 따라서 미란다 판결이 경찰에 미치는 영향력은 과거보다 훨씬 수그러들었다.

그럼에도 미란다 판결이 경찰과 피의자 사이에 미치는 실제 효과는 놀랍다. 실증 연구에 따르면 중죄 사건에 있어 약 80%의 피의자들이 미란다 권리를 포기하고 경찰에게 진술한다.

후기 미란다 판결은 피의자 보호 요건을 새롭게 해석했다. 후기 미란다 판결은 두 가지로 살펴볼 수 있다. 첫째, 후기 미란다 판결은 미란다 권리를 포기함에 있어 유효한 요건을 다루고 있다. 둘째, 미란다 원칙을 위배하여 얻어낸 진술도 진술을 탄핵하는 등의 목적으로는 허용할 수 있다.

미란다 판결에서는 미란다 권리의 포기를 엄격하게 정해두고 있다. 그리고 이러한 권리 포기에 대하여 검찰에 엄격한 입증 책임을 지우고 있고, 기망이나 회유 등에 의해 권리 포기를 하지 못하도록 금지한다.

수사관의 입장에서 보면 미란다 요건은 수사를 성공리에 마치기 위한 장애물이 된다. 수사관의 입장에서 피의자가 스스로 미란다 권리를 포기하고 진술하길 원하겠지만 피의자는 자신의 권리를 행사하고 묵비권을 행사할 것이다. 따라서 현재에도 미란다 권리는 수사관에게 장애물이 된다. 그러나 실제에 있어서 피의자가 미란다 권리를 포기하고 진술하기 시작하면 수사는 성공리에 마칠 수 있고, 진술에 일부 문제가 있어도 마찬가지다.

미란다 권리를 포기시키키 위한 수사관의 전략은 무엇인가? 경찰은 다양한 전략을 구사한다.

첫째, 경찰은 피의자에게 중립적인 태도로 미란다 권리를 고지한다. 수사관은 조사를 시작하기 전에 인쇄된 미란다 양식을 보고 단순히 읽어 준다. 단순히 전형적인 것처럼 묻고 피의자로부터 권리 포기를 한다는 답변을 받는다.

둘째, 경찰은 미란다 고지의 중요성을 강조하지 않는다. 즉 미란다 권리의 중요성을 강조하지 않는 전략을 취한다.

셋째, 주변 얘기를 들려준다. 미란다 권리를 포기하게 하는 가장 효과적인 방법은 피의자에게 주변 얘기를 들려주는 것이다. 예컨대 "증인이 너에 대해 이렇게 말하고 있는데, 너 편에 서서 얘기를 들어 줄게, 무슨 얘기라도 들어주는데, 그러려면 먼저 너의 권리를 읽어 줄거야."라는 식이다.

넷째, 경찰이 피의자의 이익을 대변하는 것처럼 대한다. 조사관이 피의자의 이익을 대변하는 것처럼 접근해서 미란다 권리를 포기하게 한다.

다음으로 피의자가 미란다 권리를 행사하려 할 때 경찰은 어떻게 대처할까? 이럴 때도 경찰은 기민하게 대처한다.

첫째, 피의자가 마음이 바뀔 때까지 혼자 남겨 둔다. 피의자가 미란다 권리를 행사하려고 하면 수사관은 마음이 바뀌면 얘기하라고 하고 혼자 남겨 둔다.

둘째, 피의자의 마음을 바꾸기 위해 노력한다. 여기에 대비하여 수사관들은 정교한 전략을 구사한다. 예컨대 피의자가 묵비권을 행사하려고 한다면 시간이 경과한 후 피의자에게 새로운 사실과 증거를 발견했다고 말한다. 그래서 조금 일찍 경찰관에게 말하는 것이 나을 것이라는 생각이 들도록 한다.

셋째, 미란다 권리가 침해되지 않는 주변 얘기부터 한다. 즉 사건과 관계가 없어 녹음이 되지 않는 주변 얘기부터 한다.

현재 미란다 효과에 대하여 살펴본다. 여기에 대한 실증 조사에 의하면 경찰관들은 미란다 권리에 대해 정교하게 잘 적응해 오고 있다.

미란다 권리의 고지는 피의자로부터 자백을 받아내는 데 그리 영향을 미치지 않고 있다. 그 이유는 조사관들이 미란다 판결 이후 자백을 얻기 위한 정교한 수사 기법을 개발해 왔기 때문이다.

실증 조사에 따르면 경찰은 현대적 수사 기법에 따라 미란다 고지를 우회할 수 있다. 이러한 수사 전략에 따르면 미란다 효과란 무시할 수 있는 수준이다. 다시 말해 수사관이 피의자를 설득할 수 있다면, 미란다 권리의 포기를 쉽게 할 수 있다.

사실 수사관들은 경우에 따라 다양한 전략을 구사하는데, 중요한 사건일수록 더욱 정교한 기법을 사용한다.

이런 우회 전략에도 불구하고 미란다 권리에 따라 경찰도 어느 정도 손실이 있는 것으로 본다. 첫째, 미란다 권리 자체가 경찰에게 부담을 지운다. 둘째, 이러한 부담은 그리 크지 않다. 그러나 법원이 미란다 원칙에 따라 증거의 허용성에 제동을 걸고 있으므로 경찰은 그에 따른 어느 정도의 손실은 감내해야 한다.[14]

미란다 판결과 법 집행력

미란다 판결만큼 관심과 격렬한 논쟁이 된 판결도 드물다. 미란다 판결은 경찰에게 수갑을 채운 것으로 평가되기도 하고, 평화 세력보다 범죄인을 선호했다는 비아냥을 받기도 했다. 미란다 판결이 선고된 후 미국 법무부는 120쪽에 이르는 보고서를 발간하였는데, 그 요지는 미란다 판결이 위법하므로 폐기해야 한다는 것이다. 물론 이런 논지는 근본적으로 타당하지 않으며, 법무부가 연방대법원의 논지에 반하는 이런 보고서를 발간한다는 것도 부적절한 것으로 평가되고 있다.

미란다 판결은 크게 다음의 세 부분으로 나눌 수 있다.

첫째, 비공식적 압력은 수정헌법 제5조가 금지하는 강요를 구성한다.

둘째, 비공식적 강요는 구금되어 조사받는 피의자에게 나타난다.

셋째, 구금되어 조사받는 상황에서의 강요를 배제하기 위해 자세하고 특별한 고지가 필요하다.

미란다 원칙이 범죄를 해결하고 범인을 잡는 경찰 집행력에 있어 효율성을 떨어뜨리는지 논의되었다. 그러나 법무부가 주장하는 '법 집행력에 대한 훼손'이란 실제로는 실체가 없는 것이다. 미란다 판결이 선고된 후에 발간된 보고서에 의하면 여러 지역에서 조사해 보았을 때 자백률이 떨어지지 않았다. 미란다 판결 직후 어떤 지역에서 자백률이 떨어진 것으로 나타나기도 했으나 미란다 판결이 선고되고 1~2년이 지나자 범인 검거율이나 유죄 선고율에 있어서 차이가 없었다. 1970년 초에 연방대법원이 미란다 판결을 다듬을 때에도 미란다 판결이 법 집행의 효율성에 있어 장애물이 되지 않는다는 광범위한 인식을 토대로 하고 있었다.[15] 1990년대 중반 이후 미란다 판결에 대한 연구는 두 가지 경향으로 나눌 수 있다.

첫째는 양적인 조사이다. 미란다 판결이 자백, 범인 검거율, 유죄율에 미치는 양적인 영향을 조사하는 것이다.

둘째는 질적인 조사이다. 즉 미란다 판결이 실제 경찰에 어떤 영향을 미치는가 조사한다. 어떻게 미란다 판결을 우회적으로 피해가는가, 미란다 권리 포기를 어떤 방법으로 받아내는가 등을 조사한다.

여기에 대해 가장 잘 알려진 조사는 카셀과 슐호퍼Cassell and Schulhofer 의 연구다. 카셀은 미란다 판결 이후의 조사와 발간되지 않은 연구를 선택적으로 조사한 결과 약 16%의 자백률이 감소했고, 그에 따라 중죄에 있어 유죄율이 3.8% 정도 감소했다고 평가했다. 그러나 카셀의 연구를 다시 검토한 연구에서는, 카셀의 연구에 방법론상 오류가 있다고 지적하고 있다. 카셀의 연구는 선택적 분석이라는 방법에 따라 분석한 것이므로 정확성이 결여되었다고 본다.

이전 연구를 재분석한 슐호퍼의 연구에 따르면 미란다 판결은 자백률을 4.1% 떨어 뜨렸다고 평가하고 있다. 이에 따라 미란다 판결은 전체적으로 볼 때 0.78%의 유죄율을 떨어뜨렸다고 평가한다.[16] 미란다 고지에 대한 설문 조사를 하자 응답자들 대부분 미란다 고지로 인해 거의 자백하지 않을 것이라고 대답했다. 설문 조사에 따르면 미란다 요건을 충족시키면 자백률이 현저히 떨어져야 한다. 그러나 미란다 판결이 선고되기 전인 1964년과 미란다 판결이 선고된 후인 1967년의 구속률에 있어서 차이가 없었다.

더욱이 1964년과 1967년에 경찰이 자백을 얻어낸 비율을 비교하였을 때 1964년에는 38%였으나 1967년에는 41%로 나타나 미세하지만 오히려 미란다 판결 선고 이후 자백률이 증가하였다.

설문 조사의 응답자들 상당수는 미란다 판결이 유죄율에도 상당한 영향을 미칠 것으로 내다보았다. 왜냐하면 수사란 기술적인 것이고, 미란다 요건을 충족시키면 수사나 재판에도 영향이 간다고 생각하였기 때문이다.[17] 미란다 판결 이전의 841건을 조사하니 92%란 유죄율이 나왔고, 미란다 판결 이후 384건을 조사하자 83%란 유죄율이 나왔다.

그러나 이러한 유죄율에 있어서의 차이는 다른 요소, 예를 들어 검사의 기소 형태, 범죄의 형태, 증거 관계에 의해 나타날 수 있으므로 위 통계자료에 의해 미란다 판결이 유죄율에 영향을 미쳤다고 보기 어렵다. 결국 미란다 판결은 범인 검거율과 구속률, 유죄 선고율에 거의 영향을 미치지 않은 것으로 볼 수 있다.

결국 미란다 판결의 경찰에 대한 영향력이란 미미한 것이라 할 수 있다. 나아가 미란다 고지나 요건은 경찰 조사에 실질적으로 영향을 미치지 않았다. 그 이유는 몇 가지로 생각해 볼 수 있다.

첫째, 경찰은 미란다 판결을 좋아하지 않으므로 미란다 판결의 영향력을 최소화하기 위한 방안을 찾았다.

둘째, 개인은 미란다 고지란 혜택을 받아야 한다. 그러나 실제로는 지식이나 지능이 부족하거나 구금된 상태에서 오는 스트레스로 인해 미란나 원칙에 따라 묵비권을 행사하지 않는다. 실증 조사에 따르면 대다수 개인들은 구금된 경우, 미란다 고지를 하였음에도 자신의 권리를 행사하지 않았다.

셋째, 미란다 판결이 공권력에 타격을 주더라도, 이러한 효과는 범인

을 처벌하는 비율에는 영향을 주지 않는다.[18]

　미란다 판결은 사람들의 행동을 급변하게 바꾼 몇 안 되는 판결 중 하나다. 미란다 판결은 경찰로 하여금 미란다 고지를 하도록 명령하고 있다. 이로 인하여 시민들은 자신들의 권리에 익숙해지고 있다. 나아가 범인을 잡으려는 공권력이 미란다 고지로 인해 어느 정도 방해를 받을 수도 있겠구나라고 생각하게 만든다. 그럼에도 미란다 판결의 경찰 업무에 대한 영향은 적다고 조사되고 있다.

　미란다 판결이 법 집행력에 심각한 타격을 주었는지에 대한 논의에서 실질적 관점과 방법론적 관점이 논쟁이 되었다. 실질적 관점에서 폴 카셀Paul Cassell과 리차드 파울리스Richard Fowles는 할랜Harlan 판사의 반대 의견에 주목한다. 할랜은 다수 의견이 법 집행력에 타격을 줄 뿐만 아니라 많은 사회적 비용을 발생시킨다고 비판하였다. 할랜은 언제 이런 상태에 이를 것인지는 시간만이 말해줄 것이라고 내다보았다. 카셀 교수는 미란다 판결 이후 폭력 범죄와 재산범죄에 대한 검거율을 발표하였는데, 경찰의 자료에 근거하여 검거율이 많이 떨어졌다고 보고했다.

　그러나 사회 현상을 구성하는 복합적인 역할 관계는 법의 개입에 의하여 급격하게 변화하지는 않는다. 예컨데 브라운 사건Brown v. Board of Education 이후에도 흑인 학생이 백인 일색인 학교에 다니는 비율에 크게 변화가 없었다. 그러나 브라운 판결의 영향력은 실로 지대하다.[19] 결국 미란다 판결의 영향력은 사람들이 생각한 만큼 크지 않다고 볼 수 있다.

제11장

미란다 판결의
과거와 현재, 그리고 미래

예외 법리의 부상

실증 연구에 따르면 일반인들의 믿음과 달리 1960년대와 1970년대에 미란다 효과는 적었고, 범죄를 다루는 경찰에 대한 작용도 미미했다. 그럼에도 연방대법원은 1960년대 판례와 상반되는 행보를 걷는다. 온건 내지 보수 성향의 판사인 산드라 데이Sandra Day, 오코너O'Connor, 클라렌스 토마스Clarenc Thomas, 안토닌 스칼리아Antonin Scalia와 연방대법원장 윌리엄 렌퀴스트William Rehnquist가 법원을 장악했다. 렌퀴스트 대법원장의 등장으로 미란다 원칙은 많이 잠식되었다. 이에 따라 미란다 판결 이후 연방대법원은 미란다 법리에 대한 많은 예외를 만들어 왔다.

해리스 사건[1]에서 연방대법원의 다수 의견을 낸 다섯 명을 대표하여 버거Burger 대법원장은, 피의자에게 미란다 고지를 해주지 않았더라도, 이러한 진술은 탄핵 목적으로 사용할 수 있다고 판시하였다.[2] 이 사건에서 연방대법원은 검찰이 미란다 권리를 고지하지 않고 위법하게 얻어 낸 진술도 사용할 수 있다고 판시한 것이다. 1979년 버틀러 사건North Carolina v. Butler에서 미란다 권리의 포기가 유효하려면 피의자가 미란다 고지를 이해해서 진술하면 되고, 피의자가 실제로 이해했는지 경찰이 명시적으로 물어볼 필요는 없다고 판시했다. 1984년 퀄스 사건New York v. Quarles에서 공공의 안전을 위한 합리적인 이유가 있다면 미란다 고지를 할 필요가 없다고 판시했다. 2004년 사이퍼트 사건

───────── 워렌 얼 버거Warren Earl Burger, 1907. 9. 17.-1995. 6. 15.는 1969년부터 1986년까지 미
국 연방대법원장이었나. 버거는 보수적이고 완고한 해석자로 알려져 있으며, 후기 미란다 시대를
열었다.

Missouri v. Seipert에서 미란다 고지를 하지 않고 피의자를 신문하여 자백을 받아 낸 다음, 미란다 고지를 하고 권리 포기를 얻어 냈다면 하자가 치유되어 자백은 허용된다고 판시하였다. 2004년 퍼테인 사건United States v. Patane에서는 미란다 법리를 위배하였더라도 피의자의 진술을 통해 발견된 '물적 증거'나 '과실'까지 배제되는 것은 아니라고 판시하였다. [3]

미란다 원칙

미란다 원칙은 자백의 허용성만 규율하는 것이 아니라, 다음의 법칙을 포괄한다. [4]

1. 조사받는 동안 변호인이 입회할 권리
2. 조사실 밖에서도 권리 고지를 명함
3. 자백의 허용성과 권리 포기에 대한 엄격한 심사
4. 허위 진술에 대한 규율
5. 강제적인 진술의 녹화
6. 몇 가지 예외 법리

미란다 판결에 의하면 신문 시 강제나 위협이 없어야 할 뿐만 아니라 자백을 얻기 위한 정교한 기만술을 써서도 안 된다. 조사자가 피의자를 조사할 때 정직해야만 할 필요는 없고, 의료나 심리 전문가의 의견을 들을 수 있다. 그러나 숙련된 전문가가 심리 조종술psychological manipulation을 써서 자백을 얻어 내는 것은 허용되지 않는다.

1991년 연방대법원은 여기에서 더 나아가 자백을 얻기 위해 정교한 기술을 사용하는 것도 금지한다.[5] 오레스트 펄머넌트Oreste Fulminante는 연방교도소에 수감되어 있었다. 연방 범죄수사국FBI 정보원이 동료 수감자로 행사하여 펄머넌트에게 접근한다. 정보원은 펄머넌트에게 아이를 살해한 것으로 인해 다른 수감자가 당신을 죽이려 하고 있다고 말했다. 정보원은 당신이 범행을 다 털어놓으면 보호해 주겠다고 약속한다. 그래서 펄머넌트는 열한 살 된 의붓딸의 살인 사건에 가담한 사실을 다 털어놓았다. 펄머넌트는 기소되어 재판받고, 형을 선고받았다. 상고심에서 펄머넌트의 변호인은 정보원의 협박으로 인해 펄머넌트가 자백한 것이므로 강요된 자백이라고 주장하였다. 법원 역시 자백에 강제성이 있다면서 원심 법원의 판결을 파기하였고, 펄머넌트의 자백은 허용되어서는 안 된다고 판시하였다.

다음으로 변호인의 도움을 받을 권리와 관련하여 살펴본다. 1964년 에스코베도 판결[6]에서 경찰 조사 시 변호인 참여권이 공식적으로 인정되었다. 1981년 에드워즈 사건에서 법원은 '분명한 기준 원칙'bright-line rule을 정립하여 피의자에게 그의 권리에 대하여 자세히 설명해 줄 것을 명한다.[7] 에드워즈 사건에서 연방대법원은 미란다 사건을 다시 언급하면서 구금된 상태에 있는 피의자는 변호인의 도움을 받을 권리가 있음을 설명해 주어야 하고, 변호인이 입회할 때까지 조사는 중단되어야 한다고 판시하였다.

이어 미란다 권리의 적용범위에 대하여 살펴본다. 1992년 미란다 권리는 미국에 사는 불법 이민자에게도 실효적으로 확장되었다. 이민국을 상대로 한 단체소송에서 법원은, 체포된 자에게 여러 언어로 수백만 부에 이르는 권리 고지문을 인쇄하는 것을 승인했다. 해마다 약 150만 명의 불법 이주자들이 체포되는데, ① 변호인과 상의할 수 있고, ② 전화로 통화할 수 있으며, ③ 가능한 법률 서비스 목록을 요구할 수 있고, ④ 이민을 관할하는 판사 앞에서 재판받을 수 있으며, ⑤ 보석에 의해 석방될 수 있고, ⑥ 자국의 외교관과 연락할 수 있다는 내용을 고지하도록 하고 있다.[8]

미란다 원칙은 연방과 주에 모두 적용된다. 1999년 디커슨 사건[9]에서 연방 제4순회구 항소법원은, 의회가 1968년 원칙을 희석시키기 위해 제정한 법률을 지지했다. 연방법 제223장 제3501조에서 "자백은 … 임의로 한 경우 증거로 허용할 수 있다."고 규정하고 있다. 2000년 미국 연방대법원은 7대 2의 다수 의견으로 미란다 원칙을 다시 확인했고, 미란다 원칙은 헌법상 원칙으로, 다시 말해 미국 연방헌법에 근거한 기본권이기에 의회가 무시할 수 없다고 판시했다. 다수 의견에서 구금 중 이루어진 진술의 허용성에 대한 미란다 원칙은 주와 연방 모두에 적용된다고 판시하였다.[10] 이러한 디커슨 판결에 대하여는 다음에서 자세히 적는다.

마지막으로 미란다 원칙과 독나무의 과실 원칙과의 관계를 살펴본다. 2004년 7월 28일 연방대법원은 두 개의 중요한 판결을 선고한다.[11] 이 사건에서 법원은 미란다 원칙을 새롭게 정비한다. 미란다 판결에서는 구금된 상태에서 이루어진 조사는 모두 강제성이 있다고 추정한다. 이에 따라 미란다 고지가 이루어지면 이러한 추정에 맞설 수 있고, 이러한 신문에 이은 과실 증거 역시 증거로 허용된다.

페이데인 사건에서 법원이 "미란다 고지에 대한 사소한 실수는 피의자의 권리를 침해하지 않는다"고 판시한 것에 일부 학자는 의문을 표시한다. 페이데인 사건에서 연방공무원이 경찰관에게, 유죄 판결을 선고받은 페이데인이 권총을 불법으로 소지하고 있다고 말하자 경찰관은 페이데인을 체포하였다. 경찰관은 페이데인에게 피의자의 권리를 고지하려고 하였으나 페이데인은 권총을 소지하고 있다고 털어놓았다. 그러자 경찰관은 권총에 대하여 물었고, 페이데인은 권총이 어디 있는지 다시 털어놓았다. 권총이 발견되자 페이데인은 불법 무기 소지죄로 기소되었다. 언뜻보기에 페이데인 판결은 1920년에 선고한[12] 독나무의 과실 원칙에 모순된다. 웡순 사건[13]에서 법원은 불법 수색과 압수로부터 즉시 얻어진 진술증거에도 독나무의 과실 원칙이 적용된다고 판시하였다. 페이데인 판결은 미란다 원칙이 수정헌법 제5조의 묵비권에 근거한다고 이해한다. 법원은 "이 조항의 핵심은 재판에서 자신에 불리하게 쓰여지는 진술을 금지하는 것이다."라고 판시하였다. 따라서 위 사건에서도 독나무의 과실 원칙을 위배한 것이 아니고, 이는 "임의로 한 진술에 따라 얻어진 비진술 증거"라고 보았다.

미란다 권리의 '포기'waiver에 대해 살펴본다. 경찰에서 구금된 피의자는 미란다 권리를 임의로 '알고, 이해하여'knowing and intelligent 포기할 수 있다. '알고'knowing 포기한 것이란 피의자가 자신의 권리를 고지받고 고지 내용을 이해하고 포기하는 것을 말한다. '이해하여'intelligent란 미란다 권리를 호소하지 않았을 때의 결과에 대해서도 이해한다는 것을 말한다. 법원은 "알고, 이해하여"란 "권리의 성질과 권리를 포기한 것으로 결심하였을 때의 결과 모두를 안다는 것"이라고 판시하였다.[14]

마지막으로 미란다 고지에 있어 '조사'interrogation의 의미에 대해 살펴본다. 미란다 권리의 고지는 오늘날 조사 시 적용된다고 해석하고 있다. 미란다 판결의 원래의 의미에 따르면, 특히 범죄 현장에서 조사하거나 범인의 신원을 확인할 때 적용된다. 구금되지 않거나 상당한 이유가 부족하다고 판단할 때 미란다 고지는 하지 않을 수 있다. 락 사건[15]에서 몇 가지 예를 들고 있다. 하나는 조사를 시작하기 전에 피의자가 스스로 진술한 경우이다. 피의자가 자신의 집을 방화했고, 이웃 사람에게 총을 쏘아 살해했다. 소방대원이 도착하자 다시 총을 쏘기 시작했고, 소방대원도 살해했다. 범인은 마당 한 구석에서 자신의 머리에 총을 대고 경찰관에게 "얼마나 많이 죽여 줄까? 얼마나 죽었시?"라고 소리를 질렀다. 이러한 진술은 재판에서 증거로 허용되었다. 미란다 판결에 따르면 체포되어 구금된 상태라는 요건하에서 미란다 고지를 해주어야 한다. 이를 '미란다 개시'Miranda triggers라고 한다.[16]

예외 법리들

연방대법원은 '불가피한 발견의 예외'inevitable-discovery exception란 법리를 개발한다. 로버트 앤소니 윌리엄스 사건The case of Robert Anthony Williams은 연방대법원이 개인 권리의 관점에서 공공 질서의 관점으로 중점을 옮긴 예시라고 할 수 있다. 이 사건은 미란다 판결에서 정점을 찍은 미란다 권리가 서서히 잠식당하고 있음을 보여준다. 이 사건은 워렌 법원의 말기인 1969년에 시작된다. 윌리엄스는 크리스마스 때 열 살 된 파멜라 파월스Pamela Powers를 살해한 혐의로 체포되고, 권리 고지를 받았다. 이후 윌리엄스는 경찰과 함께 피해자의 시신을 찾기 위해 차량에 타게 된다. 경찰관 중 한 명이 윌리엄스에게 "크리스마스도 다가오고 있고, 파멜라를 들판에 방치하는 것보다 묻어주는 것이 망인에 대한 도리이고, 기독교인이 할 일"이라고 말했다. 윌리엄스는 그러한 얘기를 나눌 때 변호인이 참여할 수 있다는 자신의 권리를 잊고 있었다. 이 사건에서 아이오와 주대법원은 연방대법원이 개발한 이 법리에 따랐다. 법원은 윌리엄스의 진술이 없더라도 시신은 발견되었을 거라면서 유죄 판결을 선고한 원심판결을 지지했다. 그러나 1977년 연방대법원은 "경찰은 변호사가 없는 상태에서 피고인으로부터 자기부죄의 진술을 이끌어 내기 위해 기망적인 말을 한 것이므로 윌리엄스 판결을 파기한다."고 선언했다.[17]

그 다음으로 '공공 안전의 예외'public-safety exception 법리에 대해 살펴본다. 1984년 연방대법원은 공공 안전의 예외 법칙을 선언한다. 퀼즈 사건Quarles case[18]에서 강간 피해자는 경찰관에게 폭행범이 권총을 소지하고 있고, 인근 슈퍼마켓으로 도주하였다고 말했다. 두 명의 경찰관이 슈퍼마켓으로 들어가서 피의자를 체포했다. 경찰관은 피의자가 빈 권총집을 차고 있는 것을 보고, 어린아이가 버려진 총기를 만질 것을 우려하여 "총이 어디 있어?"라고 물었다. 퀼즈는 강간죄로 기소되었지만 상고하였다. 퀼즈는 경찰관이 질문하기 전에, 미란다 고지를 해

주지 않았다고 다투었다. 연방대법원은 보다 큰 손해를 막을 필요인 공공의 안전이 크므로 미란다의 권리 고지는 제한된다고 판시했다.

미란다 원칙의 재확인: 디커슨 판결

그동안 연방대법원은 의회가 제정한 연방법 제3501조를 거의 무시해 왔다. 그럼에도 법무부는 지속적으로 이 법률이 적용되어야 된다고 주장했다.

디커슨 판결의 항소심[19]은 연방 사건에서는 더 이상 미란다 원칙이 적용되지 않고 연방법 제3501조가 적용된다고 판시하였다. 1997년 1월 24일 디커슨Charles Thomas Dickerson은 버지니아 주 알렉산드리아에 있는 버지니아 제일은행에서 강도죄를 저질렀다. 사흘 뒤 디커슨은 자백했고, 기소되었다. 이스턴 버지니아Eastern Virginia 지방법원은, 자백하기 전에 미란다 권리를 고지하지 않았으므로 이러한 자백은 허용되어서는 안 된다는 디커슨의 신청을 받아들였다. 지방법원은 비록 디커슨이 임의로 자백하였더라도 미란다 고지를 하지 않고 한 것이므로 미란다 원칙을 위반한 것이라고 보았다.

그러나 항소심 법원인 연방 제4순회구 법원은 원심법원의 판결을 파기하였다. 윌리엄스Williams 판사는 연방법 제3501조는 자백의 허용성을 규율하고 있고, 따라서 디커슨이 자백할 때 비록 미란다 고지를 하지 않았더라도 연방법 제3501조의 임의성 기준에 따라 자백은 허용된다고 판시하였다.[20]

연방대법원에서 디커슨 판결[21]의 구두 변론은 2000년 3월 19일에 열렸고, 2000년 7월 26일 선고되었다. 상고인은 찰스 토마스 디커슨 Charles Thomas Dickerson이다. 판결의 요지는, 피의자에게 헌법상의 권리를 고지해야 하며, 미란다 판결에 따라야 하며, 연방법 제3501조에서 규정하고 있는 임의성 검토에 의하지 않는다는 것이다. 다수 의견에서 렌퀴스트Rehnquist, 스티븐스Stevens, 오코너O'Connor, 케네디Kennedy, 사우터Souter, 긴스버그Ginsburg, 브레이어Breyer 대법원 판사가 참여했고, 렌퀴스트가 다수 의견서를 작성했다. 반대 의견은 스칼리아Scalia, 토마스Thomas 판사가 하였다.

디커슨은 미국 연방 범죄수사국 요원에게 미란다 고지를 받지 않고 자백했다. 지방법원은 이러한 자백을 허용하지 않았고, 주가 항소했다. 연방 제4순회구 법원은 1심 판결을 파기하며 미란다 원칙은 헌법상의 요건이 아니고, 따라서 의회가 입법에 의하여 이를 폐기할 수 있다고 본 것이다.

대법원장 렌퀴스트가 다수 의견을 썼다. 렌퀴스트는 미란다 판결에 이르기까지 역사적 배경을 간략하게 짚어보았다. 피의자의 자백은 강제나 비자발적인 경우 허용되지 않았다. 이것이 영국법의 전통이고, 미국이 계수하였다. 그러나 시대가 바뀌었고, 수정헌법 제5조가 경찰에서 조사받는 피의자에 대하여 독립된 보호책이 되었다. 현대 수사 기법에 직면하사 강제로 얻은 자백에 대한 우려가 커져 있었다. 구금되어 조사받는 것 자체가 고립되고 개인에 대한 억압이 되며, 결국 지쳐버려 자신이 저지르지 않은 범행도 자백하게 만든다. 그래서 미란다 판결에서 이러한 것에 대항하기 위해 유명한 네 개의 고지를 하라고 명하고 있다. 의회는 이에 대하여 연방법 제3501조를 제정하였다. 이 규정은 명백히 미란다 원칙을 폐기하는 것을 의도하고 있다. 의회가 이러한 법률을 제정할 권한이 있는가? 일각에서는 의회가 제정한 법률이 없는 경우 연방법원을 규율하는 비헌법상의 감독 규칙을 만들 권한만 있다고 본다. 다른 일각에서는 미란다 원칙은 헌법적인 것으로, 의회도 이를 폐기할 수 없다고 보아 법원만이 헌법을 해석할 수 있다고 본다. 34년이 지난 지금 미란다 판결을 파기할 순 없다. 법원은 판결을 한 근거가 상실된 경우에만 헌법적 판단을 번복할 수 있다. 그러나 미란다 판결은 이 경우에 해당하지 않는다. 렌퀴스트는, 후속 판결이 미란다 판결에 영향을 주더라도 권리 고지를 하지 않고 얻어 낸 진술이 허용되지 않는다는 판결의 핵심은 그대로 유지됨을 확인하였다.[22] 디커슨 사건에서 보수주의자 렌퀴스트 대법관이 미란다 요건을 완전히 철폐할 기회를 잡았다. 이 사건에서 연방 사건의 경우, 의회가 제정한 법에 의한 임의성 검토만이 자백의 허용성의 기준이 되어야 한다는 주장이 있었다. 다시 말해 미란다 고지가 없더라도 임의성 검토가 있으면 자백은 허용될 수 있다는 것이다. 이러한 주장은 적정절차 기준인 미란다 고지를 폐지하자는 것이다. 이러한 논지는 닉슨이 1968년 의회에서 법률을 입안하면서 자백의 허용성에 대하여 임의성 검토만 하자는 것과 궤를 같이 한다. 이 사건은 렌퀴스트 법원으로서는 난제였다. 30년 된 선례를 폐기하거나 연방법이 헌법에 위배된다고 하여야 했다. 법원으로서는 미란다 판결을 파기할 호기이기도 했다.

일반인들은 대법원에서 연방법을 따르자는 진영과 미란다 판결을 따르자는 진영으로 나뉠 것이라고 예상했다. 즉 5 대 4로 나뉠 것이라 내다보았다. 그러나 이러한 예상과 달리 7 대 2로 미란다 판결을 지지하고 의회가 제정한 법을 거부했다. 렌퀴스트 대법원장이 다수 의견을 찬성했으며, 피고인의 권리를 옹호했다. 단지 스칼리아, 토마스 판사만이 반대 의견을 내놓았다.

왜 이렇게 놀라운 결과가 나왔나? 여기에 대해서는 세 가지 논거가 제시되고 있다.[23]

첫째, 미란다 고지는 이제 미국 문화의 일부분이 되었다.

둘째, 미란다 원칙에 대한 예외 법칙이 많아 이제는 유연하게 대처할 수 있게 되었다.

셋째, 헌법에 대한 연방대법원의 해석을 의회가 제정한 법으로 폐기할 수 없다는 점을 분명히 하고자 하였다.

이에 따라 미란다 판결은 살아남았고, 앞으로도 상당 기간 존속할 것이다. 그러나 대법원의 구성원이 바뀌고, 하급심 법원은 언제든지 반기를 들 수 있다. 반대 의견을 개진한 두 명의 판사는 퇴임했고, 그 자리를 로버츠Roberts, 알리토Alito 판사가 물려받았다.

디커슨 판결에서 다룬 핵심 쟁점에 대하여 살펴보기로 한다. 디커슨 판결[24]에서 법원은 연방법 제3501조의 위헌성을 검토하였다. 이 법률은 의회가 미란다 판결에 대응하여 제정한 것이다. 이 법에 따르면 자백은 임의성이 있으면 허용된다. 이 법은 자백의 임의성을 검토함에 있어 묵비권과 변호인 선임권을 고지받았는지 여부를 자백의 임의성 검토에서 하나의 요소로 삼고 있다. 이는 미란다 판결 이전의 임의성 검토로 되돌아가는 것이다. 결국 이 법률은 미란다 판결을 폐기하는 것을 의도하고 있다.

법무부조차도 미란다 판결에 비추어 보았을 때 이 법률에 위헌성이 있음을 시인했다. 1999년 연방 제4순회구 법원은 법률 제3501조는 헌법에 위배되지 않는다고 판시했다. 미란다 고지는 헌법적으로 권리를 보호해 주는 것이 아니라 단지 법원이 만들어 낸 규칙이고, 이 규칙에 의해 의회가 만든 법률을 폐기할 수는 없다고 보았다.

연방대법원의 디커슨 판결[25]에서 가장 핵심이 되는 쟁점은 법원이 예방적 규칙prophylatic rules을 공포할 수 있느냐이다. 만약 미란다 보호가 예방적 규칙이라면 미란다 보호는 비헌법적 규칙이고, 의회가 제정한 법률에 의해 폐기될 수 있다. 스칼리아Scalia 연방대법원 판사가 반대 이유에서 밝혔듯이, 디커슨 판결은 다수 의견에서 헌법적 예방 규칙을 공포할 수 있는지에 대하여 언급하지 않았다. 다수 의견에서 법원은 연방법 제3501조는 헌법에 위배되며, 미란다 원칙은 의회가 제정한 법률에 의해 폐기되지 않는다고 판시하였다.

디커슨 판결의 다수 의견은, 연방 제4순회구 법원이 판시한 것과 같이 미란다 보호가 헌법상의 지위를 갖는 것이 아니고 후기 미란다 판결에서 미란다 판결을 '예방적'이라고 언급한 것이 타당하지 않았다고 본다. "우리 법원이 이와 같은 논지를 전개함에 빌미를 제공한 사실은 시인하더라도 우리는 연방 제4순회구 법원의 논지에 동의하지 않는다."고 판시했다.[26] 렌퀴스트는 "의회가 헌법적 규칙이 아닌 것에 대해 수정하거나 제정할 권한이 있더라도 헌법을 적용하거나

───────── 윌리엄 렌퀴스트William Hubbs Rehnquist, 1924. 10. 1.-2005. 9. 3.은 1986년부터 2005년까지 미국 연방대법원장이었다. 렌퀴스트는 버거에 이은 후기 미란다 시대를 이어갔다. 그러나 모두의 예상과 달리 디커슨 판결에서 미란다 원칙을 재확인한다.

헌법을 해석하는 법원의 권한을 침해할 수 없다." 그리고 "미란다는 경찰 실무에 있어 일상적인 일로 되어 있고, 미란다 고지는 우리 문화의 일부분이 되었다."라고 판시하였다. 워렌 법원이 미란다 판결을 선고한 후 미란다 권리는 미국의 사법 체계의 일부분으로 자리잡았고, 대부분의 미국인이 미란다 권리를 고지해 주는 것이 헌법상 요구라고 인식하고 있다.

　요약하면, 디커슨 판결은 미란다 고지가 헌법상의 권리임을 천명

함과 동시에 의회도 침해할 수 없는 영원한 방패임을 확인해 준 것이다. 디커슨 판결은 연방대법원이 보수와 진보를 초월하여 미란다 판결에 공감하고 있음을 보여준다.[27]

마지막으로 디커슨 판결과 카미자르 교수와의 관계에 대해 살펴본다. 카미자르 교수의 영향력은 수그러들지 않고 지속되었다. 연방법 제3501조에 대한 카미자르의 논문은 디커슨 판결에 영향을 미쳤다.

디커슨 판결에서의 쟁점 중 하나는, 연방법 제3501조가 의회가 만든 법으로 미란다 판결을 파기할 수 있느냐, 아니면 미란다 판결과 다른 선택적인 보장책을 제시한 것인가이다. 카미자르는 연방법 제3501조를 세심하게 검토하였고, 의회가 만든 법이 미란다 판결을 파기하려고 의도한 것이 아님을 밝힌다. 연방대법원은 이 법률이 헌법적인 것이 아니라는 카미자르의 논지를 따른다.

카미자르의 영향 아래 워렌 법원이 일구고 유지해 온 형사소송 개혁은 더 이상 논쟁거리가 되지 않게 되었다. 그러나 이러한 개혁이 형사 재판의 공정성을 높였는지에 대해서는 계속 논쟁이 될 것이다.[28]

미란다 고지

텔레비전을 시청하는 미국인은 미란다 고지에 익숙하다. 1966년 연방대법원이 미란다 판결을 선고한 후 미국 형사법에서 매우 친숙한 것으로 되어 있다. 영화나 텔레비전에서 "당신에게는 묵비권이 있습니다."라는 문구가 시작되면 범인이 체포되었다는 것을 시사한다. 그러나 실제에 있어 미란다 고지는 수사와 재판, 양형과 교정에 있어 여러 문제점이 있다.

오늘날 디엔에이DNA 검사와 같은 과학적 수사 기법이 있지만 여전히 수사에서는 피의자로부터 자백을 받아내는 것이 매우 중요하다. 수사에는 여전히 강제성이 있고, 특히 지능이 낮은 취약 계층이나 영어에 익숙하지 않은 사람들은 더욱 그렇다. 이에 연방대법원은 수정헌법 제6조의 변호인의 도움을 받을 권리와 수정헌법 제5조의 묵비권에 기하여 판례를 정립해 왔다. 그러나 이러한 판례도 원래 강제성이 있는 수사에 있어 피의자의 권리를 온전히 지켜주지 못하고 있다.[29]

미란다 고지는 표준화되지 않고 있다. 그러나 대부분, 연방대법원의 판결에 따라 권리 고지를 해주고 있다. 연방대법원은 분명히 미란다 고지를 이해할 수 있어야 한다고 하므로 쉬운 말로 고지해 주어야 한다.

대부분의 미란다 고지는 초등학교 6학년 정도이면 읽을 수 있고, 대부분의 성인이 이해할 수 있다고 본다. 실증 연구도 이런 믿음을 뒷받침한다. 재소자, 병원, 대학교 직원들을 포함한 260명의 성인을 조사해보니 69%가 고지된 9개의 항목 중 7~8개 항목을 기억하였다. 영어를 사용하는 대부분의 성인은 미란다 고지를 이해한다. 그러나 미란다 고지는 조사받는 피의자 모두가 이해해야 한다. 정신적으로 이상이 있는 자, 영어를 할 줄 모르는 사람도 이해할 수 있어야 한다.

미란다 판결에 따라 피의자에게 권리 고지를 해 주는 것은 국제적으로 보편화되어 있다. 한국과 일본, 프랑스, 독일, 영국, 이탈리아, 스페인 등 대부분 문명국가에서 이러한 사전 고지를 의무화하고 있다.

현재 미국 경찰이 사용하고 있는 미란다 카드에는 다음과 같이 적혀 있다.[30]

미란다 고지

1. 당신에게는 묵비권이 있다.
2. 당신이 진술한 사항은 모두 법정에서 당신에게 불리하게 쓰일 수 있다.
3. 당신은 조사받기 전에 변호인과 상의할 권리가 있고, 조사받을 때 변호인이 입회할 수 있다.
4. 변호인을 선임할 능력이 안 되면 조사받기 전에 국가가 변호인을 선임해 준다.

권리 포기

1. 이러한 권리를 모두 이해하였나요?
2. 당신은 자발적으로 질문에 대답할 건가요?

미란다 판결에서 나타난 미란다 고지의 법적 지위에 대한 워렌의 의견은 불분명했다. 미란다 고지가 모든 상황에서 준수되어야 할 엄격한 헌법상의 규칙인가? 아니면 피의자가 자기에게 불리한 진술을 할 위험으로부터 보호하기 위한 지침인가? 1970년대 렌퀴스트 Rehnquist 판사는 후자의 견해를 따랐다. 이에 따라 미란다 고지를 절차적 보장책으로 간주한다.[31] 덕워드 판결[32]에서 연방대법원은 피의자에게 "소송에 회부될 때 국선 변호인이 선임된다"라고 고지하더라도

미란다 권리 고지는 유효하다고 보았다. 왜냐하면 이러한 권리 고지는 피의자의 권리를 합리적으로 전달했기 때문이라는 것이다.

그러나 이러한 판결은, 미란다 권리를 정확하게 전달해야 한다는 관점에서 볼 때 부적절한 고지라고 보이며, 미란다 기준을 부당하게 낮추고 있다. 또한 이 판결에 따르면 피의자는 수사 단계에서는 국선 변호인이 선임되지 않는다고 잘못 이해할 수 있기 때문이다.[33]

미란다 권리는 피의자가 이해할 수 있도록 고지해 주어야 한다. 국적이 다른 사람이면 그 나라 말로 이해할 수 있도록 고지해야 한다.

남부 감리 대학Southen Methdist University 교수 리처드 로저스Richard Rogers는 미국 내의 스페인계 사람들에 대한 스페인어로 된 번역문을 검토하였다. 그런데, 사소한 변형에서부터 중대한 오류까지 다양한 오류가 있었다. 심지어 묵비권과 변호인의 도움을 받을 권리가 누락된 경우도 있었다. 따라서 권리의 포기에 대한 '사정의 전체'의 고려와 관련하여 문장의 길이, 문장의 난이도도 고려되어야 한다.[34] 피의자가 체포되면 경찰서에 호송되고, '신원 등록'booking이라는 절차를 밟게 된다. 여기서 이름이나 주소, 기타 신원 자료, 체포시의 사정 등이 기록된다. 몇몇 사건에서 이렇게 등록된 자료가 재판에서 피고인에게 불리한 자료로 제출된다. 이러한 등록 자료의 상당수는 잠정적으로 '자기부죄'의 성격을 띠며, 등록은 증언적testimonial 성격을 띤다. 따라서 이러한 등록 절차 전에도 미란다 권리 고지를 해주어야 한다.[35]

미란다 고지는 이해하기 쉬운 것으로 보인다. 그러나 2011년 한 대학의 연구에 따르면 해마다 약 100만 건의 형사 사건에서, 피의자가 실제로 자신의 헌법상의 권리인 미란다 권리를 제대로 이해하지 못하고 자백하는 것으로 나타났다.

노스텍사스 대학 심리학 교수 리차드 로저스Richard Rogers는 대중이나 경찰관, 그리고 법원은 구금된 사람들이 자신의 권리를 이해하고 있다고 잘못 생각하고 있음을 지적한다. "일부 사람은 원래 영리하고 법률에 정통하지만, 대부분은 미란다 권리와 헌법상의 보장책을 잘 알지 못하거나 거의 모릅니다."[36] 아동의 경우 구금된 상황이 아니더라도 강제적인 환경에 있을 때 조사를 하기 전에 미란다 권리를 고지해야 한다. 열세 살 피의자가 두 번의 주거침입 혐의로 조사를 받았다. 경찰관은 학교 회의실에서 피의자에게 질문하였으나 미란다 권리를 고지하지 않았다. 회의실 문은 열려 있었고, 조사관은 피의자에게 밖으로 나갈 수 있다고 말했다. 그러나 피의자의 변호인은 연방대법원에 상고하면서 '구금'custody이란 개념도 피의자의 나이에 따라 바뀌어야 한다고 주장했다. 법원은 자백을 허용할지를 결정함에 있어 합리적인 사람이라면 그러한 나이에서 볼 때 구금된 것과 같은 것으로 느끼고 진술해야 하는 압력을 느꼈는지도 살펴보아야 한다고 보았다. 법원은 열다섯 살이라면 미성숙한 상태라고 보았다.[37] 나아가 오바마 행정부는 연방 범죄수사국FBI 요원으로 하여금 체포된 테러범에게도 미란다 권리를 읽어주도록 하고 있다.[38]

미란다 권리의 포기

미란다 권리의 포기waiver는 '알고'knowing, '이해하여'intelligent 하여야만 '자발적'voluntary이라고 인정된다. 자발적 포기인지를 판단함에 있어 법원은 피의자의 나이와 경험, 교육과 환경, 지적 능력 등을 고려하여 고지의 의미와 묵비권, 포기의 결과에 대하여 이해하였는지 판단한다.[39]

실증 연구에 따르면 많은 청소년이 자신의 헌법상의 권리를 제대로 이해하지 못하고 있는 것으로 드러나고 있다. 실제로는 대부분의 청소년이 성인과 마찬가지로 미란다 권리를 포기하고 있다.[40] 미란다 권리의 포기는 자발적으로 하고 심사숙고 후에 할 때 유효하다. 미국 연방대법원은 청소년이 구금되어 신문을 받기 전 미란다 권리의 포기가 유효한지 판단하려면, 신문 당시의 상황이나 나이, 교육 수준과 성장 환경, 지능 등을 고려하여야 한다고 판시했다.[41]

스프링 사건[42]에서 연방대법원은 미란다 판결에 나타난 피고인의 헌법상의 권리를 좁게 해석했다. 법원은 조사받기에 앞서 피의자가 미란다 권리를 유효하게 포기하였는지를 판단함에 있어, 질문하는 모든 가능한 주제를 알고 있었는지를 고려하지 않는다고 판시하였다. 법원은 피의자가 미란다 권리를 포기할 때 경찰관이 피의자가 알고 있는 사건과 무관한 살인 사건에 대해 질문할 의도였더라도 그러한 포기는 유효하다고 판시했다.[43]

정신 지체인은 미국 인구의 1~2%를 차지하지만 수감자 비율은 4.2%로 높게 나온다. 이런 수치와 정신 지체의 상관 관계는 명확히 밝혀지지는 않았지만, 구속과 재판이 중요한 변수임이 드러나고 있다. 예컨대 지능지수IQ가 높은 사람보다 낮은 사람이 보다 많이 체포되고, 조사 때 많이 자백한다. 자백이 피고인의 운명을 결정짓는 가장 중요한 요소이다. 정신 지체인은 피의자의 헌법상의 권리를 이해하고 자백할 능력이 없다. 미란다 판결에 따르면 미란다 권리의 포기가 유효하기 위해서는 '알고, 의도적이고, 자발적'knowingly, intelligently, and voluntarily이어야 한다. 다시 말해 미란다 권리를 포기하기 위해서는 경찰에서 강제 없이 자백하여야 한다는 미란다 권리의 포기의 중요성과 그 의미를 이해할 수 있어야 한다.

청소년, 성인 범죄자, 비범죄자에 대하여 실증 조사를 한 연구(Grisso, 1981)에 따르면 지능이 미란다 권리의 중요성을 이해하는 것과 상관 관계가 있음을 밝혔다. 다른 연구에 따르면 정신 지체가 있는 경우 권리의 포기에 따른 효과를 합리적으로 이해하는 능력이 없음이 드러났다.

지능과 미란다 권리의 포기에 대한 상관 관계가 밝혀졌으나, 다른 요인에 대해서는 아직까지 충분히 조사되지 않고 있다. 법원은 '사정의 전체'totality of circumstances에 의해 권리의 포기가 유효한지 판단하고 있다.[44]

비록 미란다 권리를 포기할 능력을 갖추었더라도 '피被암시성'suggestibility으로 인해 자백에 이르는 경우가 많음이 조사되고 있다. 밀접한 사회적 작용의 범위에 따라 사람들은 공식적 질문에 대해, 대화 과정에서 제안하는 메시지를 받아들이는 경향이 있다는 것이다. 더욱이 지능지수 100 이하의 사람의 경우, 피암시성과 자백과의 상관 관계가 매우 크다는 것이다. 이와 같이 전통적으로 피암시성suggestibility이 미란다 능력, 특히 권리의 포기에 대한 암시성을 현저히 감소시킨다는 의견이 널리 받아들여지고 있다. 그러나 영국에서는 미국에서의 이런 태도와 달리 '피암시성'이 미란다 권리에 대한 이해

력과 상관 관계가 없다고 보고 있다.

미란다 권리를 포기할 능력이 있는지는 사정의 전체를 고려하여 '자발성'을 기준으로 하여 검토한다. 미란다 전문가 증인Miranda experts 은 법의학 관점에서 미란다 권리의 포기 여부를 증언하게 되며, 피암 시성 여부도 검토한다.[45]

조사 중지 요구권

1981년 버거 법원은 에드워드 사건[46]에서 미란다 권리를 확대하여 수사 중지권을 인정했다. 연방대법원은 구속되어 있는 피의자가 조사 시 변호인에 대한 권리를 호소한 경우, 그런 다음 경찰관의 질문에 대답하였더라도 미란다 권리를 포기한 것으로 추론해서는 안 된다고 판시했다.

나아가 법원은 피의자가 한 번 변호인의 도움을 받을 권리에 호소하였다면, 피의자 스스로 경찰관과 대화를 시도한 경우를 제외하고는 변호인이 입회하지 않는 가운데 수사를 해서는 안 된다고 판시하였다.[47] 그러므로 버거 법원이 미란다 판결을 잠식하기만 했다는 분석은 잘못된 것이고, 미란다 판결은 침식과 부상을 거듭해 온 것이다.

그러나 미란다 원칙은 이러한 고지만 규율하는 것이 아니라 포괄적 법칙으로 이해된다. 그러나 대다수의 나라에서 피의자가 진술하기를 거부하면 수사를 중지해야 한다고 규율하고 있지 않다. 미국과 이탈리아에서는 이러한 수사 중지권을 규율하고 있다.

1994년 데이비스 사건에서 법원은 변호인의 도움을 받을 권리란, 피의자가 경찰관에게 명시적으로 분명하게 자신의 권리를 요구하여야 인정된다고 판시하였다.[48]

2001년 톰프킨스 사건[49]에서 법원은 데이비스 판결을 묵비권까지 확장하였다. 톰프킨스는 1급 살인죄로 재판받았다. 그는 인신보호영장 절차에서 조사받기 전 경찰에서 한 자기부죄 진술을 다투었다. 그는 2시간 45분 동안 묵비권을 행사하였고, '예', '아니오', '모른다'는 대답만 했다. 톰스킨스는 고개를 끄덕이며 대답했다. 마침내 그는 경찰관에게, 하나님을 믿으니 자신이 피해자를 살해한 사실을 자백하면 하나님이 용서해 주는지 물었다. 법원은 변호인 선임권과 마찬가지로 묵비권 역시 분명하게 요구해야 인정된다고 보았다. 즉 자신의 권리를 행사함에 있어 묵비하는 것이 아니라 "묵비합니다." 내지 "무슨 말도 하고 싶지 않습니다."라고 분명하게 말해야 한다고 보았다.

미란다 판결의 미래

지난 수십 년간 미국 연방대법원은 개인의 기본권과 관련하여 헌법사에 있어 획기적인 장을 써 내려갔다. 이러한 판결은 연방대법원 역할에 대한 논쟁을 불러일으키고, 관심을 기울이게 하였다.[50]

롤스는 '공정'fairness으로서의 정의를 강조하면서 두 가지 원칙을 내세운다. 제1원칙은 기본적인 권리와 의무의 할당에 있어 평등해야 한다는 것이다. 제2원칙은 사회적이거나 경제적인 불평등이, 특히 사회적 최소 수혜자에게 이익을 보장해 주는 경우에만 정당하다는 것이다. 이것이 유명한 정의의 두 가지 원칙이다.[51] 가난하고 배우지 못한 미란다에게 권리 고지를 해주어야 한다는 워렌 법원의 사상은, 이러한 롤스의 정치 사상과 궤를 같이한다고 볼 수 있다.

심리학자 대니얼 카너먼Daniel Kahneman은 '사후확신 편향'hindsight bias 에 대해 설명한다. 우리는 특정 사건의 결과를 보고 난 후, 자기는 진작부터 그런 결과를 확실히 예견하고 있었다고 믿는 경향이 있다. 카너먼에 따르면, 우리에게는 '결과 편향'outcome bias이 있다. 예전에 내린 결정을 최종 결과로 판단하고, 과정을 따져보려 하지 않는다.[52] 그러므로 우리는, 미란다 판결이 있고 난 후에 진작부터 이러한 판결이 나왔을 것이라고 말하거나, 미란다 판결이라는 '결과'를 우위에 두어 판단하고, 판결에 이르게 된 '과정'을 살펴보지 않는 우愚를 범해서는 안 된다. 그러므로 우리는 미란다 판결뿐만 아니라 미란다 판결에 이르게 된 과정에 대해서도 알아야 한다.

그런데 이러한 수정헌법 제5조의 묵비권이 공허한 보장책이 되고 있다고 지적하는 견해가 있다. 다시 말해 미란다 원칙은 공허한 형식주의로 물러났다고 지적한다. 이 견해에 따르면 피고인이 보장책을 모르거나, 미란다 권리의 중요성을 이해하지 못하고, 수감되어 육체적으로, 또 심리적으로 억압되어 있을 때에는 미란다 고지란 그리 큰 의미가 있는 것이 아니라는 것이다.[53] 그러므로 이러한 취약한 지위에 있는 피의자를 조력해 주는 변호인 선임권이 보다 강화되어야 한다.

이와 같이 대개의 피의자는 법률에 대한 지식이나 자신이 처한 처지와 상황에 어떻게 대처해야 하는지에 대한 지식이 부족하다. 또한 구금되어 조사받는다는 새로운 환경에 처해지면 극도록 예민해지고 불안해 한다. 나아가 구금되어 조사받게 된다는 사실로 인해 심리적으로 압박을 받는다. 즉 사회적으로 볼 때 구금된다는 사실 그 자체로 비난의 대상이 될 수 있다는 사실을 떨쳐버릴 수 없게 된다. 조사자와 피의자의 심리 관계를 살펴볼 때 조사자가 절대적 우위에 있다. 비록 묵비권과 변호인 선임권이 있다고 고지해 주더라도 조사자의 우위는 바뀌지 않는다. 그러므로 그리피스John Griffiths와 에어스Richard E. Ayres가 주장하듯이 미란다 고지만으로는 불충분하여, 혼자 조사받는 피의자에 대한 변호인 입회 제도 등이 보완되어야 한다.[54]

워렌 법원의 이정표 판결이 있은 후 지난 수십 년간 학자들은 주로 무고한 사람보다는 무고한 것은 아니나 절차상 잘못이 있는 경우를 논의했다고 진단내리는 견해가 있다. 이들은 레오Leo 교수의 논문이 발표된 이후 무고한 사람이 자백하는 것에 관심을 갖기 시작한다. 무고한 사람으로부터 자백을 받아내면 무고한 사람을 억울하게 처벌할 뿐만 아니라 진범의 자백을 놓치게 된다고 본다. 또한 진정한 자백은 무고한 사람을 보호하고, 형사 재판이 온전해지도록 한다는 것이다. 유타 대학 교수 폴 카셀Paul G. Cassell은 사실 무고한 사람이 허위 자백을 할 위험성에 대하여 많은 논의가 있었지만 진정한 자백에 대해서는 그리 논의되지 않았다고 주장한다. 형사 재판에서는 피고인뿐만 아니라 범죄로 인해 피해를 입은 피해자도 존재한다. 이에 폴 카셀은 경찰 수사의 규율은 이렇게 진정한 자백이 이루어지는 데 관심을 갖도록 조정되어야 한다고 주장한다. 카셀은 가장 나쁜 정책이란 진정한 자백을 줄이고, 허위 자백을 방지하는 것으로 본다. 카셀은 이러한 관점에서 볼 때 미란다 판결은 재앙에 가깝다고 목소리를 높인다. 미란다 판결은 무고한 사람이 묵비권을 포기하고 스스로 진술하는 것을 방해한다고 주장한다. 다시 말해 무고한 사람은 묵비권을 포기하여 경찰에게 진술하는 것이 불리하다고 생각하지 않기 때문이라는 것이다.[55] 그러나 이러한 주장은 경찰에 대한 지나친 신뢰에 터잡고 있다. 경찰이 잘 가려서 진범만을 수사할 것이라는 주장은 너무 순진한 생각에 가까우므로 이러한 주장은 설득력이 없다. 미란다 재판이 진정한 자백을 줄이게 된다는 진단은 잘못된 것이고, 앞서 살펴보았듯이 실증 조사에 따르면 자백률과 미란다 고지와의 상관 관계는 거의 없거나 무시할 수준이다.

미국의 형사 재판의 제도가 정직하고 공정하며, 정확한 결과를 낳는다고 말하는 이도 있고, 현 제도가 불공정하고 부정확한 결과를 낳는다고 불평하는 이도 있다. 그러나 가난하고 교육의 혜택을 제대로 받지 못한 사람, 소수 집단의 구성원에게 불리한 것은 확실하다. 재판에 불합리, 불공정함이 있음에도 불구하고 미국의 형사재판 제도가 투박한 정의를 지킬 수 있는 이유는 당사자주의 때문이다. 즉 모든 피고인은 검찰, 즉 정부와 맞설 수 있다.[56] 디커슨 판결에서 보듯 미란다 판결은 이제는 미국 문화의 일부분으로 자리잡고 있다. 미란다 판결이 원래 의도했던 대로 미란다 고지가 곧바로 피의자의 권리를 획기적으로 신장한 것으로 볼 수는 없다. 그러나 당사자주의라는 가치를 구현해 감에 있어 미란다 권리 고지가 가진 규범적 가치와 상징성은 결코 가벼이 볼 수 없다. 수사와 재판, 그리고 형의 집행에는 피의자나 피고인만 참여하는 것이 아니고, 일반 시민들도 참여한다. 더구나 일반 시민들은 언론 보도 등을 통해 간접적으로 수사와 재판을 경험한다. 미란다 원칙은 일반 시민으로 하여금 형사 절차가 범죄인을 처벌하는 것만을 지향하는 것이 아니라, 적정절차라는 중요한 가치도 바라본다는 사실을 교육한다.

미란다 원칙은 워렌 법원에 이은 버거 법원, 렌퀴스트 법원에 이어 오늘에 이르기까지 부침을 거듭하였다. 그러나 오늘날 미란다 원칙은 '권리의 집합체'로서 수사 기관에 의해 조사를 받는 피의자에 대한 중요한 권리 구제의 수단이 되고 있으며, 앞으로도 피의자의 '영원한 방패'로서 역할을 계속하게 될 것이다.

후 기

미란다 판결문을 처음 접해 본 것은 1988년 무렵이다. 당시 나는 대학원에 다니고 있었고, 자백을 주제로 해서 석사 학위 논문을 준비하고 있었다. 도서관에서 빌려 본 리바 베이커Liva Baker의 『미란다: 범죄, 법 그리고 정책』*Miranda: Crime, Law and Politics*에서는 미란다 판결문뿐만 아니라 구두 변론과 소송, 논문 등을 다루고 있었다. 그로부터 27년이나 지났다. 그럼에도 시중에 나온 글을 살펴보니 미란다 판결을 간략하게 소개한 글은 있지만, 미란다 판결이나 미란다 판결에 이르게 된 재판과정을 온전히 소개한 책은 전혀 찾아볼 수 없었다. 미란다 판결이 선고된 미국에서도 이 판결이 나온 지 이미 반세기가 흘렀기에 재판에 관여한 당사자는 대부분 타계하였거나 은퇴하였다. 그리고 미란다 판결을 다룬 글의 대부분은 미란다 원칙에 대한 법리적인 검토가 주를 이루고 있다. 이런 상황들이 나로 하여금 이 책을 쓰게 만들었다. 미란다 판결이 어떻게 이루어지게 되었고, 시대적 배경은 무엇인지, 미란다 판결을 이룬 주역들은 어떠한 인물인지, 그리고 미란다 판결에 어떤 의미가 담겨 있는지 탐구하고 제대로 알리고 싶었다.

아마존과 같은 탁월한 배송업체의 도움과 인터넷이라는 지식 보급

망이 있어 굳이 미국 도서관에 직접 가서 기록을 뒤지는 수고를 하지 않더라도 글을 쓰는 데 필요한 자료를 수집하는 데는 어려움이 없었다. 다만 미란다 재판의 1심이 열렸던 마리코파 지방법원의 재판과 관련된 기록은 애리조나 주도서관에 있고, 인터넷으로 접할 수 없는 부분도 있어 이들 기록을 보고 참고로 한 글을 통해 간접적으로 접할 수밖에 없었던 점은 아쉽다. 또한 미국에서도 미란다 재판이 나온 지 반세기가 흘렀기에 판결이 나온 즈음에 출판된 책들은 대부분 절판되었고, 근래에 새로 출간된 책은 많지 않아 자료 수집에 한계가 있었다.

미란다 재판을 다룬 글은 크게 세 가지로 나누어진다. 빽빽하게 각주를 단 학구적인 글, 그리고 워렌 등과 같은 유명 인물 위주로 쓴 전기체의 글, 마지막으로 이야기체로 풀어 쓴 글이 있다. 그리고 이러한 글 대부분은 독자를 '미국 사람'으로 설정하고 있다. 그래서 나는 제도가 다른 미국의 재판을 우리나라 사람의 관점에서 이해하기 쉽게 쓰기로 마음먹었다. 그리고 생소한 용어나 제도, 인물에 대해서는 보충 설명을 더했고 그래도 이해가 되지 않으리라고 생각되는 부분에 대해서는 아예 한 장을 할애하여 설명을 덧붙였다. 그리고 인물에 대한 설명과 수사와 재판에 대한 역사적 사실에 대한 서술은 제3자의 관점에서 풀어 쓰려고 애썼다. 아울러 미란다 원칙이 어떠한 의미가 있는지에 대한 법리적인 설명도 곁들였다.

소설과 같은 허구가 아닌 과거 실제로 있었던 역사적 사실을 다루는 작업은 매우 조심스럽다. 역사적 사실에 대한 분석과 글쓰기를 함에 있어서 대개는 여러 글을 비교하고 검토해서 종합하고 여기에 나름의 전개 방향을 설정한다. 나 역시 이런 방법을 택했다. 또한 각주를 처리함에 있어서도 학구적인 글과 달리 이런 글쓰기에 있어서는 아예 각주를 빼 버리는 경우가 많다. 장마다 주요 참고문헌 정도를 소개하는 경우도 있고 아니면 주요 장면마다 여러 문헌 중 주로 참고로 한 문헌을 소개하기도 한다. 나는 마지막 방법에 따라 주요 장면마다 여러 문헌 중 대표 문헌만 소개하였다. 미란다 재판을 이야기체로 서술한 글 대부분은 사건 순서대로 쭉 써 내려간다. 그러나 나는 이러한 서술 방식에서 탈피하여 연방대법원의 재판이 시작된 장면을 첫머리에 두고 미란다 재판이 이루어진 배경에 대해 서술한 뒤, 수사와 재판에 대한 장면을 다루어 글에 긴장감을 더하려고 시도하였다.

막상 미란다 재판을 다룬 글을 검토해 보니 사실에 있어 서로 모순되는 점들을 적지 않게 볼 수 있었다. 그래서 객관적 사실에 부합되도록 하기 위해 여러 문헌을 검토하여 사실에 근접하도록 애썼다. 미란다 재판에 등장하는 인물들은 대부분 공적 인물들이어서 그들의 이름은 대부분 실명으로 거론된다. 그러나 피해자로 등장하는 인물에 대해서는 이들의 사생활을 보호하기 위해 가명을 쓰기로 했다. 그래서 나는 당시 미국에서 가장 흔하게 쓰던 여성 이름을 찾아 린다, 패트리샤, 제인이라고 명명하였다.

그리고 미국 사람과 달리 재판과 인물에 대한 이미지를 쉽게 떠올리지 못한 국내 독자들을 위해 주요 장면이나 인물을 삽화로 그렸다. 서양화를 전공한 내자內子는 펜으로 삽화를 그리는 수고를 마다하지 않았는데, 장면마다 여러 번 그리고 고치는 수고를 아끼지 않았다. 이 글을 빌려 그 노고에 고마움을 표한다.

이 외에도 이 책을 출간하기까지 많은 분들의 도움이 있었다. 사무실 직원들은 원고 정리를 도와주었고, 세창출판사 이방원 사장님과 임길남 상무님은 이 책의 출간을 맡아 힘써 주셨다. 편집부 직원들은 세심하게 교정과 편집을 하느라 수고하셨다. 이 모든 분께 감사드린다.

후주

서 장

1 임경순, "전통적 과학관의 반역자들," 김호기 외 51명, 『지식의 최전선: 세상을 변화시키는 더 새롭고 더 창조적인 발상들』, 한길사, 2002, 206-207면.

2 장대익, 『쿤&포퍼: 과학에는 뭔가 특별한 것이 있다』, 김영사, 2013, 114-116면.

3 장하석, 『장하석의 과학, 철학을 만나다』, 지식채널, 2015, 120-124면.

4 Thomas Samuel Kuhn, *The Structure of Scientific Rovolutions*, 50th anniversary ed., The University of Chicago, 2012 / 김명자·홍성욱 역, 『과학 혁명의 구조』, 까치, 2014, 126, 185면.

5 Jared Diamond, *Guns, Germs, and Steel*, Brockman Inc., 1997 / 김진준 역, 『총, 균, 쇠: 무기·병균·금속은 인류의 운명을 어떻게 바꿨는가』, 문학지성사, 2015, 457-459면.

6 Alain Supiot, *Homo juridicus,* Verso, 2007 / 박제성·배영란 역, 『법률적 인간의 출현: 법의 인류학적 기능에 관한 지론』, 글항아리, 2015, 286면.

7 Tocqueville, *De la démocratie en Amérique*, II, I, chap. II, "De la source principale des croyances chez les peuples démocratiques," p. 429(Allain Supiot, 위의 책, 207면에서 재인용).

8 Richard E. Nisbett, *The Geography of Thought*, Brockman. Inc., 2003 / 최인철 역, 『생각의 지도』, 김영사 2015, 207-208면.

9 양태자, 『중세의 잔혹사 마녀 사냥』, 이랑, 2014, 3면, 98-99면.

10 김용운·진순신, 『韓·中·日의 역사와 미래를 말한다』, 문학사상사, 2000, 47면, 178면.

11 Tom Butler Bowdon, *50 Philosophy Classics*, Next Wave Media Co., 2013 / 이시

은 역, 『깊은 철학 50』, 흐름출판, 2014, 534면.

12 Paul C. Bartholomew, "The Supreme Court of the United States, 1965-1966," *The Western Political Quarterly*, Vol. 19, No. 4 (Dec., 1966), p. 705.

13 안병직, "구조와 인간을 아우르는 새로운 역사," 김호기 외 51명, 『지식의 최전선』, 한길사, 2002, 506면.

14 이상신, 『역사학 개론: 역사와 역사학』, 신서원, 2005, 333면.

15 Berth Danermark et al., *Explaining Society: Critical realism in the social sciences*, Studentliteratur, 1997 / 이기홍 역, 『새로운 사회과학 방법론: 비판적 실재론의 접근』, 한울 아카데미, 2009, 292-293면.

16 남경태, 『한눈에 읽는 현대철학』, 광개토, 2001, 184-187면, 189-191면.

17 김응종, 『페르낭 브로델: 지중해·물질문명과 자본주의』, 살림, 2012, 226면, 295면

18 조한욱, "평범한 사람들이 만드는 역사 이야기," 김호기 외 51, 『지식의 최전선』, 한길사, 2002, 517-519면.

19 안병직, "구조와 인간을 아우르는 새로운 역사," 김호기 외 51명, 『지식의 최전선』, 한길사, 2002, 506-507면.

20 하상복, 『푸코&하버마스: 광기의 시대, 소통의 시대』, 김영사, 2011, 120면.

제1장

1 Larry A. Van Meter, *Miranda v. Arizona: The Rights of the Accused*, Chelsea House, 2007, p. 64.

2 강한승, 『미국 법원을 말하다』, 도서출판 오래, 2011, 31면.

3 Patricia Cambell Hearest, 통칭으로 패티 허스트(Patty Hearst)라고 불린다. 미국 출신의 신문 재벌 상속녀다. 언론 재벌 조지 허스트(George Hearst)의 증손녀이고, 1974년 납치된 후 납치범들과 공범이 되었다. 재판에서 은행 강도죄로 35년을 선고받았다.

4 Caldwell H. Mitchell, Lief Michael S., "You Have The Right To Remain Silent," *American Heritage Magazine*, Vol. 57, Issue 4 (August-September, 2006), p. 11.

5 Gary L. Stuart, *Miranda: The Story of America's Right To Remain Silent*, The University of Arizona Press, 2004, p. 52.

6   서창열, 『미국 연방대법원의 사법심사제』, 홍익출판사, 2011, 85면.

7   Barbara Palmer, "Issue Fluidity and Agenda Setting on the Warren Court," *Political Research Quarterly*, Vol. 52, No. 1 (Mar., 1999), pp. 39-40.

8   Caldwell H. Mitchell, Lief Michael S., *op. cit.*, at 9.

9   Lawrence S. Wrightsman, Mary L. Pitman, *The Miranda Ruling: Its Past, Present, and Future*, Oxford, 2010, p. 47.

10 Sue Vander Hook, *Miranda v. Arizona: An Individual's Rights When Under Arrest*, ABDO Publishing Company, 2013, p. 16.

11 http://www. azcourts gov/Robert J. Corcoran (2015. 5. 11. 방문).

12 Larry A. Van Meter, *op. cit.*, at 51.

13 Lawrence S. Wrightsman, Mary L. Pitman, *op. cit.*, at 47.

14 California v. Dorado (1965). p. 952.

15 California v. Dorado, 40 Cal. Rptr. 264, 394 p. 2nd 952 (1965).

16 Gary L. Stuart, *op. cit.*, at 43.

17 *Ibid.* at 44.

18 '법정 친구'(amicus curiae) 진술이란, 법정에 전문인 입장으로 나서서 자문 진술을 하는 것을 말한다. 소송 당사자가 법원의 허락을 받은 경우, 이익 집단은 자신의 생각과 입장을 자문할 수 있다. 때론 이 진술은 소송 당사자의 편을 드는 것이 아니라 소송이 어떻게 정리되어야 할지 입장을 밝히는 것일 수 있다.

19 Larry A. Van Meter *op. cit.*, at 53.

20 Lawrence S. Wrightsma, Mary L. Pitman, *op. cit.*, at 48.

제2장

1   Larry A. Van Meter, *Miranda v. Arizona: The Rights of the Accused*, Chelsea House, 2007, p. 16.

2   Caldwell H. Mitchell, Lief Michael S., "You Have The Right To Remain Silent," *American Heritage Magazine*, Vol. 57, Issue 4 (August-September, 2006), p. 1.

3   Caldwell H. Mitchell, Lief Michael S., *op. cit.*, at 2-3.

4   http://en.wikipedia.org/wiki/Earl Warren (2015. 2. 2. 방문).

5   Caldwell H. Mitchell, Lief Michael S., *op. cit.*, at 3.

6   Jim Newton, *Justice for All*: Earl Warren and the Nation he made, Riverhead Books, 2006, pp. 15-16.

7   *Ibid.*, at 20-21, 25.

8   *Ibid.*, at 36-41, 42-43.

9   *Ibid.*, at 45.

10 http://en.wikipedia.org/wiki/Earl Wareen (2015. 2. 2. 방문).

11 Jim Newton, *op. cit.*, at 69-70.

12 최승재, 『미국 대법관 이야기』, 경북대학교 출판부, 2013, 77면.

13 http://en.wikipedia.org/wiki/Culbert Olsen (2015. 5. 19. 방문).

14 http://en.wikipedia.org/wiki/Fred M. Vinson (2015. 5. 1. 방문).

15 John Paul Stevens, *Supreme Court*, Brown and Company, 2011 / 김영민 역, 『최후의 권력, 연방대법원』, 반지, 2013, 103면.

16 강한승, 『미국 법원을 말하다』, 도서출판 오래, 2011, 11면.

17 http://en.wikipedia.org/wiki/Earl Warren (2015. 2. 2. 방문).

18 Earl Warren, *A Republic, If You Can Keep It*, p. 6.

19 Jim Newton, *op. cit.*, at 261-262.

20 Mark Jones, Peter Johnstone, *History of Criminal Justice*, 5th ed., Elsevier, 2012, p. 308.

21 Mapp v. Ohio, 367 U.S. 643 (1961).

22 Wong Sun v. United States, 371 U.S. 471 (1963).

23 Escobedo v. Illinois, 378 U.S. 478 (1964).

24 Miranda v. Arizona, 384 U.S. 436 (1966).

25 United States v. Wade, 388 U.S. 218 (1967).

26 Kent v. United States, 389 U.S. 347 (1967).

27 John Paul Stevens, 앞의 책, 129-130면.

28 John Paul Stevens, *Supreme Court*, Little, Brown, and Company, 2011 / 김영민 역, 『최후의 권력, 연방대법원』, 반지, 2013, 111-113면.

29 최승재, 앞의 책, 83면.

제3장

1 Masaki Nakamasa, *Justice! Liberalism, Democracy*, NHK Pu., Inc., 2008 / 송태욱 역,『자유주의의 모험, 현대 미국 사상』, 을유문화사, 2012, 69면.

2 Brown v. Board of Education of Topeka (1954).

3 John Paul Stevens, *Supreme Court*, Little, Brown, and Company, 2011 / 김영민 역,『최후의 권력, 연방대법원』, 반지, 2013, 121-122면.

4 Plessy v. Ferguson (1986).

5 Alan Brinkley, The Unfinished Nation, Mcgraw-Hill Companies, 2004 / 황혜정 외 4 역,『있는 그대로의 미국사』, 휴머니스트, 2005, 358면.

6 Lawrence M. Friedman, *American Law*, Norton & Company, 1984 / 서원우·안경환 역,『미국법 입문』, 대한교과서 주식회사, 1987, 347-348면.

7 Masaki Nakamasa, 앞의 책, 76면, 92면, 98면.

8 http://en.wikipedia.org/wiki/Ernesto Miranda (2015. 1. 26. 방문).

9 Miranda v. Arizona, 386 U.S. 436 (1966), 구두 변론: 1966년 2월 28일~1966년 3월 1일, 선고: 1966년 7월 13일, 다수 의견: 워렌, 블랙, 더글라스, 브레넌, 포르타스, 빈내 의견: 할랜, 스튜이트, 화이트, 클라크; http://en.wikipedia.org/wiki/Miranda v. Arizona (2015. 1. 26. 방문).

10 Lawrence M. Friedman, 앞의 책, 229-230면.

11 Robert G. McCloskey, "Reflections on the Warren Court," *Virginia Law Review*, Vol. 51, No. 7 (Nov., 1965), pp. 1229, 1231-1232.

12 서창열,『미국 연방대법원의 사법심사제』, 홍익출판사, 2011, 78-79면.

13 Edward N. Beiser, "Lawyers judge the Warren Court," *Law & Society Review*, Vol. 7, No. 1 (Autumn, 1972), p. 147.

14 Larry A. Van Meter, *Miranda v. Arizona: The Rights of the Accused*, Chelsea House, 2007, p. 61.

15 Russell Galloway, *The Rich and the Poor in Supreme Court History,* Paradigm Press, 1982 / 안경환 역,『법은 누구 편인가』, 고시계, 1988, 176-178면.

16 Carolyn N. Long, "The Warren Court and American Politics by Lucas A. Powe," *Canadian Journal of Political Science*, Vol. 35, No. 2 (Jun., 2002), pp. 435-436.

17 Robert Jerome Glennon, "The Warren Court: A Retrospective by Bernand

Schwartz," *The American Journal of Legal History*, Vol. 42, No. 3 (Jul., 1998), pp. 339-340.

18 Tanet L. Dolgin, "The Warren Court in Historical and Political Perspective by Mark Tushnet," *The Journal of Interdisciplinary History*, Vol. 26, No. 3 (Winter, 1996), pp. 538-539.

제4장

1 Gary L. Stuart, *Miranda: The Story of America's Right To Remain Silent,* The University of Arizona Press, 2004, pp. 3-4.

2 Caldwell H. Mitchell, Lief Michael S., "You Have The Right To Remain Silent," *American Heritage Magazine*, Vol. 57, Issue 4 (August-September, 2006), p. 2.

3 Lawrence S. Wrightsman, Mary L. Pitman, *The Miranda Ruling: Its Past, Present, and Future*, Oxford, 2010, p. 42.

4 Larry A. Van Meter, *Miranda v. Arizona: The Rights of the Accused*, Chelsea House, 2007, p. 12.

5 Timothy W. Moore, Clark Lohr, *Mirandized Nation*, Phoenix Sleuth, LLC, 2015, pp. 6-7.

6 Timothy W. Moore, Clark Lohr, *op. cit.*, at 13.

7 Larry A. Van Meter, *op. cit.*, at 13.

8 Gary L. Stuart, *op. cit.*, at 5.

9 Larry A. Van Meter, *op. cit.*, at 15.

10 Gary L. Stuart, *op. cit.*, at 5.

11 Fred E. Inbau, John E. Reid, *Criminal Interrogation* and Confessions, The Williams & Wilkins Co., 1967, pp. 23 ff.

12 Welsh S. Whites, *Miranda's Waning Protections: Police Interrogation Practices after Dickerson*, The University of Michigan Press, 2006, pp. 14-16.

13 *Ibid.*, at 17-21.

14 Gary L. Stuart, *op. cit.*, at 6.

15 http://en.wikipedia.org/wiki/police lineup (2015. 4. 20. 방문).

16 Lawrence S. Wrightsman, and Mary L. Pitman, *op. cit.*, at 43.

17 *Ibid.*, at 44.

18 Brent Whiting, "Run-of-the-mill Phoenix rape case made legal history," *The Arizona Republic*, June 19, 2000.

19 Gary L. Stuart, *op. cit.*, at 7-8.

제5장

1   Caldwell H. Mitchell, Lief Michael S., "You Have The Right To Remain Silent," *American Heritage Magazine*, Vol. 57, Issue 4 (August-September, 2006), p. 8.

2   Lawrence S. Wrightsman, Mary L. Pitman, *The Miranda Ruling: Its Past, Present, and Future*, Oxford, 2010, p. 45.

3   Frank Schmalleger, *Criminal Justice Today*, 12th ed., Pearson, 2013, pp. 312-331; Yale Kamisar et al., *Modern Criminal Procedure*, 12th ed., Thomson/West, 2008, pp. 925-1571.

4   Larry A. Van Meter, *Miranda v. Arizona: The Rights of the Accused,* Infobase Publishing, 2007, pp. 27-28.

5   Michael Kiefer, "Yale McFate, Judge Presided over the 1963 Case That led to the Miranda decision," *The Arizona Republic*, Feb. 1, 2006.

6   Maricopa County Bar Association, "Maricopa County Lawyers Played Pivotal Roles in Ernesto Miranda Cases," *The Legal Nexus*, April. 18, 2011.

7   Gary L. Stuart, *Miranda: The Story of America's Right To Remain Silent*, The University of Arizona Press, 2004, p. 8.

8   Lawrence S. Wrightman, Mary L. Pitman, *op. cit.*, at 45-46.

9   Leo Katz, *Why The Law Is So Perverse*, The University of Chicago Press, 2011 / 이주만 역,『법은 왜 부조리한가』, 와이즈베리, 2012, 207-208면, 212면.

10 George E. Dix, *Criminal Law*, Thomson&West, 2010, p. 104.

11 Sydney Gendin, "Insanity and Criminal Responsibility," *American Philosophical Quarterly*, Vol. 10, No. 2 (Apr., 1973), p. 99.

12 People v. Wells, 33 Cal. 2d 330 (1949); People v. Gorshen, 51 Cal. 2d 716

(1959).

13 Richard G. Singer, John Q. La Fond, *Criminal Law*, 5th ed., Wolters Kluwer, 2010, pp. 547-548.

14 Clark v. Arizona, 548, U.S. 735 (2006); George E. Dix, *op. cit.*, at 105.

15 People v. Saille, 54 Cal. 3d 1103 (1991).

16 State v. Provost, 490 N.W. 2d 93 (Minn., 1992).

17 Gary L. Stuart *op. cit.*, at 10.

18 Evans Colin, "Ernesto Miranda Trials: 1963 & 1967," Great American Trials, 2002, in: http://www.encyclopedia.com (2015. 4. 1. 방문).

19 J. Michael Martinez, *The Greatest Criminal Cases: Changing the Course of American Law*, ABC-CLIO, LLC, 2014, p. 124.

20 Lawrence S. Wrightman, Mary L. Pitman, *op. cit.*, at 45.

21 James Landon, "Character Evidence: Getting to The Root of the Problem Through Comparison," Am. S. Crim. L. Vol. 24 (1996-1997), pp. 588-596.

22 권영법, 「형사 증거법 원론」, 세창출판사, 2013. 81-83면.

23 Gary L. Stuart *op. cit.*, at 12.

24 *Ibid.*, at 12-13.

25 Lawrence S. Wrightman, Mary L. Pitman, *op. cit.*, at 45.

26 Gary L. Stuart *op. cit.*, at 14-15.

27 *Ibid.*, at 15.

28 Lawrence S. Wrightman, Mary L. Pitman, *op. cit.*, at 46.

29 Gary L. Stuart *op. cit.*, at 17.

30 Lawrence S. Wrightman, Mary L. Pitman, *op. cit.*, at 46.

31 Caldwell H. Mitchell, Lief Michael S., *op. cit.*, at 8.

32 Larry A. Van Meter, *op. cit.*, at 32-33.

33 Caldwell H. Mitchell, Lief Michael S., *op. cit.*, at 9.

34 Larry A. Van Meter, *op. cit.*, at 33.

35 *Ibid.*, at 35.

36 Gary L. Stuart *op. cit.*, at 40.

37 1919년 제정된 법으로, 「국가 차량 절도법」(the National Motor Theft Act)이라고

도 한다. 단체 절도범에 의해 주(州) 사이에서 이루어지는 차량 절도 범죄를 방지하기 위해 도입되었다.

38 Caldwell H. Mitchell, Lief Michael S., *op. cit.*, at 9.

39 Messiah v. United States, 377 U.S. 201 (1964).

40 Escobedo v. Illinois, 378 U.S. 478 (1964).

41 Lawrence S. Wrightman, Mary L. Pitman, *op. cit.*, at 47.

제6장

1 Richard A. Leo, *Police Interrogation and American Justice*, Harvard University Press, 2009, pp. 272-274.

2 Caldwell H. Mitchell, Lief Michael S., "You Have The Right To Remain Silent," *American Heritage Magazine*, Vol. 57, Issue 4 (August-September, 2006), pp. 6-7.

3 Kenji Yoshino, "Miranda's Fall?," *Michigan Law Review*, Vol. 98 (May, 2000), pp. 1409-1410.

4 Ashcraft v. Tennessee, 322 U.S. 143 (1944).

5 Colombe v. Connecticut, 367 U.S. 568 (1961).

6 Lawrence S. Wrightsman, "The Suprme Court on Miranda Rights and Interrogations: The Past, the Present, and the Future," in: ed., by G. Daniel Lassiter, Christian A. Meissner, *Police Interrogations and False Confessions*, American Psychological Association, 2002, p. 161.

7 George C. Thomas III, Richard A. Leo, *Confessions of Guilt*, Oxford, 2012, pp. 143-145.

8 Escobedo v. Illinois, 378 U.S. 478(1964).

9 Ashcraft v. Tennessee, 322 U.S. 143 (1944).

10 Chambers v. Florida, 309 U.S. 227 (1940).

11 Frank Schmalleger, *Criminal Justice Today: An Introductory Text for the 21st Century*, 12th ed., Pearson, 2013, p. 220.

12 Welsh S. White, "Yale Kamisar: The Enemy of Injustice," *Michigan Law Review*,

Vol. 102, No. 8 (Aug., 2004), p. 1772.

13 Betts v. Bardy, 316 U.S. 455 (1942).

14 Gideon v. Wainwright, 372 U.S. 335 (1963).

15 Mapp v. Ohio, 367 U.S. 643 (1961).

제7장

1 http://en.wikipedia. org/wiki/Ernesto Miranda (2015. 1. 26. 방문).

2 Gary L. Stuart, *Miranda: The Story of America's Right To Remain Silent*, The University of Arizona Press, 2004, p. 53.

3 강한승, 『미국 대법원을 말하다』, 도서출판 오래, 2011, 30면.

4 김성룡, 『법수사학』, 준커뮤니케이션즈, 2012, 9면 이하.

5 Lawrence S. Wrightsman, Mary L. Pitman, *The Miranda Ruling: Its Past, Present, and Future*, Oxford, 2010, p. 43.

6 Jeffrey Toobin, *The Nine*, Anchor 2007 / 강건우 역, 『더 나인』, 라이프맵, 2010, 628-630면.

7 Lawrence S. Wrightsman, Mary L. Pitman, *op. cit.*, at 49.

8 Gary L. Stuart, *op. cit.*, at 53.

9 http://www.google.co.kr/oral argument miranda v. arizona (2015. 2. 25.방문); http://www.google.co.kr/Miranda v. Arizona Oral Arguments/video/C-Span. org (2015. 2. 25. 방문).

10 Larry A. Van Meter, *op. cit.*, at 64-65.

11 Lawrence S. Wrightsman, Mary L. Pitman, *op. cit.*, at 49.

12 Gary L. Stuart, *op. cit.*, at 57.

13 Larry A. Van Meter, *op. cit.*, at 66.

14 *Ibid.*, at 58, 66-67.

15 Lawrence S. Wrightsman, and Mary L. Pitman, *op. cit.*, at 50.

16 Larry A. Van Meter, *op. cit.*, at 68-69.

17 *Ibid.*, at 60, 70.

18 *Ibid.*, at 60-61.

19 Lawrence S. Wrightsman, Mary L. Pitman, *op. cit.*, at 50.

20 Gary L. Stuart, *op. cit.*, at 61.

21 *Ibid.*, at 62-63.

22 http://cloudfrond.net/sample argument analyzer (2015. 2. 1. 방문).

23 Westover v. United States (1966).

24 L. Baker, *Miranda: Crime, law and polictics*, Atheneum, 1983, p. 168.

25 Lawrence S. Wrightsman, Mary L. Pitman, *op. cit.*, at 51-52.

26 *Ibid.*, at 52-53.

27 Lawrence S. Wrightsman, Mary L. Pitman, *op. cit.*, at 53-54.

제8장

1 Welsh S. Whites, *Miranda's Warning Protections: Police Interrogation Practices after Dickerson*, The University of Michigan Press, 2006, pp. 54-55.

2 Sheldon H. Elsen, Arthur Rosett, "Protections for the suspect under Miranda v. Arizona," *Columbia Law Review*, Vol. 67, No. 4 (Apr., 1967), p. 648.

3 Larry A. Van Meter, *Miranda v. Arizona: The Rights of the Accused*, Chelsea House, 2007, p. 76-77.

4 Caldwell H. Mitchell, Lief Michael S., "You Have The Right To Remain Silent," *American Heritage Magazine*, Vol. 57, Issue 4 (August-September, 2006), pp. 12-13.

5 엘 레너드 케스터 · 사이먼 정, 『미국을 발칵 뒤집은 판결 31』, 현암사, 2014, 29-33면.

6 Gary L. Stuart, *Miranda: The Story of America's Right To Remain Silent*, The University of Arizona Press, 2004, p. 81.

7 Gary L. Stuart, *op. cit.*, at 81-83.

8 Lawrence S. Wrightsman, Mary L. Pitman, *The Miranda Ruling: Its Past, Present, and Future*, Oxford, 2010, p. 54.

9 *Ibid.*, at 56.

10 Herbert Packer, "Two Models of the Criminal Process," *U. PA. L., Rev.*, Vol. 1 (1964), in: Kent Roach, "Four Models of Criminal Process," *The Journal of*

Criminal Law & Criminology, Vol. 89, Issue 2 (Winter, 1999), p. 671.

11 Richard A. Maidment, "Policy in Search of Law: The Warren Court from 'Brown to Miranda', "*Journal of American Studies*, Vol. 9, No. 3 (Dec., 1975), p. 314.

12 Lawrence S. Wrightsman, Mary L. Pitman, *op. cit.*, at 58.

13 Richard A. Leo, *Police Interrogation and American Justice*, Harvard University Press, 2009, p. 278.

14 Columbia Law Review Association, "Consent Searches: A Reappraisal after Miranda v. Arizona," *Columbia Law Review*, Vol. 67, No. 1 (Jan., 1967), p. 133.

15 http://en.wikepedia. org/wiki/Ernesto Miranda (2015. 1. 26. 방문).

제9장

1 Gary L. Stuart, *Miranda: The Story of America's Right To Remain Silent*, The University of Arizona Press, 2004, p. 58.

2 Johnson v. New Jersey, 384 U.S. 719 (1966).

3 The University of Pennsylvania, "The Applicability of Miranda to Retrials," *University of Pennsylvania Law Review*, Vol. 116, No. 2 (Dec., 1967), p. 316.

4 Lawrence S. Wrightsman, Mary L. Pitman, *The Miranda Ruling: Its Past, Present, and Future*, Oxford, 2010, p. 59.

5 Kendall Coffey, *Spinning The Law: Trying Cases in the Court of Public Opinion*, Prometheus Books, 2013 / 권오창, 「여론과 법, 정의의 다툼」, 커뮤니케이션북스, 2015, 192-193면. 417면.

6 Larry A. Van Meter, *Miranda v. Arizona: The Rights of the Accused*, Chelsea House, 2007, p. 89.

7 *Ibid.*, at 89-90, 94.

8 http://en.wikepedia. org/wiki/Ernesto Miranda (2015. 1. 26. 방문).

9 Lawrence S. Wrightsman, and Mary L. Pitman, *op. cit.*, at 59.

10 http://en.wikepedia. org/wiki/Ernesto Miranda (2015. 1. 26. 방문).

11 Gary L. Stuart, op. cit., at 96-97.

12 Lawrence S. Wrightsman, Mary L. Pitman, *op. cit.*, at 59.

13 Jim Newton, *Justice For All: Earl Warren and the Nation He Made*, Riverhead Books, 2006, pp. 491-492, 511-512.

14 Caldwell H. Mitchell, Lief Michael S., "You Have The Right To Remain Silent," *American Heritage Magazine*, Vol. 57, Issue 4 (August-September, 2006), p. 15.

제10장

1 George C. Thomas III, Richard A. Leo, *Confessions of Guilt*, Oxford, 2012, pp. 164-165.

2 The Harvard Law Review Association, "Criminal Law Fifth Amendment," *Harvard Law Review*, Vol. 113, No. 4 (Feb., 2000), p. 1039.

3 Fred E. Inbau, "Over-Reaction: The Mischief of Miranda v. Arizona," *The Journal of Criminal Law and Criminology*, Vol. 89. No. 4 (Summer, 1999), p. 1463.

4 Caldwell H. Mitchell, Lief Michael S., "You Have The Right To Remain Silent," *American Heritage Magazine*, Vol. 57, Issue 4 (August-September, 2006), pp. 13-14.

5 George C. Thomas III, Richard A. Leo, "The Effects of Miranda v. Arizona: 'Embedded' in Our National Culture?," *Crime and Justice*, Vol. 29 (2002), p. 213.

6 Gary L. Stuart, *Miranda: The Story of America's Right To Remain Silent*, The University of Arizona Press, 2004, p. 57.

7 Paul G. Cassell, Richard Fowles, "Handcuffing the Cops? A Thirty-Year Perspective on Miranda's Harmful Effects on Law," *Standford Law Review*, Vol. 50, No. 4 (Apr., 1998), pp. 1055-1100.

8 Harris v. New York, 401 U.S. 222 (1971).

9 *Ibid*.

10 Oregon v. Mathiason, 429 U.S. 492 (1977).

11 Edwards v. Arizona, 451 U.S. 477 (1981).

12 Rhode Island v. Innis, 446 U.S. 291 (1980).

13 Richard A. Leo, *Police Interrogation and American Justice*, Harvard University Press, 2009, pp. 280-282.

14 Welsh S. Whites, *op. cit.*, at 76-87, 91-95, 99-100.

15 Stephen J. Schulhofer, "Reconsidering Miranda," *The University of Chicago Law Review* (1987), pp. 3, 22.

16 George C. Thomas III, Richard A. Leo, *supra* note 5, at 239-240.

17 James W. Wit, "Non-Coercive Interrogation and the Administration of Criminal Justice: The Impact of Miranda on Police Effectuality," *Journal of Criminal Law and Criminology*, Vol. 64, Issue 3 (1974), pp. 325-332.

18 John J. Donohue III, "Did Miranda Diminish Police Effectiveness?," *Stanford Law Review*, Vol. 50 (1998), pp. 1147-1148.

19 *Ibid.*, at 1147-1148.

제11장

1 Harris v. New York, 91 S. Ct. 643 (1971).

2 Northwestern University, "Recent Trends in the Criminal Law," *The Journal of Criminal Law, Criminology, and Police Science*, Vol. 62, No. 2 (Jun., 1971), p. 220.

3 Richard A. Leo, *Police Interrogation and American Justice*, Harvard University Press, 2009, pp. 279-280.

4 Naoki Kanaboshi, "Erosion of the Right to Remain Silent under the Constitution of the United States," 법학논총, 제57권 제1호(2013. 3), 96면.

5 Arizona v. Fulminante, 111 S. Ct. 1246 (1991).

6 Escobedo v. Illinois, 378 U.S. 478 (1964).

7 Edwards v. Arizona, 451. U.S. 477, 101 S. Ct 1880, 68 L. Ed. 2d. 378 (1981).

8 Frank Schmalleger, *Criminal Justice Today: An Introductory Text for the 21st Century*, 12th ed., Pearson, 2013, p. 222.

9 U.S. v. Dickerson, 166 F. 3d. 667 (1999).

10 Dickerson v. U.S. 428 (2000).

11 U.S. v. Patanne, 542 U.S. 630 (2004); Missouri v. Seibert, 542 U.S. 600 (2004).

12 Silverthorne Lumber Co. v. U.S., 251 U.S. 385 (1920).

13 Wong Sun v. U.S., 371 U.S. 471 (1963).

14 Moran v. Burbine, 475 U.S. 412, 421 (1986).

15 Rock v. Zimmeman, 543 F. Supp. 179 (M. D. Pa. 1982).

16 Frank Schmalleger, *op. cit.*, at 222-225.

17 Brewer v. Williams, 430 U.S. 387 (1977).

18 New York v. Quarles, 104S. Ct. 2626, 81. L. Ed. 550 (1984).

19 United States v. Dickerson, 166 F. 3d 667 (4th Cir, 1999).

20 The Harvard Law Review Association, "Criminal Law Fifth Amendment," *Harvard Law Review*, Vol. 113, No. 4 (Feb., 2000), pp. 1039-1040.

21 Dickerson v. United States, 530 U.S. 428 (2000).

22 http://en.wikipedia.org/wiki/Dickerson v. United states(2015. 3. 13. 방문).

23 Lawrence S. Wrightsman, "The Suprme Court on Miranda Rights and Interrogations: The Past, the Present, and the Future," in: ed., by G. Daniel Lassiter, and Christian A. Meissner, *Police Interrogations and False Confessions*, American Psychological Association, 2002, pp. 171-172.

24 United States v. Dickerson, 120 S. Ct. 2326 (2000)

25 *Ibid*.

26 Welsh S. Whites, *Miranda's Waning Protections: Police Interrogation Practices after Dickerson*, The University of Michigan Press, 2006, pp. 107-109.

27 L. 레너드 캐스터 · 사이먼 정, 『미국을 발칵 뒤집은 판결 31』, 현암사, 2014, 212면.

28 Welsh S. White, "Yale Kamisar: The Enemy of Injustice," *Michigan Law Review*, Vol. 102, No. 8 (Aug., 2004), p. 1774.

29 Lawrence M. Solan, Peter M. Tiersma, *Speaking of Crime: The Language of Criminal Justice*, The University of Chicago Press, 2005, pp. 73-75.

30 http://www. google. co. kr // enesto miranda (2015. 2. 10. 방문).

31 Dabid G. Savage, "Miranda reprised," *ABA Journal* (2000), pp. 32-33.

32 Duckworth v. Eagan, 109 S. Ct. 2875 (1989).

33 David B. Altman, "Fifth Amendment: Coercion and Charity: The Supreme Court Approves Altered Miranda Warnings," *The Journal of Criminal Law and Criminology*, Vol. 80, No. 4 (Winter, 1990), p. 1111.

34 Richard Rogers et al., "Spanish Translations of Miranda Warnings and the Totality of the Circumstances," *Law and Human Behavior*, Vol. 33, No. 1 (Feb., 2009), p. 61.

35 William A. Meaders, Jr., "The Applicability of Miranda to the Police Booking Process," *Duke Law Journal*, Vol. 1976, No. 3 (Aug., 1976), pp. 574-594.

36 Douglas Page, "Miranda rights and wrongs," *Law Enforcement Technology*, Vol. 400, Issue 5 (2013), p. 4.

37 Miranda rights at school, *Los Angeles Times* (Mar 29, 2011), at 14.

38 Miranda rights, *Orlando Senteniel* (Jun 17, 2009), at 14.

39 Lawrence M. Solan, Peter M. Tiersma, *Speaking of Crime: The Language of Criminal Justice*, The University of Chicago Press, 2005, p. 76.

40 Curr R. Bartol, Anne M. Bartol, *Intrdouction To Forensic Psychology*, 2nd ed., Sage Pu. Inc., 2008 / 이장한 역, 「법정 및 범죄 심리학 입문」, 학지사, 2013, 259면.

41 Fare v. Michael C., 442 U.S. 707 (1979).

42 Colorado v. Spring, 107 S. Ct. 851 (1987).

43 Gregory E. Spitzer, "Fifth Amendment Validity of Waiver. A Suspect Need Not Know the Subjects of Interrogation," *The Journal of Criminal Law and Criminology*, Vol. 78, No. 4 (Winter, 1988), p. 828.

44 Michael J. O'Connell et al., "Miranda Comprehension in Adults with Mental Retardation and the Effects of Feedback style on Suggestibility," *Law and Human Behavior*, Vol. 29, No. 3 (Jun., 2005), pp. 359-360.

45 Richard Rogers, "The Role of Suggestibility in Determinations of Miranda Abilities: A Study of the Gudjonsson Suggestibility Scales," *Law and Human Behavior*, Vol. 34, No. 1 (Feb., 2010), p. 66.

46 Edwards v. Arizona, 101 S. Ct. 1880 (1981).

47 Wayne L. Bender, "The Burger Court Breathes New Life into Miranda," *California Law Review*, Vol. 69, No. 6 (Dec., 1981), p. 1734.

48 Davis v. United States, 512 U.S. 452 (1994).

49 Berghuis v. Thompkins, 130 S. Ct. 2250 (2010).

50 Robert G. McCloskey, "Reflections on the Warren Court," *Virginia Law Review*, Vol. 51, No. 7 (Nov., 1965), p. 1229.

51 Frank Lovett, *Rawls's A Theory of Justice*, The Continuum International Pu., 2011 / 김요한 역, 『롤스의 『정의론』 입문』, 서광사, 2013, 58-59면.

52 Daniel Kahneman, *Thinking Fast and Slow*, Brockman Inc., 2012 / 이진원 역, 『생각에 관한 생각』, 김영사, 2013, 277-279면.

53 Duke University School of Law, "Criminal Procedure: Confession Solicited Without Notifying Appointed Counsel Held Addmissible," *Duke University School of Law*, Vol. 1968, No. 4 (Aug., 1968), pp. 816-817.

54 John Griffiths, Richard E. Ayres, "A Postscript to the Miranda Project: Interrogation of Draft Protestors," *The Yale Law Journal*, Vol. 77, Issue 300 (1967-1968), pp. 313-317.

55 Paul G. Cassell, "Protecting the Innocent from False Confenssions and Lost Confessions: And From 'Miranda'," *The Journal of Criminal Law and Criminology*, Vol. 88, No. 2 (Winter, 1998), pp. 497-499, 539.

56 Alan M. Dershowitz, *The Best Defense*, RandomHouse, 2006 / 변용란 역, 『앨런 M. 더쇼비츠의 최고의 변론』, 이미지박스, 2006, 13면.

자백과 묵비권, 그리고
미란다 판결

2015년 10월 5일 초판 인쇄
2015년 10월 12일 초판 발행

저　자 권 영 법
발행인 이 방 원
발행처 세창출판사
　　　 서울시 서대문구 경기대로 88 냉천빌딩 4층
　　　 전화: 02-723-8660　　　팩스: 02-720-4579
　　　 홈페이지: http://www.sechangpub.co.kr
　　　 e-mail: sc1992@empal.com
　　　 신고번호 제300-1990-63호

정가 20,000원

ISBN 978-89-8411-571-2 93360

이 도서의 국립중앙도서관 출판시도서목록(CIP)은 서지정보유통지원시스템 홈페이지
(http://seoji.nl.go.kr)와 국가자료공동목록시스템(http://www.nl.go.kr/kolisnet)에서
이용하실 수 있습니다.(CIP제어번호: CIP2015026021)